权威·前沿·原创

皮书系列为
"十二五""十三五""十四五"时期国家重点出版物出版专项规划项目

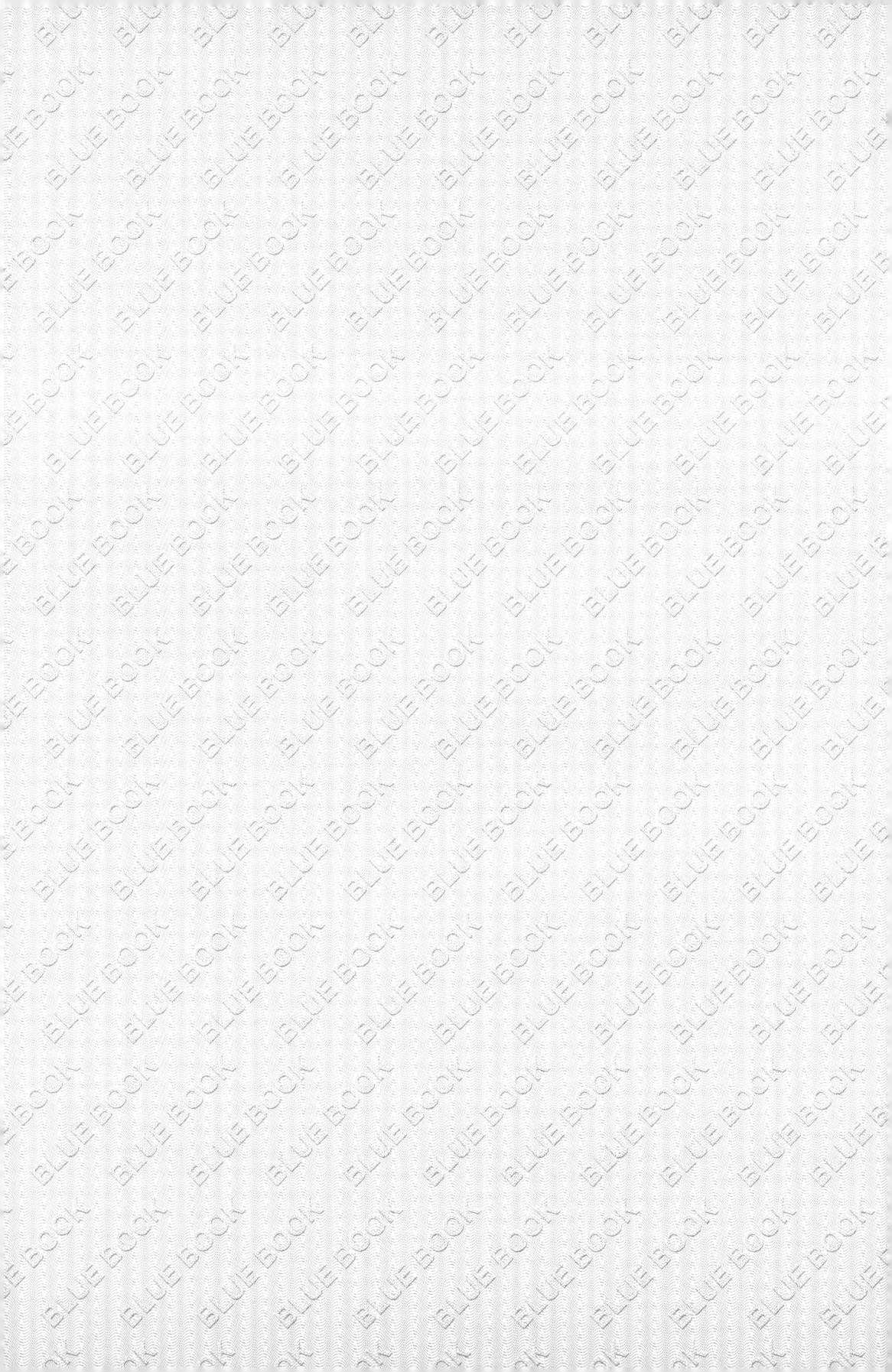

B

BLUE BOOK

智 库 成 果 出 版 与 传 播 平 台

北京蓝皮书

BLUE BOOK OF BEIJING

北京社会发展报告（2021~2022）

ANNUAL REPORT ON SOCIAL DEVELOPMENT OF BEIJING (2021-2022)

北京市社会科学院

主　编 / 包路芳

副主编 / 李晓壮　赵小平

社会科学文献出版社

SOCIAL SCIENCES ACADEMIC PRESS (CHINA)

图书在版编目（CIP）数据

北京社会发展报告.2021~2022/包路芳主编.--
北京：社会科学文献出版社，2022.8
（北京蓝皮书）
ISBN 978-7-5228-0100-1

Ⅰ.①北… Ⅱ.①包… Ⅲ.①社会发展-研究报告-
北京-2021-2022 Ⅳ.①D671

中国版本图书馆CIP数据核字（2022）第076563号

北京蓝皮书
北京社会发展报告（2021~2022）

主　　编/包路芳
副 主 编/李晓壮　赵小平

出 版 人/王利民
组稿编辑/邓泳红
责任编辑/张　媛
责任印制/王京美

出　　版/社会科学文献出版社·皮书出版分社（010）59367127
　　　　　地址：北京市北三环中路甲29号院华龙大厦　邮编：100029
　　　　　网址：www.ssap.com.cn
发　　行/社会科学文献出版社（010）59367028
印　　装/天津千鹤文化传播有限公司

规　　格/开本：787mm×1092mm　1/16
　　　　　印张：23　字数：344千字
版　　次/2022年8月第1版　2022年8月第1次印刷
书　　号/ISBN 978-7-5228-0100-1
定　　价/158.00元

读者服务电话：4008918866

主要编撰者简介

包路芳　博士，北京市社会科学院社会学研究所所长，研究员，中国社会学会理事、北京市社会学会理事、北京市人口学会理事。主要研究领域：城乡社会学、民族社会学、社会治理、人口流动等。出版专著《挂甲屯的故事：北京城乡社会变迁研究》《社会变迁与文化调适——游牧鄂温克社会调查研究》等4部，论文和调研报告70余篇，在《人民日报》《光明日报》《经济日报》发表多篇理论文章。主持完成国家社科基金项目1项、北京市社科基金项目2项，主持完成各级政府委托项目10余项。荣获北京市第十届哲学社会科学优秀科研成果二等奖、北京市社会科学院优秀科研成果二等奖、国家民委调研报告优秀奖、第四届费孝通田野调查优秀奖等多项奖励，决策咨询报告获省部级领导肯定性批示。

李晓壮　博士，北京市社会科学院社会学研究所副所长，研究员，北京市社会学会副秘书长、常务理事，陆学艺社会学发展基金会理事。主要研究领域：社会结构、社区研究、流动人口。主要著作：《迈向均衡型社会——2020北京社会结构趋势研究》（专著）、《地方政府社会建设绩效评估：基于成都市的实例考察》（专著）、《延庆调查——县域社会建设考察报告》（合著）。主持"阶层分化背景下的城市社区治理现代化研究"（国家社科基金项目）、"首都实施城市更新行动研究"（北京市社科基金项目）、"北京共同富裕路径研究"（智库重大课题）等各类课题20多项。主要论文：《城市治理体系初探——基于北京S区城市管理模式的考察》《城市社区治理体制改革创新研究——基于北京市中关村街道东升园社区的调查》《社区治理现代化的中国逻辑及实现路径研究》等 50 多篇，荣获第二届费孝通田野调查优秀奖、第十四届北京市优秀调研成果优秀奖。

赵小平　博士，北京市社会科学院社会学研究所副研究员，中国残疾人康复协会第六届理事会理事、全国义仓发展网络理事。主要研究领域：公益慈善事业、社会组织发展、城市社区治理。主要研究成果：《社会组织的生态关系研究：两种不同价值观视角下的结果比较》（专著）、《社区治理：模式转变中的困境与出路》（合著）、《基金会评估：理论体系与实践》（合著）、《中国社会组织响应自然灾害研究：以 2008 年以来重特大地震灾害为主线》（合著）、《为流动人口撑起一片蓝天：社会组织服务流动人口案例集》（合著）等。在《社会学研究》《清华大学学报》《中国行政管理》等核心期刊发表学术论文 10 余篇。

摘　要

《北京社会发展报告（2021~2022）》是北京市社会科学院主持编写的"北京蓝皮书"系列之一，由北京市社会科学院社会学研究所组织所内外相关研究领域专家、高校学者及政府机构研究人员共同撰写。

本报告分析了2021年北京经济社会发展形势和成就。2021年北京沉着应对世纪疫情和全球经济衰退，统筹推进疫情防控和经济社会发展，经济发展稳中有进，实现了"十四五"良好开局。疫情防控常态化背景下经济持续稳定恢复，就业形势基本稳定，城乡居民收入、消费水平稳步提升，常住人口规模持续稳中有降，社会保障水平不断提升，义务教育"双减"行动成效显现，健康北京建设全面推进，社会治理水平迈上新台阶，为北京率先基本实现社会主义现代化打下了坚实的基础，为扎实推进共同富裕创造了良好的条件。

2021年北京经济社会发展取得令人瞩目的成就，来之不易。当今世界百年未有之大变局与新冠肺炎疫情交织叠加，发展的不确定性因素增多，北京推进社会高质量发展也面临着诸多困难和挑战。服务业复苏缓慢，就业结构性矛盾突出，老龄少子化加速，城乡区域群体收入差距缩小缓慢，社会治理内生性有待激发等发展的不平衡不充分问题需要进一步解决。

2022年是北京实现世界唯一"双奥之城"后率先基本实现社会主义现代化的关键时期，是回答好"建设一个什么样的首都，怎样建设首都"重大时代课题的攻坚期。以习近平新时代中国特色社会主义思想为引领，心怀"国之大者"，深入贯彻习近平总书记对北京一系列重要讲话和指示精神，坚持以首都发展为统领，聚焦"七有"目标和"五性"需求，充分认识和把握首都发展的大势大局，促进服务业和就业高质量发展，构建人口均衡型社会，着力缩小差距迈向共同富裕，打造共建共治共享的首都社会治理新格局，以首善标准推进社会高质量发展。

关键词： 北京　社会建设　社会治理　养老服务　人口与教育

目 录 ⤵

I 总报告

II 社会建设篇

Ⅲ 人口与教育篇

Ⅳ 养老服务篇

Ⅴ 社会治理篇

VI 乡村振兴篇

皮书数据库阅读**使用指南**

总 报 告

General Report

B.1

以首都发展为统领 推进社会
高质量发展

——2021~2022年北京社会发展报告

包路芳 李晓壮 赵小平*

摘 要： 2021年在新冠肺炎疫情"外防输入、内防反弹"的严峻形势下，
北京积极统筹推进疫情防控和经济社会发展，实现了"十四五"
良好开局。常态化疫情防控背景下经济持续恢复发展，就业形势
基本稳定，城乡居民收入、消费水平稳步提升，常住人口规模持
续稳中有降，社会保障水平不断提升，义务教育"双减"行动
成效显现，健康北京建设全面推进，社会治理水平迈上新台阶。
这些都为北京率先基本实现社会主义现代化打下坚实基础，为扎
实推进共同富裕创造了良好条件。受疫情等因素影响，推进社会
高质量发展也面临着诸多挑战：服务业复苏缓慢，就业结构性矛

---

* 包路芳，北京市社会科学院社会学研究所所长、研究员；李晓壮，北京市社会科学院社会学
研究所副所长、研究员；赵小平，北京市社会科学院社会学研究所副研究员。

盾突出，老龄少子化加速，城乡、区域、群体收入差距缩小缓慢，构建社会治理共同体格局任重道远等。要坚持以首都发展为统领，紧紧聚焦"七有"目标和"五性"需求，促进服务业和就业高质量发展，构建人口均衡型社会，着力缩小差距迈向共同富裕，打造共建共治共享的首都社会治理新格局。

关键词： 社会建设 共同富裕 高质量发展 北京

一 北京社会发展主要成就

2021年，在新冠肺炎疫情"外防输入、内防反弹"的严峻形势下，北京积极统筹推进疫情防控和经济社会发展，实现了"十四五"良好开局。经济发展稳中向好，就业形势保持稳定，城乡居民收入、消费水平稳步提升，常住人口规模稳中有降，社会保障水平不断提升，卫生健康、教育等民生领域发展持续向好，社会治理成效显著。

（一）疫情防控常态化背景下经济持续恢复发展

面对新冠肺炎疫情"外防输入、内防反弹"等多重考验，北京市坚决贯彻习近平总书记重要指示精神和党中央决策部署，坚持人民至上、生命至上，开展精准防控，坚持"动态清零"总方针不动摇。稳步推进"六稳""六保"，深入贯彻新发展理念，"五子"联动主动服务和融入新发展格局，主平台和主阵地建设取得新进展。城市战略定位的"四个中心"画像更加清晰，"四个服务"潜能逐步外溢，京津冀区域协同发展迈出新步伐，经济持续恢复发展，新兴动能加快集聚，经济建设向更高质量迈进，为扎实推动共同富裕奠定坚实基础。

以2020年为分界线，2015~2019年北京地区生产总值一直保持6%以上的中高速增长，2020年新冠肺炎疫情对北京经济产生重大负面影响，但最终仍保持地区经济的正增长，全年经济增速为 1.2%。随着国内疫情防控形势向好，特别是北京市常态化疫情防控工作取得显著成效，经济发展开始从疫情的消极影响中摆脱出来。2021 年北京地区生产总值首次突破 4 万亿元大关，增速达 8.5%，高于全国增长速度 0.4 个百分点（见图 1），好于预期，人均地区生产总值达到 18.4 万元，按不变价格计算，约合 2.9 万美元。人均地区生产总值和人均劳动生产率居全国第一，领跑全国，实现了常态化疫情防控形势下的中高速增长，经济发展出现强势反弹。

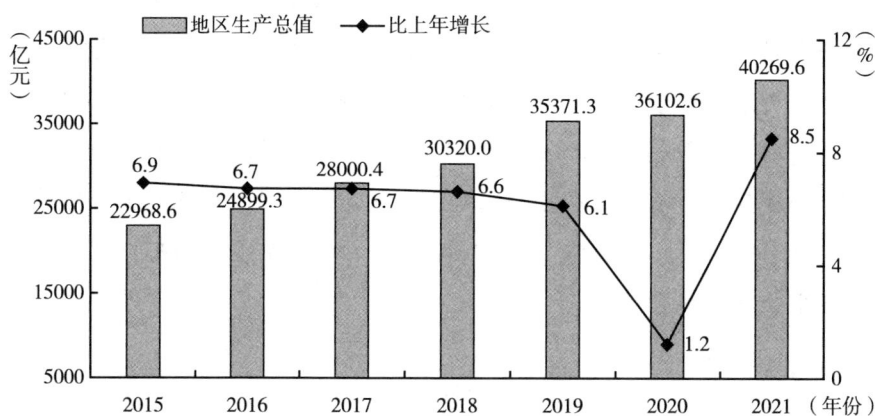

图 1　2015~2021 年北京市地区生产总值及增长速度

资料来源：北京市统计局。

从北京市 2021 年全年经济发展态势上看，第一、二季度经济增长强势反弹，第一季度地区生产总值为 8915.9 亿元，增速高达 17.1%；第二季度地区生产总值为 10312.1 亿元，第一、二季度累计增速为 13.4%。受北京市疫情防控政策收紧和行业调整影响，第三、四季度地区生产总值增速稍有回落，第三季度地区生产总值为 10525 亿元，一至三季度累计增速为 10.7%，第四季度地区生产总值为 10516.6 亿元。北京地区经济稳定有序恢复，即使在疫情严重影响下的 2020~2021 年，经济平均增长速度仍超过 6%，显示出地区经济强大的抗压能力和发展活力。

从 2021 年北京市各产业发展情况分析（见表 1），按不变价格计算，第一产业略有增加，增长2.7%；第二产业回升较快，增长23.2%；第三产业开始有序恢复，增长5.7%。从产业结构来看，三次产业结构为0.3∶18.0∶81.7。从行业分类来看，工业生产贡献较突出，全市工业产值较2020年增长31.0%，可谓一马当先，对北京市经济持续恢复发挥了重要的支柱作用。其中，医药制造业贡献抢眼，2021年在疫苗生产的拉动下医药制造业发展势头强劲，规模以上企业增加值比上年增长252.1%。计算机、通信和其他电子设备制造业规模以上企业增加值比上年增长19.6%，凸显了疫情持续影响下"宅经济"发展效应。居家办公和异地网上会议等催生了相关产品的广泛需求。第三产业中，信息传输、软件和信息技术服务业，金融业，批发和零售业也实现了较高速度的增长，增速分别为11.0%、4.5%和8.4%，三者共同成为第三产业增长的主要支撑力量，贡献率接近七成。住宿和餐饮业以及文化、体育和娱乐业开始有序复苏，增速分别为13.7%和8.4%，反映了广大市民被疫情压抑两年之久的消费意愿正在逐步释放。

表1 2021年北京市地区生产总值

单位：亿元，%

指标	绝对数	比上年增长	比重
地区生产总值	40269.6	8.5	100.0
按产业分			
第一产业	111.3	2.7	0.3
第二产业	7268.6	23.2	18.0
第三产业	32889.6	5.7	81.7
按行业分			
农、林、牧、渔业	113.4	2.3	0.3
工业	5692.5	31.0	14.1
建筑业	1619.7	0.8	4.0
批发和零售业	3150.6	8.4	7.8
交通运输、仓储和邮政业	942.5	5.9	2.3
住宿和餐饮业	421.7	13.7	1.0
信息传输、软件和信息技术服务业	6535.3	11.0	16.2

指标	绝对数	比上年增长	比重
金融业	7603.7	4.5	18.9
房地产业	2605.5	4.6	6.5
租赁和商务服务业	2435.3	3.4	6.0
科学研究和技术服务业	3198.2	2.3	7.9
水利、环境和公共设施管理业	307.0	-1.9	0.8
居民服务、修理和其他服务业	194.6	1.6	0.5
教育	1964.8	2.0	4.9
卫生和社会工作	1078.5	4.8	2.7
文化、体育和娱乐业	736.8	8.4	1.8
公共管理、社会保障和社会组织	1669.5	3.2	4.1

资料来源：北京市统计局。

全球数字经济标杆城市加快打造，作为新经济形态重要标志的数字经济快速发展，2021年北京数字经济增加值实现1.63万亿元，已经占到GDP的40.4%。工业互联网、5G等新型基础设施加速建设，疫情影响下线上消费继续保持高位活跃，数字社会特征日趋显著；高端产业引领首都发展，战略性新兴产业和高技术产业增加值分别比上年提高0.4%、0.5%，为北京地区经济发展注入强大动力；科技创新成果与经济发展深度融合，全市R&D经费投入强度保持在6%左右，超过纽约、柏林等国际知名创新城市，每万人发明专利拥有量达到185件。2021年认定登记技术合同总量突破9万项，技术合同成交总额增长10.9%，"三城一区"以不足6%的土地面积贡献了全市1/3的GDP，"高精尖"产业日益引领经济高质量发展；新一轮"疏整促"专项行动有序推进，"两翼"联动发展取得新进展，产业、交通、生态保护一体化深入推进。京津冀核心区实现1小时交通圈，相邻城市间1.5小时交通圈基本形成。京津冀地区$PM_{2.5}$平均浓度为36.9微克/米³，与2013年相比下降62.3%。产业对接步入快车道，"4+N"产业合作不断增强，河北省累计承接京津转入法人单位2.9万个、产业活动单位1.1万个。冬奥助力京冀协同发展，张家口市累计引进冰雪产业项目109项，总投资556亿元。北京延庆区共接待冰雪旅游和冰雪运动游客 829.9 万人次，实现冰雪体育旅游收入 5.64 亿元。

（二）就业形势基本稳定

新冠肺炎疫情影响深远、全球化逆行趋势加剧，我国就业形势受到严重影响和冲击，但北京的城镇调查失业率一直控制在合理区间。新冠肺炎疫情前北京城镇人口登记失业率均在 2% 以下，2020 年受疫情和全球经济形势的影响，北京城镇人口登记失业率为 2.6%，较上年的 1.3% 有所提升，但控制在 3% 以下，整体就业形势较为稳定（见图 2）。

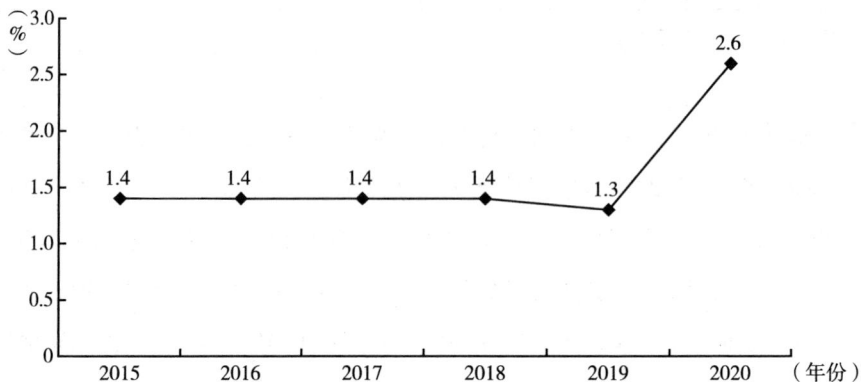

图 2　2015~2020 年北京市城镇人口登记失业率

资料来源：北京市统计局。

2021 年北京城镇新增就业人数 26.90 万人，比上年增加 0.8 万人，全年 4 个季度的城镇调查失业率均控制在调控目标 5% 以内。2015~2021 年北京累计城镇新增就业人数为 258.02 万人（见图 3），三次产业从业人员结构从 2015 年的 4.2：17.0：78.8 调整为 2020 年的 3.3：13.6：83.1。伴随着非首都功能的疏解和产业结构的优化升级，北京市以服务业为主的产业结构更趋明显，就业人口也呈现明显的以服务业为主的特征。

2021 年，在重点群体就业方面，深化高校毕业生实名制服务和"一生一策"帮扶，北京市生源高校毕业生就业率保持在 95% 左右。深化农村

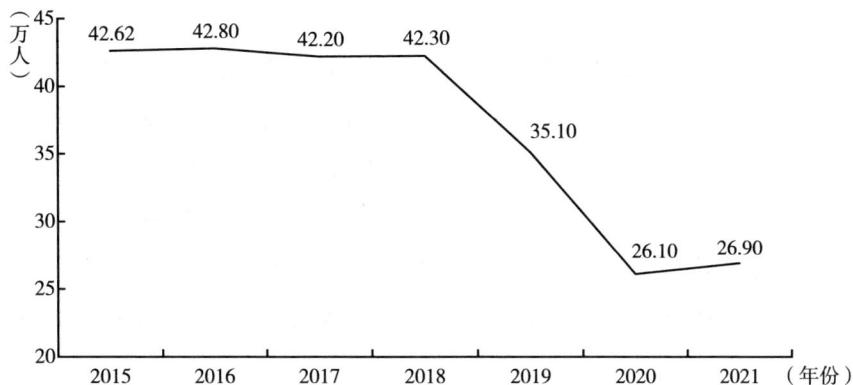

图3　2015～2021年北京市城镇新增就业人数情况

资料来源：北京市统计局。

"三块地"改革，出台促进农民增收的扶持措施，制定促进新就业形态健康发展的若干措施，通过促进单位招用、鼓励灵活就业、公益性岗位托底，实现"零就业家庭"动态清零。在稳预期稳就业方面，坚持"一抓三保五强化"，聚焦疫情防控出台"免、减、缓、反、补"等30余项援企稳岗政策，实施技能人才队伍建设和职业技能提升三年行动计划，推行"高精尖"产业技能人才清单式培养、年均补贴性培训60万人次以上，以党建为引领积极营造服务新经济新业态新就业群体的氛围。

在就业结构方面，疏解北京非首都功能深入推进，产业结构持续深刻调整，就业结构优化升级。从业人员就业结构逐步向"四个中心""四个服务"所需就业岗位聚焦、贴近，信息技术、金融、科学研究等从业人员占总从业人员的比重均有明显提高。知识技术类岗位和现代服务业得到快速发展，对更高质量的劳动力需求产生重要拉动，对北京就业结构优化产生积极影响。

在就业政策方面，聚焦"两区"① 建设高层次人才需求，2021年北京市人力资源和社会保障局在中国国际服务贸易交易会上发布《"两区"境外

———————

①　两区是指国家服务业扩大开放综合示范区和中国（北京）自由贸易试验区。

职业资格认可目录》，加快聚集国际化人才的步伐。人才评价体系也日益完善，新增知识产权、人工智能专业职称，首批产生百余位取得职称的知识产权专业人才、人工智能工程师，国际人才逐步聚集北京助力就业高质量发展。围绕服务北京冬奥会升级就业技能，从2018年起北京市人力社保局与延庆区共同开展了服务冬奥大培训行动，截至2021年底已培训10万人次，相关培训包括滑雪教练员、酒店服务人员、高端民宿管家等现代服务业工种，为冬奥会和后奥运时期北京经济社会发展提供了坚实的人才储备和支撑。

（三）城乡居民收入、消费水平稳步提升

"十三五"时期，北京城乡居民人均可支配收入稳定增长，由2015年的48458元提高到2020年的69434元，年均增速为7.5%左右。北京城镇居民人均可支配收入从2015年的52859元增加到2021年的81518元，农村居民人均可支配收入从2015年的20569元增加到2021年的33303元，分别增长54.2%和61.9%（见图4）。2021年是"十四五"开局之年，北京城乡居民人均可支配收入达到75002元，绝对数较2020年增加5568元，实际增长8%，高于"十三五"时期年均增速。虽然进入疫情持续影响的第二个年头，但北京城乡居民收入继续保持稳定增长。

对北京城乡居民人均可支配收入的4项细分收入展开分析，2015~2021年，北京城乡居民工资性收入、经营净收入对人均可支配收入增量的贡献分别由62.41%、2.93%下降为60.90%、1.25%，分别下降1.51个和1.68个百分点。而财产净收入、转移净收入对人均可支配收入增量的贡献分别由15.48%、19.19%提高到16.61%、22.24%，分别提高1.13个和3.05个百分点。从城乡居民收入差距情况看，2021年北京城镇居民人均可支配收入达到81518元，农村居民人均可支配收入达到33303元，城乡居民收入差距由2004年的最高值2.77∶1下降到2021年的2.45∶1，城乡收入差距继续缩小。从收入群体结构形态上看，按照国家统计局以居民家庭人均可支配收入10.2万~51.2万元为主要依据，北京中等收入群体规模比重已达到

图4　2015~2021年北京市城镇和农村居民人均可支配收入变化情况

资料来源：北京市统计局。

68.5%，基本形成橄榄形收入结构。

北京市居民消费水平逐步提升。2021年新冠肺炎疫情反复，北京市防控措施及时到位、精准有力，生产生活秩序得到逐步恢复。2021年居民人均消费支出达到43640元，高于疫情前的2019年，比2020年居民人均消费支出提高4737元，增速达12.2%，居民消费支出逐步恢复。2021年北京居民消费恩格尔系数回落。数据显示，2020年恩格尔系数出现非常态反弹，从2019年的19.72%升到2020年的21.53%，而2021年恩格尔系数与2020年相比出现回落迹象，下降到21.33%，消费支出结构进一步改善。服务性消费额比2020年增长13.4%，社会消费品零售总额增长8.4%，金银珠宝类、文化办公用品类和通信器材类等与升级类消费相关的商品销售额都有不同程度的增长。消费者信心较强，2021年北京市统计局在全市范围内抽取2000位居住半年以上18~65周岁的城乡居民进行调查，2020年只有第三和第四季度消费者信心指数在120以上，第三季度为121.5、第四季度为122.6，第一和第二季度均在120以下，分别为118.7、118.0。而2021年全年4个季度消费者信心指数均在123以上，第一季度最高，达到124.4。这表明，进入统筹疫情防控和经济社会发展阶段，疫情有效防控以及平台经济的快速发展,增强了消费者信心和消费便利性,消费者满意度也达到较高水平。"云经济""云消费"等无接触交易服务成为经济新增长点,北京的服务性消费预期将继续实现较快速度的增长和突破。

(四)常住人口规模持续稳中有降

常住人口规模稳中有降,人口规模进入平稳发展阶段。2015年北京市开始推进非首都功能疏解,随着城市疏解整治促提升不断深化和精细化,基本完成一般制造业企业和污染企业的集中退出,基本完成区域性批发市场大规模疏解任务。自2017年开始,北京市常住人口数量总体呈缓慢下降趋势,从2016年的2195.4万人下降到2021年的2188.6万人(见图5)。常住外来人口规模从2015年的862.5万人下降到2021年的834.8万人(见图6),占常住人口的比重为38.1%。相比2020年的839.6万人下降了4.8万人,相比2020年占常住人口比重38.4%下降了0.3个百分点。非首都功能疏解的成效不断显现。

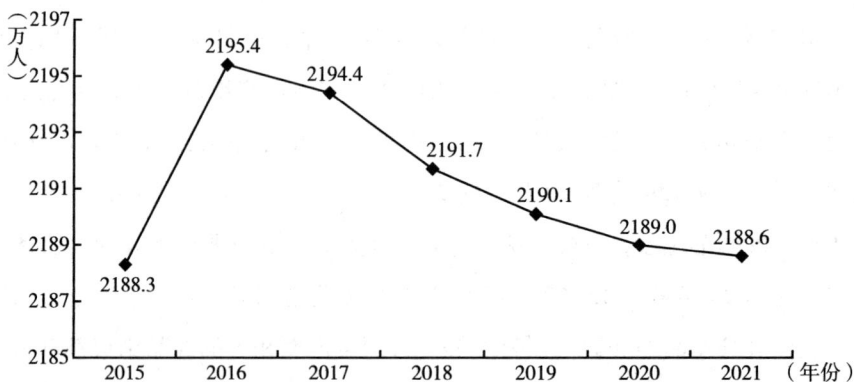

图5 2015~2021年北京市常住人口规模变化情况

资料来源:北京市统计局。

《京津冀协同发展规划纲要》明确了北京市人口规模将长期保持在2300万人以内的目标。在北京中心城区人口规模降低的同时城市发展新区人口承载效应显著,"多点支撑"的人口区位特征强化,人口分布更均衡,人口均

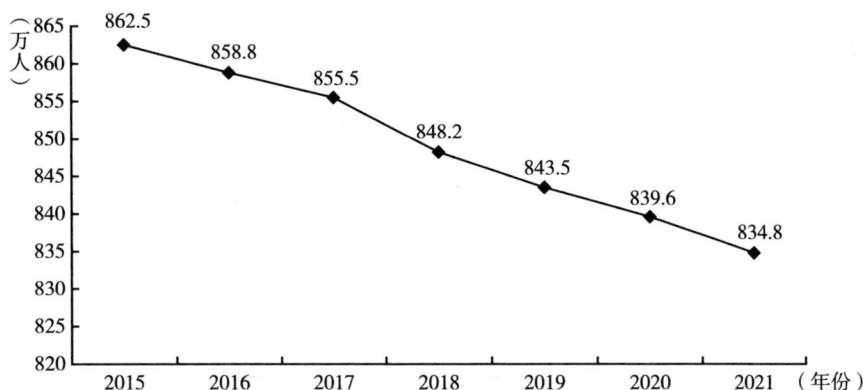

图 6　2015～2021 年北京市常住外来人口规模变化情况

资料来源：北京市统计局。

衡发展成为常态，表现出"中心降、中间涨、边缘稳、外围补"的人口分布结构性特征。未来疏解北京非首都功能、经济下行压力仍然是影响北京人口发展的重要因素，预计人口规模将继续保持平稳发展态势。与此同时，产业转型升级、公共服务发展等对人口结构优化的要求将更加凸显。因此，未来北京人口发展重点将从规模增长转向结构优化。

人口素质持续提升。人口素质可以体现一个国家或者地区的发展情况，也是保持其经济社会竞争力的有力保障。近年来，北京市人口综合素质明显提升，位居全国前列。首先，身体素质持续提升。2015～2021 年北京户籍人口居民平均预期寿命持续增长，从 81.95 岁上升到 82.47 岁，增加 0.52 岁（见图 7）。其次，文化素质持续提升。北京市 15 岁以上常住人口的平均受教育年限，从 2010 年"六普"时的 11.74 年提升到 2020 年"七普"时的12.64 年，文盲率从 1.70% 下降为 0.79%。每十万人中有 4.2 万人的文化程度在大专及以上，该指标在全国位列第一。与此同时，劳动技能素质持续提升。2021 年北京市专业技术人才总量达 395 万人，技能人才总量达370.1 万人，其中高技能人才总量达 114.4 万人，占比超过三成。2021 年北京市全年专利授权量 19.9 万件，比上年增长 22.1%，达到每万人发明专利拥有量 185 件。

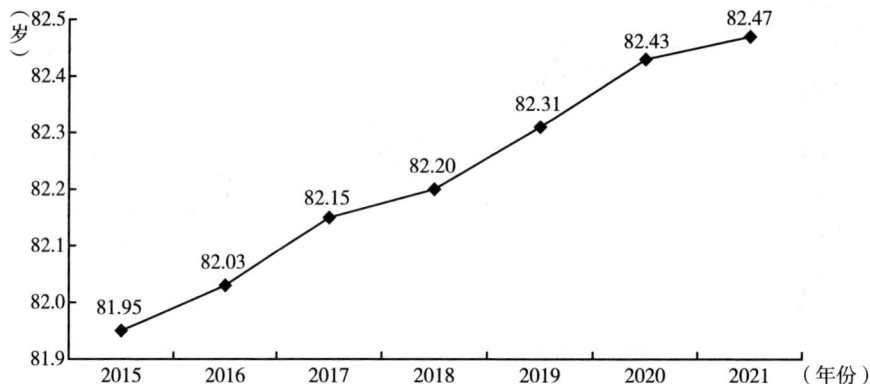

图 7 2015～2021 年北京户籍人口居民平均预期寿命变化情况

资料来源：北京市统计局。

（五）社会保障水平显著提升

社会保障是保证社会稳定的重要基石，也是抵御各种可预见或不可预见风险的重要保障。2019 年以来，北京市围绕民生保障，开展制定"七有""五性"监测评价指标体系的相关工作，全面推动就业、教育、卫生、养老、助残、文化、体育、住房、交通等公共服务发展。随着民生保障力度加大，社会保障水平稳步提升，率先建成城乡统一、覆盖全民的社会保障体系，基本公共服务实现人群全覆盖，教育、医疗、养老、文化等公共服务水平全国领先。

稳步提高保障标准，北京市对低保、低收入、特困人员、孤残儿童、流浪乞讨人员等人群的保障标准居全国前列。在低收入群体社会保障标准方面，2015 年实现城乡最低生活保障标准统一，并逐年提高保障标准，从 2015 年的 710 元/月提高到 2021 年的 1245 元/月，6 年间增长 535 元/月，增加了 75.4%（见表 2）。以最低生活保障为基础，以医疗、教育、住房、就业等专项救助为配套，以临时应急救助和慈善救助为补充的"北京版"城乡一体新型兜底民生保障格局基本形成。

表2　2015~2021年北京市城乡最低生活保障标准变化情况

单位：元/月

时间	2015年	2016年	2017年	2018年	2019年	2020年	2021年
城乡最低生活保障标准	710	800	900	1000	1100	1170	1245

资料来源：北京市统计局。

在城乡社会保障体系建设方面，城乡统一、覆盖全民的社会保障体系已经建成。主要表现在职工基本养老保险参保人数逐年递增，由2015年的1424.2万人提高到2021年的1725.1万人，占常住人口的78.8%，增加300.9万人，增长21.1%；职工基本医疗保险参保人数有所增加，由2015年的1475.7万人提高到2021年的1486.0万人，占常住人口的67.9%，增加10.3万人；职工基本失业保险参保人数只增不减，由2015年的1082.3万人提高到2021年的1358.0万人，占常住人口的62.0%，增加275.7万人，增长25.5%；职工基本工伤保险参保人数稳步上升，由2015年的1020.1万人提高到2021年的1305.9万人，占常住人口的59.7%，增加285.8万人，增长28.0%（见表3）。

表3　2015~2021年北京市职工参加"四险"人数变化情况

单位：万人

保险	2015年	2016年	2017年	2018年	2019年	2020年	2021年
养老保险	1424.2	1459.1	1514.3	1591.5	1651.6	1680.0	1725.1
医疗保险	1475.7	1517.6	1569.2	1628.9	1682.5	1741.6	1486.0
失业保险	1082.3	1117.5	1170.2	1240.7	1294.8	1318.4	1358.0
工伤保险	1020.1	1060.2	1117.9	1187.0	1242.2	1267.2	1305.9

资料来源：北京市统计局。

城乡居民养老保障参保人数总体呈上升趋势。2015~2021年北京城乡居民养老保障参保人数从187.6万人上升到191.0万人，增加3.4万人，增长1.8%。2015~2016年增长幅度较大，增加28.1万人，其后5年有所下降。城乡居民基本医疗保险参保人数呈阶梯式上升趋势。2015~2021年北京城乡居民基本医疗保险参保人数从181.0万人上升到400.8万人，共增加219.8万人，增长1.21倍。2015~2017年增长幅度较小，2017年为202.2万人，而2017~2018年增长幅度较大，增加190万人，其后3年较为平缓（见图8）。

图8　2015~2021年北京市城乡居民养老保障和基本医疗保险参保人数变化情况

资料来源：北京市统计局。

（六）健康北京建设全面推进

以人民健康为中心，坚持人民至上、生命至上，健康北京建设工作取得显著成就。持续深化医疗卫生体制改革，不断完善公共卫生应急管理体系，开展疫情精准防控，全生命周期健康服务水平显著提升，群众健康获得感不断提高，为高质量发展提供了有力的健康支撑。面临常态化疫情防控，把健康放在优先发展的战略地位，北京市在全国率先组建村（居）委会公共卫生委员会并实现全覆盖，制定实施《"健康北京2030"规划纲要》，逐步建立"党委领导、政府主导、部门联动、社会协同、人人参与"的大健康治理格局。深入开展新时代的爱国卫生运动，建立五级组织体系，开展六大专项行动，推动爱国卫生运动从环境卫生治理向全面广泛的社会健康管理转变。

主要健康指标持续向好。2015~2021 年北京市常住人口孕产妇死亡率从 8.69/10 万下降为 2.22/10 万，整体下降趋势明显（见图 9）。

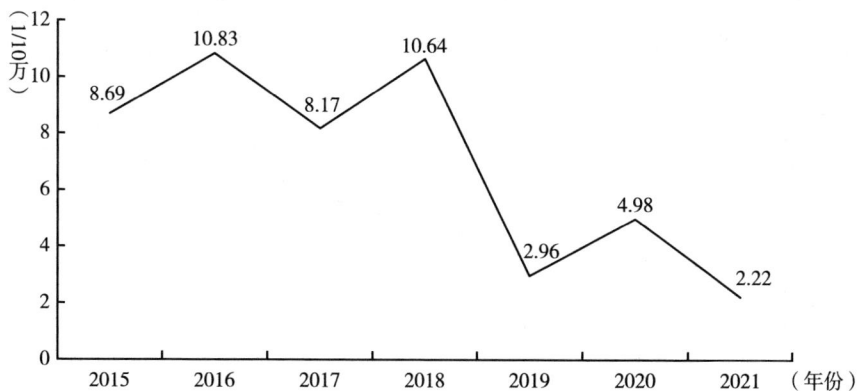

图 9　2015~2021 年北京市常住人口孕产妇死亡率变化情况

资料来源：北京市统计局。

2015~2021 年北京市婴儿死亡率从 2.42% 下降为 1.44%，降幅为 0.98 个百分点，总体下降趋势明显（见图 10）。

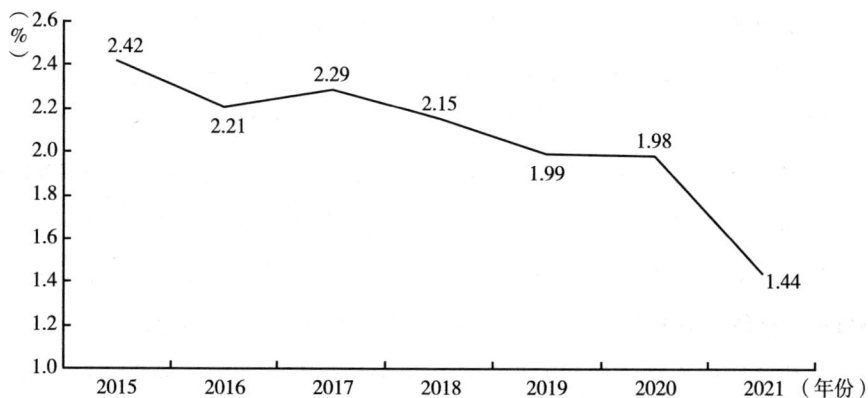

图 10　2015~2021 年北京市婴儿死亡率变化情况

资料来源：北京市统计局。

与此同时，北京市户籍人口居民平均预期寿命从 2015 年的 81.95 岁上升到 2021 年的 82.47 岁，增加 0.52 岁。主要健康指标达到高收入国家水平，居民健康素养达到 36.4%，居全国之首。

多项保障助力健康行动。2015～2020 年北京市卫生总费用从 1834.80 亿元上升为 3028.26 亿元，增加 1193.46 亿元，增长 65.0%（见图 11）。

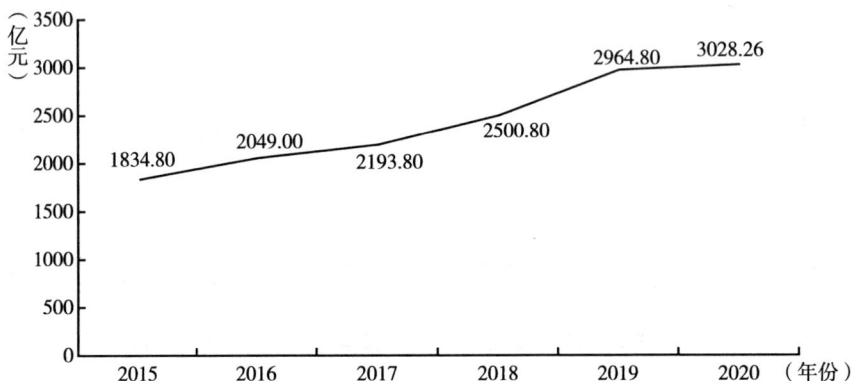

图 11 2015～2020 年北京市卫生总费用变化情况

资料来源：北京市卫生健康委。

2015～2020 年北京市卫生人员总数从 321151 人上升为 375673 人，卫生人员数量每年持续增加，近 5 年共增加 54522 人，增长 17.0%（见图 12）。至 2021 年，全市医疗卫生机构数量增至 11727 家，每千常住人口执业（助理）医师数增加到 5.6 人，每千常住人口注册护士数增加到 6.5 人。

2015～2021 年北京市医疗机构编制床位总数从 111555 张增加到 130000 张，增加 18445 张，增长 16.5%，整体呈现上升趋势（见图 13）。

2015～2020 年北京市每千人口床位数从 4.82 张上升为 5.45 张，增长 13.1%，整体上升趋势明显（见图 14）。北京市卫生健康事业取得了显著进步，在孕产妇死亡率、婴儿死亡率、居民平均预期寿命等主要健康指标方面均达到世界高收入国家水平。与此同时，北京市卫生资源总量持续增加，公共卫生投入不断增长，医疗布局进一步优化，2021 年基层诊疗比重达到 49%。根据《柳叶刀》杂志发布的全球 195 个国家和地区卫生服务可及性和

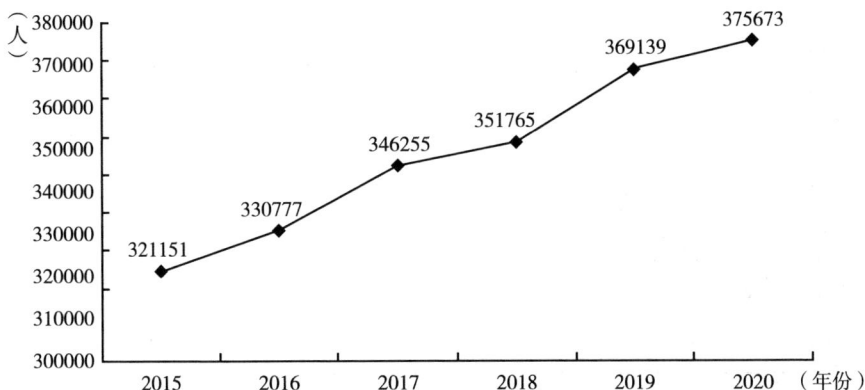

图 12　2015～2020 年北京市卫生人员总数变化情况

资料来源：北京市统计局。

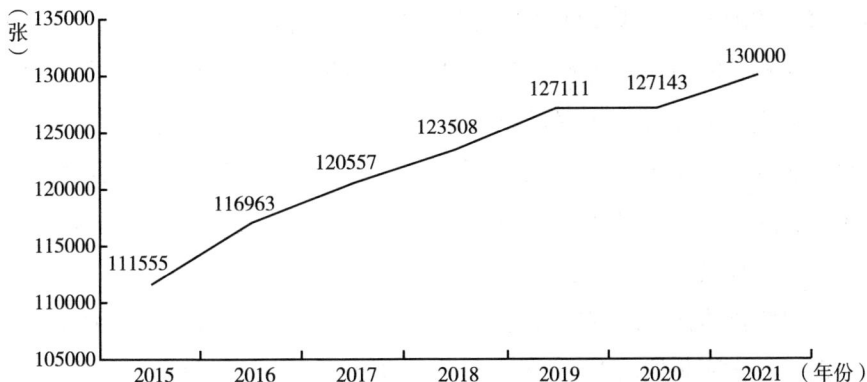

图 13　2015～2021 年北京市医疗机构编制床位总数变化情况

资料来源：北京市统计局。

质量评价结果，北京市卫生服务可及性和质量指数进入全球前 10%，医疗服务质量不断提升。

加快公共卫生应急管理体系建设。北京市制定实施《加强首都公共卫生应急管理体系建设三年行动计划（2020—2022 年）》，通过加快构建强大的首都公共卫生体系，着力补短板、堵漏洞和强弱项。2020 年新冠肺炎疫情突袭而至，北京加快完善传染病监测预警体系，全面建立多层级突发公共

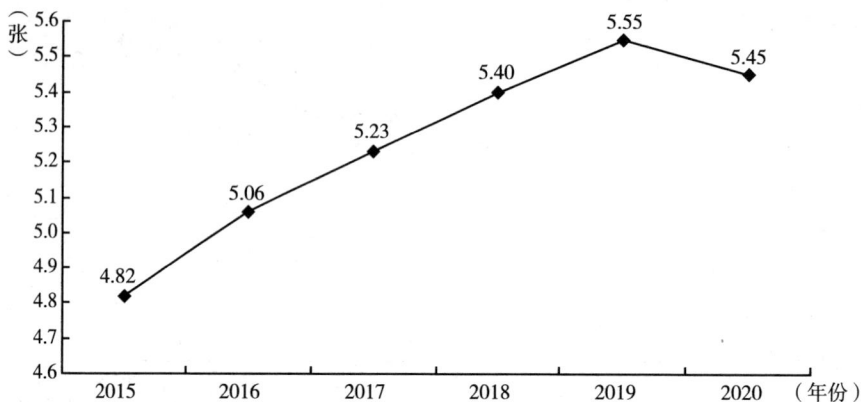

图 14   2015～2020 年北京市每千人口床位数变化情况

资料来源：北京市统计局。

卫生事件监测体系，建成投用新冠肺炎疫情快速监测联防联控平台，多点触发传染病预警能力持续加强。筑牢基层公共卫生网底，明确街道乡镇公共卫生工作职责，更新充实了村居公共卫生委员会，开展"一村一室（站）"建设，实现全市村级医疗卫生机构全覆盖。重要公共场所全部配备医疗急救设备，公共卫生应急处置能力快速提升，16 个城区均组建起一支集流调、溯源、核酸检测于一体的应急队伍。

针对疫情传播，北京市及时发布相关信息，制修订 162 个疫情防控指引，助力社会面防控。"一办十九组"工作机制常态化，落实"三防""四早""九严格"，积极应对京外输入、境外输入及本地局部聚集性疫情。特别是北京市公共卫生系统经受住了新冠肺炎疫情的多轮冲击和考验，2021年全市单样本日核酸检测能力达 168 万份。稳妥有序组织新冠疫苗接种，截至 2021 年末，北京市累计接种新冠疫苗 2244.17 万人，全程接种 2167.76万人，加强免疫接种 1276.6 万人。有力巩固了首都常态化疫情防控工作成果，相关经验被国务院联防联控机制推广。

（七）教育发展取得明显成效

北京教育系统全面贯彻党的教育方针，深入落实立德树人根本任务，持续深化教育综合改革，建设高质量教育体系，科学育人能力和服务首都经济社会发展能力均明显提升，教育总体发展水平继续处于全国前列。

在教育质量方面，截至 2021 年，北京市中小学幼儿园在校生规模增至212.89 万人，中小学教师硕士研究生及以上学历占比增至 20.26%；高校在校生规模增至 98.76 万人，高校教师博士研究生学历占比增至 64.16%，34 所高校、162 个学科进入"双一流"建设名单，在京高校 A+类学科数量占全国的 44%；职业教育"高质量、有特色、国际化"建设持续推进，7 所高职院校入选国家高职教育"双高计划"。

在教育公平方面，通过不断扩充优质教育资源和规范入学办法，在"资源优质"和"机会公平"上同时发力，小学、初中的就近入学比例均达到 99%以上，努力使老百姓在家门口就能上好学校。积极破解择校难题，中考中招选择机会更为丰富，高考高招录取率持续保持在全国前列，群众满意度不断提高。

义务教育"双减"行动效果开始显现。北京市坚决落实习近平总书记关于"双减"工作的重要指示批示精神，坚持"治乱、减负、防风险"和"改革、转型、促提升"并重的工作思路，2021 年率先在全国开展义务教育"双减"行动，率先出台落实"双减"实施意见，开启专项治理行动。通过有效减轻学生过重作业负担、提高课后服务水平、提高校内教育教学质量等举措，实现了义务教育阶段课后服务全覆盖，促进校内服务提质增效。通过严格审批准入、严格控制学科类培训时间、规范培训服务行为、强化经营活动监督、严禁资本化运作、加强校外培训广告管理等举措，强化校外培训机构治理。通过一系列专项治理行动，校外培训机构数量大幅度压减，全市范围内原审批备案机构压减率达到 80%以上，无证培训机构全部实现动态清零，"营转非"和"备改审"的工作也已全部如期完成。总体来看，义务教育"双减"行动达到了"大大压减"的要求，扭转了校外培训过多过滥、乱象丛生的局面，达到了预期目标。第三方机构调查显示，2021 年教育领域社会总体满意度提升了 4 个百分点以上。

（八）社会治理水平迈上新台阶

作为首善之区，北京市一直注重需求导向，提高首都基层社会服务供给能力，社会服务水平全面提升。党的十八大以来，北京市坚持党建引领超大城市治理，全面深化城市街道管理体制改革，开展吹哨报到、接诉即办，推动"回天大型社区治理实践探索"，先后制定了《北京市街道办事处条例》《北京市生活垃圾管理条例》《北京市物业管理条例》《北京市接诉即办工作条例》等依法治市保障措施，摸索出一个具有首都特点的共建共治共享的超大城市基层治理模式。

实现社区基本公共服务全覆盖。制定《北京市社区基本公共服务指导目录（试行）》，规范了劳动就业、社会保险、养老、社会救助等 10 大类60 个方面内容。大力建设"一刻钟社区服务圈"。截至 2021 年底，北京市累计建成 1772 个"一刻钟社区服务圈"，覆盖 98% 以上的城市社区，基本实现居民步行一刻钟内解决商业、生活、文体娱乐等方面的服务需求。开展"社区之家"创建活动，鼓励党政机关、企事业单位等有序向居民开放文化、体育、食堂、停车场等内部服务设施。截至 2021 年，北京市共创建608 个"社区之家"。创新社区服务体系，深化社区服务站改革，调整人员配置，优化服务方式，推进"综合窗口""全能社工"模式和全程代办服务机制。截至 2021 年，已投入 2940 万元完成 147 个服务空间试点改造，投入600 万元加强 300 个楼门院治理示范点建设，取得良好的辐射示范效果。

在接诉即办领域，拓宽了群众诉求表达渠道，形成自下而上、自上而下共治格局，"吹哨报到""接诉即办"机制成为北京城市治理首创典范，是一场深刻的城市治理变革。经过近三年的摸索，北京市于 2021 年 9 月底印发《北京市接诉即办工作条例》，为接诉即办工作提供了法治保障。2021 年起，北京市结合党史学习教育，把接诉即办作为"我为群众办实事"实践活动的重要抓手，建立"每月一题"工作机制，形成了以 12345 市民服务热线为主渠道，对群众诉求快速响应和高效办理并及时反馈的服务机制。据统计，2019 年到 2021 年底，市民诉件共 3286 万件，热线直接解答近 2000

万件，派单受理1300余万件，解决率由53%上升到86%，满意度从65%上升到90%。接诉即办机制通过小切口实现超大城市治理，打通了市民诉求自下而上的反映通道，又利用自上而下的行政体系贯彻执行，及时、准确地回应和解决了基层的利益诉求。

在精细化治理方面，发挥街巷物业、自治理事会作用，引导社会单位和企业共同参与街巷环境治理。2020年初北京市出台《背街小巷环境精细化整治提升三年（2020—2022年）行动方案》，启动新一轮背街小巷环境精细化整治提升，分区分类管理背街小巷，治理范围覆盖到全市所有建成区。已经开展完成2932条背街小巷环境精细化整治提升，打造了草厂四条、文华胡同、潞河中学北街、望京小街、五塔寺路等一批北京最美街巷，同步推进完成核心区和城市副中心6个示范片区综合治理，推动背街小巷环境面貌和景观品质新的提升。2021年北京市共选派1.6万余名街巷长，招募3.98万名小巷管家，整合推进街巷长、小巷管家、网格员、协管员等基层力量，统一纳入网格化体系开展"组团式"管理，实现了街巷长制度全面覆盖。

以垃圾分类和物业管理"两个关键小事"推动基层治理水平提升。2020年5月《北京市生活垃圾管理条例》正式施行，北京成为全国第一个出台生活垃圾管理条例的城市，也是较早启动生活垃圾分类试点的城市。历经倡导发动、奥运试点、系统建设、普遍推行等4个发展阶段，北京市探索形成了"大类粗分、干湿分离、源头减量、资源回收"等基本理念，已成为新分类时代的基本常识和社会共识。2021年5月1日，修订实施《北京市生活垃圾管理条例》，将垃圾分类纳入社区治理，推动创建生活垃圾分类示范小区、村。累计创建1500个垃圾分类示范村，覆盖率达到99%，垃圾分类知晓率达到98%，参与率达到90%，生活垃圾回收利用率达到35%。垃圾分类治理体系基本建立，形成"一中心、三关键、五协同、六提升"的垃圾分类治理首都模式。自2020年5月施行《北京市物业管理条例》以来，业主委员会（物业管理委员会）组建率、物业服务覆盖率、党的组织覆盖率明显提升，创造出"劲松模式"，使物业管理与城市更新双轨推进。

在社会力量参与方面，2021年北京市社会组织总量达到12916个，街道（乡镇）备案的社区社会组织 6.7 万余个，提供了 21.39 万个工作岗位，业务范围涉及文化、教育、工商服务、社会服务、农业及农村发展、体育、卫生、生态环境、科学研究等多个领域，形成市、区、街道（乡镇）、社区四级社会组织管理体系，有效激发基层社会治理活力。首都慈善事业向更高质量发展，慈善捐赠额从 2012 年的 16.7 亿元增长到 2019 年的 185 亿元，增幅约 10 倍，成为收入分配的重要补充，有效发挥了慈善在扶危济困中的突出作用。志愿者助力"双奥之城"建设，截至 2021 年北京市实名注册志愿者达到 443.6 万人，占常住人口约两成。北京冬奥会筹办过程中，超过 100 万人递交志愿服务申请，约 1.8 万名志愿者为参赛运动员提供服务，超过 20 万人次的城市志愿者为冬残奥会护航，再次擦亮了首都志愿服务这一张"金名片"。

二 新发展阶段社会高质量发展面临的挑战

2021 年北京经济社会发展取得了令人瞩目的成就，实现了"十四五"的良好开局，其来之不易。当今世界百年未有之大变局与新冠肺炎疫情交织叠加，不确定性因素增多，首都发展也面临着严峻挑战。敏感性产业复苏缓慢，就业结构性矛盾突出，老龄少子化转型加速，城乡、区域、群体收入差距缩小缓慢，社会治理内生性有待激发等发展的不平衡不充分问题有待进一步解决。

（一）服务业复苏缓慢

服务业或第三产业属于疫情之下的敏感性产业。数据显示，2021 年北京市第三产业占比为 81.7%，供给端的服务业增速只有 5.7%。国际贸易和第三产业的发展受到疫情制约，大宗商品价格上涨，劳动力成本上升，消费受到抑制，特别是受疫情直接冲击和影响的服务业发展依然相对疲软。不稳定性因素使旅游业、餐饮业恢复前景不乐观，假日经济、奥运经济并没有成为消费的支撑点。对北京地区经济总量发挥重要支撑作用的第三产业没有完全复苏，在疫情反复冲击下凸显作为敏感性产业的脆弱性。

同时，在人口、建设用地、建筑规模"三个减量"基础上的发展对北京原有经济生态影响较大，而与之相衔接的经济生态尚处于扶持和培育状态，新旧经济生态处于换挡期。加之"十四五"时期进入非首都功能"疏整促"的深化阶段，受央属企业搬迁雄安等政策影响，疏解整治促提升的"提升"靶向、速度、结构方面都需要继续加大力度，以首都发展为统领的经济高质量发展面临着诸多挑战。

（二）就业结构性矛盾突出

因土地、房价房租等经济运行成本过高，市场信心削减，大量中小微企业受疫情冲击，市场主体数量减少。2013~2021年北京居民人均可支配收入结构中，工资性收入占比从61.3%下降至60.9%；2013~2021年人均经营净收入占人均可支配收入比例大幅下降，从3.2%下降至1.3%。这在一定程度上表明，市场主体在提供就业渠道方面收窄，个体工商户、私营企业等民营经济活力不足。2020年，受新冠肺炎疫情和全球经济形势的影响，北京城镇人口登记失业率从2019年的1.3%增加到2020年的2.6%，新增就业人数则从2019年的35.1万人降低到2021年的26.9万人。

北京市失业率基本保持稳定，但就业结构性矛盾较为突出。出租车司机、建筑工人等传统行业劳动力呈现"老化"特征，高素质、国际化人才短缺，高精尖技术人才净流出明显。《中国城市人才吸引力排名2021》显示，尽管受到新冠肺炎疫情影响，2020年北京由过去连续4年的人才净流出转为净流入，但人才净流入占比只有0.2%，低于广州、上海、深圳的水平。在国内外抢夺人才的竞争日益激烈的情况下，北京人才竞争力相对有所下降，支撑北京国际科技创新中心、国际数字标杆城市建设所需的高素质人才短缺。平台经济、互联网企业承载了大量就业群体，但受国家反垄断、精细治理政策等因素影响，平台经济、互联网企业生存压力较大，裁员潮迹象明显。

（三）老龄少子化加速

在人口总量开始下降的大背景下，超大城市人口结构也发生了深刻变化，北京已度过"人口红利"黄金期，老龄少子化进入深刻转型加速期。

在"一老"方面，北京市第七次人口普查数据显示，2020 年 60 岁及以上人口比重达到 19.6%，2021 年北京市 60 岁及以上人口达到 441.6 万人，占全市常住人口的 20.2%，提高 0.6 个百分点。16 个城区中近一半处于深度老龄化阶段。按照国际通行划分标准，北京市已进入深度老龄化社会，老龄化程度位居全国前列。北京从 1990 年完全进入老龄化社会再到深度老龄化，共用时约 31 年，这一过程远快于欧美发达国家通常 45 年以上的时间。随着非首都功能疏解带来的人口总量调控，外来劳动力人口流入减缓，加之 20 世纪 60 年代至 70 年代初"婴儿潮"时期出生的人口自 2022 年起开始步入退休年龄，伴随生育率下降，新增劳动力人口下降，人口老龄化程度不断加剧。"两降一升"的人口结构格局使北京人口红利面临衰减挑战。

在"一小"方面，2010 年以来国家先后实施的"双独二孩""单独二孩""全面二孩"政策，推动了人口生育水平的提升。北京出生人口数在 2014 年和 2016 年出现了两次高峰，分别达到 21 万人和 20.3 万人，此后的 2017 年也保持了 19.7 万人的高位。但随着二孩政策效应的减弱，出生人口数也呈快速下降趋势，到 2020 年已经降至 15.3 万人，比 2019 年减少 2.2 万人，比 2017 年减少 4.4 万人。考虑到全面二孩政策效应的消失和生育堆积效应的消退，以及全市育龄妇女数量的下降，预计三孩生育政策带来的出生人口数量增幅有限。按照现有生育水平估算，未来几年北京出生人口数将继续呈现稳中有降态势。到 2025 年，北京市 0~14 岁儿童数量占常住人口的比重将保持在 11.8% 左右，之后开始下降，"超少子化"问题将在"十五五"期间表现得更为突出。

未来几年北京人口"变老"趋势仍将继续。受 2025 年全国总人口达到峰值并转向负增长的大趋势影响，未来外省向北京补充的劳动年龄人口将明显减少，老龄化程度将进一步加深，全社会在养老、医疗等方面的负担进一步加重，"超少子化"问题也将更加凸显。而随着老龄少子化的加速发展，经济社会场景也将发生深刻变化，经济增长动力将受到影响。

（四）城乡、区域、群体收入差距缩小缓慢

北京率先全面建成小康社会，经济发展质量、人均收入水平走在全国前列，但也存在城乡、区域、群体收入差距缩小缓慢等发展不平衡不充分问题。

在城乡差距方面，2021年北京市城乡收入比为2.45∶1，同期全国城乡收入比为2.51∶1，浙江省城乡收入比为1.96∶1，同属京津冀城市群的河北省为2.26∶1，天津市仅为1.86∶1，北京在全国省级排名靠后。数据显示，北京城乡收入差距从2015年的2.57∶1缩小到2021年的2.45∶1，6年间缩小0.12，年均缩小0.02，城乡收入差距缩小缓慢。在城乡收入相对差距缩小的同时，城乡居民人均可支配收入绝对差有所扩大，从2015年的32290元扩大到2021年的48215元，收入倍差持续位于2.4以上（见图15、图16）。

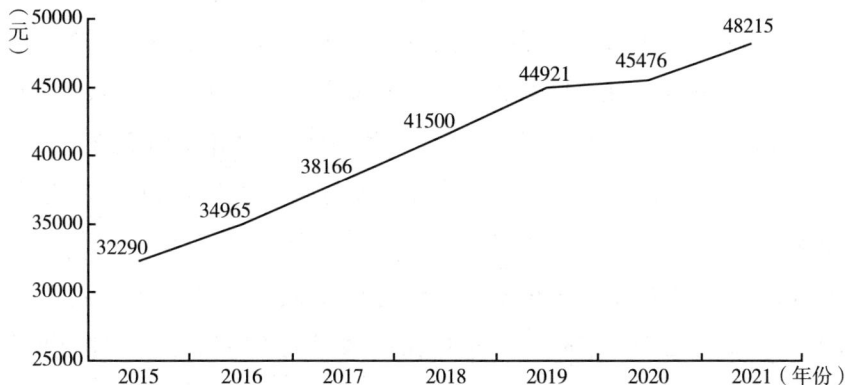

图15　2015~2021年北京市城乡居民人均可支配收入差距变化情况

资料来源：北京市统计局。

在区域差距方面，北京16个城区的经济发展指标总体呈增长态势，但是区域间发展差距不断扩大，各区对北京经济总量的贡献差距拉大，各区人

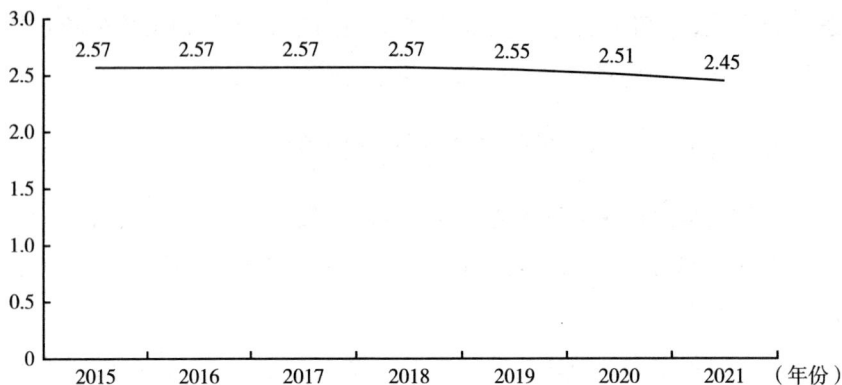

图16　2015~2021年北京市城乡居民人均可支配收入倍差变化情况

资料来源：北京市统计局。

均指标差距较大。2021年主城区、平原新城和生态涵养区的GDP分别占全市GDP的70.08%、18.99%和4.18%，人均GDP最高的西城区是最低的大兴区的近10倍。统计数据显示，2021年16个城区中只有海淀区、通州区、昌平区、大兴区4个区对北京GDP的贡献有所增长，贡献最大的为海淀区，达到23.6%，东城区、西城区、朝阳区、丰台区、石景山区、房山区、顺义区7个区对北京GDP的贡献有所下降，门头沟、怀柔区、平谷区、密云区、延庆区等生态涵养区对北京GDP的贡献长期处于低水平状态。具体来看，北京市昌平、大兴、通州等城区人均地区生产总值均不足7万元，其中大兴区人均地区生产总值为4.8万元，仅为西城区人均地区生产总值44万元的11%；延庆、密云、平谷、顺义等郊区居民人均年收入不足4万元，其中延庆区人均年收入3.6万元，仅为西城区人均年收入8.8万元的40.9%。由此可见，北京推进共同富裕的均衡性尚不协调，面临较为严峻的城乡、区域协调发展挑战。

在群体差距方面，城乡和区域发展的不平衡不充分使北京市不同群体间收入与财产的差距拉大，低收入群体主要集中在乡村和发展薄弱区域。在疫情的冲击下，不同地区、不同行业和不同群体，遭受影响的程度和脆弱性呈现明显的差异，疫情往往对特定经济活动、特定脆弱群体的冲击更加剧烈，影响更为持久。根据国家统计局北京调查总队测算，北京中等收入群体占比已接近七成，但细分中等收入群体的"核心层"和"脆弱层"可以发现，2020年"脆弱层"占比达到10.1%，加上低收入群体占比28.3%，合计北京市中低收入群体占比为38.4%，比重仍然较大。由此可见，城乡差距和区域差距带来的地域空间差距，进一步传导到地域空间所在的区域基础设施、公共服务以及群体收入差距等方面。

（五）社会治理共同体格局形成任重道远

党的十九届四中全会提出健全社会治理体系，构建人人有责、人人尽责、人人享有的社会治理共同体。北京在探索超大城市社会治理取得成就的同时，总结反思常态化疫情防控中暴露出的一系列问题，作为首善之区，与"四个中心"的城市战略定位相比，与广大市民对社会生活和社会治理的高品质需求相比，北京的社会治理水平还存在明显不足，构建社会治理共同体格局任重道远。

社会治理精细化水平有待提升。精细化治理模式全面推行过程中，面临着街道规模差异大、超大社区数量多、工作力量配备弱、治理触角向小区楼门院延伸不够等现实问题。在治理单元方面，城镇化高速发展过程中人口向大城市聚集，最终落脚在基层。在北京部分非核心功能区的街乡镇，空间面积过大，人口大多在10万人，有的甚至达到20万人以上，治理难度大幅提升。北京回天地区（回龙观和天通苑）2街3镇区域面积达到63.1平方公里，人口接近110万，而北京东城区辖区面积41.84平方公里，常住人口约70万。回天地区的面积和人口远高于东城区，但治理层级、组织和机构却不是区级，存在明显的失衡现象。

多元参与基层治理格局仍需完善。市、区、街道、社区职责同构，社会治理的层级优势不明显，协同推进的工作格局有待完善。村居下居民党支部、居民党小组层面的组织体系不强，城市居民委员会的群众自治组织功能一条腿短。社会主体参与空间不足，社会治理社会化程度有待提高。基层社会治理中的物业纠纷、业主纠纷、物业定价、违法建设等问题尚未得到有效解决，不同主体间利益诉求交错。基层社会动员在体制机制创新、资源整合、多主体融合，特别是物业、小区业委会、社区社会组织作用发挥方面，需要有新思路、新突破。公众和各类社会主体社会责任观念需要强化，社会共同体意识有待增强，尤其是距离形成社会治理共同的价值取向还有很长的路要走。

治理技术覆盖面尚不均衡。基层议事协商尚未在城乡村居全覆盖，尤其是科技支撑方面，科技创新成果尚未有效转化为基层治理效能。物联网、区块链、人工智能在社会治理中的场景应用还不普遍，运用大数据分析结果辅助科学决策的自觉性不强，需要主动适应智能化社会对社会治理的新要求。

社会治理预警机制不够健全。随着超大城市各种资源要素的高度聚集，城市治理中的各种显性风险和隐性风险、传统自然风险和现代社会风险不断累积，城市安全运行中各类风险交织叠加。加之各种风险的不确定性、关联性、放大性，超大城市已成为全局性、系统性风险的汇集地和高发地。研判社会风险的政策措施还不够专业、细致，社会风险防范和应对能力有待加强，需要在构筑前瞻性的城市治理体系和提高社会治理能力方面持续发力。

三　推进社会高质量发展的建议

2022年是北京实现世界唯一"双奥之城"后率先基本实现社会主义现代化的关键时期，是回答好"建设一个什么样的首都，怎样建设首都"重大时代课题的攻坚期。面对经济社会高质量发展面临的一系列挑战，以习近平新时代中国特色社会主义思想为指引，深入贯彻习近平总书记对北京一系列重要讲话和指示精神，坚持以首都发展为统领，主动服务和融入新发展格局，以首善标准扎实推进社会高质量发展。努力推动习近平新时代中国特色社会主义思想在京华大地落地生根、开花结果，形成生动实践，以更加优异的成绩迎接党的二十大胜利召开。

（一）促进服务业高质量发展

在疫情之下，首先要突出"保"字。强化"保企业保就业就是保收入"战略思维，"六保"政策中关于"保居民就业、保基本民生、保市场主体"，实质上就是贯彻落实以人民为中心的发展思想。因此，首先就是要"保"企业，保中小微企业等市场主体，以它们的实际需求、实际困难为导向，制定更加精准的政策，给它们吃上"定心丸"，提高抵御和应对疫情反复冲击的能力。

其次，突出"提"字。疏解北京非首都功能持续深化推进，首都功能核心区"静"下来了，疏解整治取得了显著成效。下一步的战略重点就是要放到"提"上，按照系统观和整体观，结合北京城市总体规划研究制定"提"的发展方略，加快提升城市发展活力和优化城市风貌。

再次，突出"创"字。在减量发展背景下，坚持走依靠创新驱动的内涵型增长路子。发挥北京市科技和人才优势，大力推进央地协同、联动、互补，促进以科技创新为核心的全面创新，积极培育新产业、新业态、新模式、新需求，巩固"高精尖"经济结构，提高经济质量效益和核心竞争力，实现高质量发展。

最后，突出"局"字。在构建新发展格局背景下，着力处理"五子"①及"五子"之间的联动关系，提升"四个服务"水平。构建完整的多层次分类别的现代生产服务体系，加快推进"五子"成局成势，打造首都经济新增长点。

（二）推进就业高质量发展

就业是民生之本、收入之源。首先，聚焦重点群体，进一步实施更加积极的就业政策，完善小微创业者扶持政策，帮扶城乡就业困难人员就业，支

---

① "五子"是指国际科技创新中心建设、"两区"建设、数字经济、供给侧结构性改革和京津冀协同发展。

持多渠道灵活就业，加强就业培训和精准帮扶。

其次，关注重点群体的就业问题。关注受疫情影响严重的餐饮、旅游、出租行业从业人员生存问题，关注教培行业从业人员再就业问题，关注互联网平台裁员问题，关注青年群体失业问题。保持社会保障支持政策稳定不退出，确保共享员工政策精准覆盖。

再次，大力支持新就业形态发展。维护新型就业群体的劳动安全和权益，构建符合新业态要求的新型劳资关系，放宽对非正规就业的限制，代之以更加规范的人性化治理。给灵活就业满足生存需求的非正规就业群体适当的弹性发展空间，以扩大就业容量，缓解疫情持续给就业带来的冲击，在降低失业风险的同时激发市场活力和创造力。

最后，加快就业群体的职业体系建设。完善职业培训和创业培训、终身职业技能培训，建立企业自主培训奖励机制。政府承担组织职业资格体系认证职责，逐步向有能力有条件的行业协会过渡，使技能型人才有"证"通用、有"证"互用，形成全生命周期的职业培训体系。

（三）构建人口均衡型社会

人口问题是举足轻重的"国之大者"。少生、不生和人口老龄化，将深刻影响首都北京经济社会的繁荣发展与活力。

首先，妇联等相关机构利用新媒体平台开展丰富多样的生育文化宣传教育。消除社会上流行的某些物化生育行为的偏狭理解，营造积极健康的生育文化氛围，弘扬正向的婚恋观与家庭观，消除人们对婚恋、生育等行为的过度恐慌，破除部分年轻人"不敢生、不愿生、不想生"的思想误区。

其次，在生育津贴、带薪产假、生殖健康、婴幼儿保健等方面给予政策支持。对生育两孩、三孩育龄夫妇采取适当减免税收、增加带薪产假、发放两孩和三孩津贴等措施，大力发展普惠高质的 2~3 岁托育服务供给体系，以缓解家庭照料压力，降低家庭生育、养育和教育成本。

再次，切实回应家长和学生的诉求，真正有效缓解家长、学生对中考普职分流压力前置的焦虑和恐慌，稳步有序推进义务教育"双减"工作。教育最牵动人心，北京人均 GDP 已达到中等发达国家水平，有率先基本实现社会主义现代化和共同富裕的雄厚物质基础。在推进教育均衡化发展方面，作为首善之区的北京需要进一步出实招、见实效、做表率、创经验。

最后，树立积极老龄观、健康老龄观，科学有效应对老龄化。针对北京养老需求的多样性，补齐养老设施短板，优化养老资源布局，构建多层次的养老服务供给体系，发展多样化养老模式，积极稳妥推进养老产业发展。进一步加大对养老公共服务的投入力度，推动社区养老服务驿站可持续发展，加速推进公共服务设施适老化规划、建设和改造。作为首善之区，北京市不仅要解决老有所养的问题，还要关注老有所为的问题，在更高水平上推动"老有所养、老有所为"。可以充分发挥北京高素质人才的"余热"，退休后至少还有 10 年的发光发热时间，按照国家政策安排及时出台延迟退休政策，在尊重个人意愿的基础上渐次延迟退休。

（四）着力缩小差距迈向共同富裕

"现在，已经到了扎实推动共同富裕的历史阶段。"① 提高居民收入是实现共同富裕的重要基础。首先，建议研究制定落实"北京市居民人均可支配收入持续稳定增长计划"。以"两个同步"为基础，深化收入分配体制改革，巩固和优化"橄榄形"收入分配结构，发挥工资"稳定器"作用，发挥社保"兜底"作用，发挥慈善捐赠扶危济困"补充"作用，推进北京收入分配制度改革先行示范。

其次，"十四五"时期，着重实施城市南部地区行动计划，建设京西产业转型升级示范区。提升平原新城综合承载能力，补齐公共服务和基础设施短板，形成特色产业发展布局，打造首都发展新增长极。推进生态涵养区生态保护与绿色发展，因地制宜发展绿色产业，健全生态保护补偿机制，加大转移支付力度，深化平原区和生态涵养区结对协作机制。通过一系列有力措施，逐步缩小北京城乡、区域和不同群体的发展差距。

---

① 习近平：《扎实推动共同富裕》，《求是》2021 年第 20 期。

最后，扩大中等收入群体是缩小贫富差距、走向共同富裕的核心要义。因此，坚持以"扩（固）中"为重点，以"拉低"为着力点，以"控高"为切口，以降低基本公共服务成本、避免中等收入群体"脆弱层"下滑为导向的思路，聚焦农民（工）、大学毕业生、新就业形态群体，推行和落实新就业形态领域"全民参保计划"。逐步扩大积分落户人数规模，吸引优秀高校毕业生和外地人才留京就业创业，加快行业职业资格认定资质体系建设，完善职称评定标准。通过一系列积极有效的措施，持续扩大和稳固中等收入群体比重，不断提高中等收入群体整体质量。

（五）打造共建共治共享的首都社会治理新格局

坚持人民城市为人民的理念，牢牢抓住接诉即办机制，积极推动接诉即办向未诉先办深化转型、被动治理向主动治理转变。推进接诉即办改革制度化规范、专业化提升、数字化转型和系统化集成，更多从政策层面和制度层面来破解难题。

首先，建立与职权相匹配的事权、财权，坚决遏制非良性的"放管服"举措。将为基层减负纳入区街乡镇党政一把手考核问责机制，千方百计为基层减负。按照街居面积、人数深化街居体制改革，自上而下划小治理单元，不断健全党的组织体系，推动群众自治组织体系向更基层延伸，拉近与群众之间的距离，从而更好地深入群众、服务群众。

其次，壮大治理主体，健全参与体系，强化监督管理协同推进。促进社会创新，培育发展一批符合群众需要、专业能力突出、具备承接政府职能转移能力的骨干社会创新主体，构建行之有效的社会动员新机制。广泛调动社会力量、市场主体等参与基本民生保障、基层社会治理和基本社会服务，更好地实现政府治理和社会调节、居民自治的良性互动。通过促进各类群团组织、社会组织、街巷长、社区专员、小巷管家等在基层治理中更有效地发挥作用，弘扬家庭家教家风建设，推动形成共建共治共享的基层社会治理新格局。加快推进城市住房养护和管理体制改革，推动共有产权法治性界定，梳理城市社区产权归属，强化法治化建设，从源头上解决物业管理问题，促进城市社区良性生态环境建设。

再次，加强社会治理的科技赋能、数字赋能。借助北京打造"全球数字经济标杆城市"的契机，主动适应智能化社会，广泛应用大数据、区块链、人工智能等现代科学技术，实质性推进多网融合、数据共享、信息联通的"一网通办"数字治理格局，提升基层社会治理的精治智治效能。随着疫情防控常态化，社区成为疫情防控的第一道有力防线，北京作为超大型城市在社区治理上具有社区类型多元化、居民需求多样化和技术条件差异化等特征。推进智慧社区建设，有助于服务和应对不同类型社区和居民的多样化发展需求，提高治理效率。通过建设相应的"城市智慧大脑"，实现市民诉求与相关责任部门、责任单位的精准快速对接，真正把扁平化治理要求落到实处。同时，要加强和完善科学技术应用中的法律规制，严密防范化解技术滥用和个人信息泄露可能带来的各种风险。

最后，推进韧性城市建设，构筑具有前瞻性的城市治理体系。特别是后疫情时代，对提高首都城市运行的安全度提出了更高的要求，北京要扎实推动高质量发展，就需要构筑具有前瞻性的城市治理体系，提升城市韧性，为应对可能出现的危机和挑战进行更加充足的准备。坚持人与城市共命运的理念，大力提升首都风险防控能力，提高风险预警能力，不断健全应急响应能力，增强灾害处置应对能力。通过加快韧性城市建设，科学规划城市韧性空间体系，增强城市设施的防御能力和快速恢复能力，全面推进健康北京和平安北京建设。

社会建设篇
Social Construction

B.2
北京市居民收入与消费报告

李晓壮*

摘　要： 疫情影响之下，2021年北京城乡居民收入持续稳定增长，"四轮"驱动收入增长动能转换，也存在城乡居民收入差距缓慢缩小、区域收入差距明显扩大、不同群体间收入差距拉大等阶段性收入特征。在城乡居民消费领域，消费支出逐步改善，恩格尔系数回落，服务消费恢复性增长，消费者信心较强，但也存在消费动力不足等问题。因此，本报告提出通过高质量发展、缩小城乡区域差距、加快国际消费中心城市培育等政策举措进一步促进居民收入和消费稳步增长。

关键词： 居民收入　居民消费　北京

---

* 李晓壮，社会学博士后，北京市社会科学院社会学研究所副所长、研究员，主要研究方向为社会建设。

2021年，百年变局与世纪疫情交织叠加，统筹疫情防控和经济社会发展形势任务依然艰巨，在以习近平同志为核心的党中央的坚强领导下，持久推动习近平新时代中国特色社会主义思想在京华大地落地生根、开花结果，首都北京"十四五"实现了良好开局，顺利完成中国共产党成立100周年庆祝活动保障服务任务，冬奥会和冬残奥会圆满落幕，"五子"联动成局成势效应逐步显现，"四个服务"功能建设溢出效应逐步凸显，全年经受住了多轮多点散发疫情影响，以首都发展为统领，坚持稳字当头、稳中求进，国民经济恢复性增长，成为地区生产总值超过4万亿元的城市，达到40269.6亿元，按不变价格计算，地区生产总值比上年增长8.5%，居民人均可支配收入达到75002元，比上年增长8.0%，居民人均消费支出达到43640元，比上年增长12.2%，消费支出结构进一步改善。

一 居民收入稳定增长，收入差距仍然较大

（一）居民收入增长，收入增长动能切换

"十三五"时期，北京居民人均可支配收入稳定增长，由2015年的48458元提高到2020年的69434元（见表1），年均增速为7.5%左右，2021年作为"十四五"开局的第一年，城乡居民人均可支配收入达到75002元，绝对数较2020年增加5568元，实际增长8%，高于"十三五"时期年均增速，进入疫情第二个年头，城乡居民收入保持稳定增长。从北京居民人均可支配收入的四项细分收入来看，2015~2021年，北京居民工资性收入、经营净收入对人均可支配收入增量的贡献分别由62.41%和2.93%下降到60.90%和1.25%，分别下降1.51个和1.68个百分点；而财产净收入、转移净收入对人均可支配收入增量的贡献分别由15.48%和19.19%提高到16.61%和21.24%，分别提高1.13个和2.05个百分点。需要说明的是，2021年北京城乡居民人均可支配收入四项细分收入占比除经营净收入下降外，其他基本恢复到疫情前2019年的水平。

表1 2015~2021年北京居民人均可支配收入情况

单位：元，%

项目	2015 年		2016 年		2017 年		2018 年	
	绝对数	占比	绝对数	占比	绝对数	占比	绝对数	占比
人均可支配收入	48458	—	52530	—	57230	—	62361	—
工资性收入	30241	62.41	33114	63.04	35217	61.54	37687	60.43
经营净收入	1421	2.93	1396	2.66	1408	2.46	1201	1.93
财产净收入	7499	15.48	8230	15.67	9306	16.26	10612	17.02
转移净收入	9297	19.19	9790	18.64	11299	19.74	12861	20.62

项目	2019 年		2020 年		2021 年	
	绝对数	占比	绝对数	占比	绝对数	占比
人均可支配收入	67756	—	69434	—	75002	—
工资性收入	41214	60.83	41439	59.68	45675	60.90
经营净收入	1201	1.77	812	1.17	940	1.25
财产净收入	11257	16.61	11789	16.98	12460	16.61
转移净收入	14084	20.79	15394	22.17	15927	21.24

北京居民人均可支配收入结构分析表明，工资性收入虽然相对走低，但仍是城乡居民人均可支配收入稳定增长的"定海神针"，占比最高，达到六成；财产净收入、转移净收入相对走高，经营净收入相对走低，居民收入增长动能由工资性收入、经营净收入转为财产净收入和转移净收入，呈现"两项走低两项走高"的总体态势。北京居民收入增长动能出现切换现象，尤其转移净收入走高应与北京人口老龄化加剧相关（北京市第七次人口普查数据显示65岁及以上老年人口比例达到13.30%，见表2），越来越多的人口处于或进入老龄化阶段，工资性收入下降，退休金、养老金等转移净收入随之提升。进入21世纪20年代，20世纪60年代生育高峰期出生的人口将陆续步入退休年龄，老年人口规模将大幅提高，养老金

需求将呈现刚性增长态势，北京居民转移净收入占人均可支配收入的比重将会持续提高。

表2　2020年北京人口老龄化情况

单位：万人，%

地区	常住人口	0~14岁	15~64岁	65岁及以上	65岁及以上老年人口比例	老龄化程度
全市	2189.0	259.1	1638.7	291.2	13.30	老龄化社会
东城区	70.9	9.8	48.2	12.9	18.19	接近超老龄化社会
西城区	110.6	15.8	74.7	20.1	18.17	接近超老龄化社会
朝阳区	345.1	39.5	256.3	49.3	14.29	深度老龄化社会
丰台区	201.9	22.0	147.9	32.0	15.85	深度老龄化社会
石景山区	56.8	6.5	41.0	9.3	16.37	深度老龄化社会
海淀区	313.2	37.1	235.2	40.9	13.06	老龄化社会
门头沟区	39.3	4.5	29.0	5.8	14.76	深度老龄化社会
房山区	131.3	16.9	97.0	17.4	13.25	老龄化社会
通州区	184.0	22.3	140.5	21.2	11.52	老龄化社会
顺义区	132.4	15.5	102.5	14.4	10.88	老龄化社会
昌平区	226.9	23.6	181.3	22.0	9.70	老龄化社会
大兴区	199.4	23.7	156.3	19.4	9.73	老龄化社会
怀柔区	44.1	5.2	33.3	5.6	12.70	老龄化社会
平谷区	45.7	6.0	32.2	7.5	16.41	深度老龄化社会
密云区	52.8	6.7	38.1	8.0	15.15	深度老龄化社会
延庆区	34.6	4.0	25.2	5.4	15.61	深度老龄化社会

资料来源：北京市第七次全国人口普查领导小组办公室、北京市统计局，《北京市2020年第七次全国人口普查主要数据资料》，内部资料，2021年9月，第21页。

（二）城乡居民收入差距缩小缓慢，绝对差拉大

1978~1993年，北京城乡居民收入相对差距处于"2以下"，其中1984年北京城乡居民收入比仅为1.04：1（农村居民收入为1），1993年扩大到1.88：1。1994~2021年，北京城乡居民收入相对差距处于"2以上"，2004

年为城乡居民收入差距最大的年份，扩大到 2.77∶1。此后，北京城乡居民收入差距逐渐缩小，到 2020 年缩小到 2.51∶1，城乡居民收入差距缩小缓慢。2020 年数据显示，全国城乡居民收入比为 2.56∶1（2021 年为 2.50∶1），作为全国唯一共同富裕示范区的浙江省城乡居民收入比为 1.96∶1，上海城乡居民收入比为 2.19∶1。同时，尽管北京城乡居民收入比缩小，但是城乡居民收入绝对差却由 2015 年的 32290 元扩大到 2020 年的 45476 元（见表 3）。

表 3　2015～2020 年北京城乡居民人均可支配收入情况

分类	2015 年	2016 年	2017 年	2018 年	2019 年	2020 年
城镇（元）	52859	57275	62406	67990	73849	75602
农村（元）	20569	22310	24240	26490	28928	30126
城乡收入倍差	2.57	2.57	2.57	2.57	2.55	2.51
绝对差（元）	32290	34965	38166	41500	44921	45476

如表 4、表 5 所示，笔者分别统计了北京城镇、农村居民人均可支配收入及其构成。从收入结构的分析可以看出，一是北京农村居民人均可支配收入的变动情况与城镇居民人均可支配收入相似，均呈现"两项走低两项走高"的总体态势。二是农村居民人均可支配收入中工资性收入占到 70.28%，高于城镇居民工资性收入约 10 个百分点，农村居民人均可支配收入中经营净收入占比高于城镇居民 4.44 个百分点。三是农村居民人均可支配收入中财产净收入、转移净收入占比分别低于城镇居民 7.10 个、8.62 个百分点。

北京城乡居民人均可支配收入及四项收入结构分析表明，北京农村居民"打工赚钱"是其主要收入来源；与城镇居民经营净收入相比，农村居民经营净收入占比略高，主要由农村农产品带来一定收益；因农村没有退休金等社会保障福利，随着农村人口老龄化程度加剧，转移净收入占比较低，仍然依靠"打工赚钱"养老；农村土地流转、房屋出租等带来的财产净收入与城镇相比占比也较低。同时，在北京居民人均可支配收入结构中四项细分收入绝对数差距也比较明显。

（三）区域收入差距扩大明显，生态涵养区整体滞后

表 6 显示，2021 年北京全年实现地区生产总值 40270 亿元。2005～2021 年，北京 GDP 持续增长，但北京市各区 GDP、对北京 GDP 的贡献出现了一些新情况新问题。例如，剔除北京经济技术开发区（亦庄），16 区 GDP 都在增加，但在对北京 GDP 的贡献方面呈现三种情况：一是 4 个区贡献呈现增长态势。16 区中海淀、通州、昌平、大兴 4 个区对北京 GDP 的贡献有所增加，贡献幅度最大的为海淀区，达到 23.6%。二是 7 个区贡献呈现下降态势。16 区中东城区、西城区、朝阳区、丰台区、石景山区、房山区、顺义区 7 个区对北京 GDP 的贡献有所下降。三是 5 个区贡献长期保持低水平状态。16 区中门头沟区、怀柔区、平谷区、密云区、延庆区 5 个区对北京 GDP 的贡献长期处于低水平。此外，通过表 6 还可以发现，16 区对北京 GDP 的贡献出现 4 个层次的梯度递减变化，第一梯队海淀、朝阳对北京 GDP 的贡献在 20% 左右；第二梯队东城区、西城区，对北京 GDP 的贡献在 10% 左右；第三梯队丰台区、石景山区、房山区、通州区、顺义区、昌平、大兴区等，对北京 GDP 的贡献在 2%～6%；第四梯队门头沟区、怀柔区、平谷区、密云区、延庆区，除怀柔对北京 GDP 的贡献在 1.1%，其余均在 1% 以下。与此同时，随着经济规模发展的梯度化反应，各区之间的人均 GDP 差距逐渐拉大。例如，2020 年北京市人均 GDP 达到 16 万元，人均 GDP 最高的西城区和东城区分别达到 45 万元和 41 万元，而人均 GDP 最低的昌平区和大兴区只分别达到 5.1 万元和 4.6 万元，两个最高区与最低区差距巨大。

北京 16 区的区域发展现状是，经济发展指标总体呈增长态势，但是区域间发展差距不断扩大，生态涵养区整体处于滞后状态。海淀、朝阳等区域持续强劲发展，东城、西城等区域平稳发展，通州、昌平、大兴、顺义等区域较快发展，延庆、平谷、密云、怀柔、门头沟长期处于低水平发展，"一快一稳一低"发展格局导致区域间发展差距扩大，尤其是生态涵养区发展

表4 2015~2020年北京城镇居民人均可支配收入情况

单位：元，%

项目	2015年		2016年		2017年		2018年		2019年		2020年	
	绝对数	占比	绝对数	占比	绝对数	占比	绝对数	占比	绝对数	占比	绝对数	占比
人均可支配收入	52859	—	57275	—	62406	—	67990	—	73849	—	75602	—
工资性收入	32568	61.61	35701	62.33	37883	60.70	40489	59.55	44327	60.02	44620	59.02
经营净收入	1337	2.53	1292	2.26	1293	2.07	1073	1.58	1034	1.40	685	0.91
财产净收入	8492	16.07	9310	16.25	10520	16.86	11983	17.62	12690	17.18	13152	17.40
转移净收入	10462	19.79	10972	19.16	12710	20.37	14445	21.25	15798	21.39	17145	22.68

表5 2015~2020年北京农村居民人均可支配收入情况

单位：元，%

项目	2015年		2016年		2017年		2018年		2019年		2020年	
	绝对数	占比	绝对数	占比	绝对数	占比	绝对数	占比	绝对数	占比	绝对数	占比
人均可支配收入	20569	—	22310	—	24240	—	26490	—	28928	—	30126	—
工资性收入	15491	75.31	16637	74.57	18223	75.18	19827	74.85	21376	73.89	21174	70.28
经营净收入	1959	9.52	2062	9.24	2140	8.83	2021	7.63	2262	7.82	1613	5.35
财产净收入	1204	5.85	1350	6.05	1570	6.48	1877	7.09	2127	7.35	3103	10.30
转移净收入	1915	9.31	2260	10.13	2307	9.52	2765	10.44	3163	10.93	4236	14.06

表6 2005~2021年北京市各区生产总值情况

单位：亿元，%

区域（区、市）	2005年	占比	2010年	占比	2015年	占比	2019年	占比	2020年	占比	2021年	占比	升降情况
全市	7149.8	—	14964	—	24779.1	—	35445.1	—	36102.6	—	40270	—	—
东城区	656.1	9.2	1291.6	8.6	2099.2	8.5	2910.4	8.2	2954.7	8.2	3200	7.9	↓
西城区	1079.5	15.1	2086.4	13.9	3553.2	14.3	5007.3	14.1	5061.1	14.0	5300	13.2	↓
朝阳区	1357.0	19.0	2944.0	19.7	5073.0	20.5	7116.4	20.1	7037.9	19.5	7566	18.8	↓
丰台区	386.5	5.4	770.5	5.1	1283.7	5.2	1829.6	5.2	1854.2	5.1	2000	5.0	↓
石景山区	211.7	3.0	321.7	2.2	532.3	2.1	808.0	2.3	855.5	2.4	930	2.3	↓
海淀区	1443.6	20.2	3097.9	20.7	5359.7	21.6	7954.6	22.4	8504.6	23.6	9500	23.6	↑
门头沟区	46.7	0.7	95.8	0.6	171.0	0.7	249.3	0.7	251	0.7	276	0.7	—
房山区	210.8	2.9	374.4	2.5	568.4	2.3	811.0	2.3	759.9	2.1	820	2.0	↓
通州区	152.0	2.1	394.8	2.6	689.7	2.8	1059.3	3.0	1103	3.1	2080	5.2	↑
顺义区	261.8	3.7	878.4	5.9	1471.5	5.9	1993.0	5.6	1873.7	5.2	2080	5.2	↓
昌平区	201.1	2.8	417.6	2.8	755.1	3.0	1082.5	3.1	1147.5	3.2	1223	3.0	↑
大兴区	166.8	2.3	368.5	2.5	614.2	2.5	907.6	2.6	932.8	2.6	1493	3.7	↑
怀柔区	85.7	1.2	160.7	1.1	281.3	1.1	399.9	1.1	396.6	1.1	435	1.1	—
平谷区	57.7	0.8	119.8	0.8	214.3	0.9	293.6	0.8	284.1	0.8	305	0.8	—
密云区	79.5	1.1	142.7	1.0	234.9	0.9	341.0	1.0	338.6	0.9	364	0.9	—
延庆区	40.5	0.6	73.8	0.5	127.4	0.5	195.3	0.6	194.5	0.5	209	0.5	—

注：因剔除经济技术开发区（亦庄）GDP，16区 GDP 之和不等于北京市 GDP。

资料来源：根据相关年份《北京区域统计年鉴》（电子版）整理。

处于严重滞后状态。导致上述情况出现的主要原因是：一是创新驱动发展发挥了重要作用，使海淀区作为国际科技创新中心的优势地位逐渐凸显。二是对北京GDP的贡献长期维持低水平的5个区为生态涵养区，受生态保护等因素影响，长期得不到科学发展，5区GDP占比合计未达到5%。三是通州、昌平、大兴、顺义的发展主要依赖副中心投资建设、未来科学城、"两区"建设、生物医药基地、新机场等因素。四是东城、西城，包括朝阳区等老牌强区GDP占比出现下降趋势，主要是受加强核心功能区建设、腾笼换鸟等政策措施影响。

（四）不同群体间收入差距拉大，呈现"先抑后扬"

从表7可以看出，2015~2020年北京市居民人均可支配收入分组别呈现以下特征，一是从横向分析，北京市居民人均可支配收入分组别收入绝对数都有所增长，2020年与2015年相比，从低收入户（20%）到高收入户（20%）增长幅度依次为38.4%、36.1%、41.4%、45.2%、46.5%；二是北京居民人均可支配收入分组别的高收入户与低收入户绝对差扩大，从2015年的81278元扩大到2020年的120521元，倍差也从2015年的5.43倍扩大到2020年的5.75倍，呈现"先抑后扬"态势（见图1）；三是从2020年数据看，中高收入户（20%）比中低收入户（20%）绝对数高出43171元，中等收入群体分化明显。

表7　2015~2020年北京居民人均可支配收入分组别情况

单位：元

类别	2015年	2016年	2017年	2018年	2019年	2020年
低收入户（20%）	18343	20204	22170	23926	25723	25394
中低收入户（20%）	32968	36277	38452	41886	44971	44855
中等收入户（20%）	45239	49342	53023	57864	62596	63969
中高收入户（20%）	60627	65555	71451	77910	85170	88026
高收入户（20%）	99621	105425	116018	126970	139298	145915
高收入户与低收入户的绝对差	81278	85221	93848	103044	113575	120521
高收入户与低收入户倍差	5.43	5.22	5.23	5.31	5.42	5.75

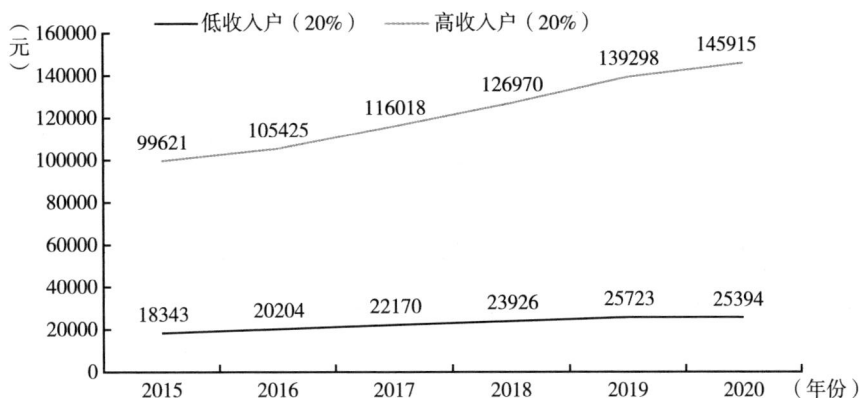

图1 2015~2020 年北京高收入户与低收入户人均可支配收入

2015~2020 年北京居民人均可支配收入分组别情况分析表明，一是整体来看，收入越高的组别其收入增长越快，换言之，越有钱者越有钱，低收入组别增收缓慢；二是不同组别收入差距拉大，尤其是高收入户与低收入户之间的差距 2020 年扩大到 5.75 倍，绝对差扩大到 120521 元；三是不同组别分化严重的同时，中等收入群体中的中低收入户、中等收入户、中高收入户之间差距较大，中低收入户很容易跌入低收入户。北京城乡区域空间发展的不平衡不充分使不同群体间收入差距拉大，并且城乡差距、区域差距进一步传导，使高收入户与低收入户之间收入差距拉大，因为低收入群体主要集中在乡村和较为薄弱区域。

二 居民消费支出逐步改善，消费动力仍有不足

（一）消费支出逐渐恢复，城乡消费比逐步缩小

2021 年，北京经受多轮疫情冲击，全市上下团结一心有效地打赢了每一场疫情防控阻击战，防控住新冠肺炎疫情，生产生活秩序得到逐步恢复。2021年居民人均消费支出达到 43640 元，高于疫情前的 2019 年，比 2020 年居民人均消费支出提高 4737 元，增速达 12.2%，居民消费支出逐步恢复（见表8）。

表8　2019~2021年北京居民人均消费支出情况

单位：元，%

年份	居民人均消费支出	食品烟酒	衣着	居住	生活用品及服务	交通通信	教育文化娱乐	医疗保健	其他用品及服务
2019	43038	8489	2230	15751	2387	4979	4311	3740	1151
2020	38903	8374	1804	15711	2146	3789	2766	3513	800
2021	43640	9307	2104	16847	2560	4227	3348	4285	962
2021年与2020年相比增速	12.2	11.1	16.6	7.2	19.3	11.6	21.0	22.0	20.3

2015~2020年北京居民家庭人均可支配支出有所增加。从表9可以看出，北京城镇居民家庭人均可支配支出从2015年的36642元增加到2020年的41726元，增加5084元。从分项上看，2020年与2015年相比，居住消费增加5911元，医疗保健消费增加1385元，食品烟酒消费增加660元，生活用品及服务消费增加34元。增加最多的分项是居住消费，由2015年的11252元增加到2020年的17163元，增加5911元，对城镇居民家庭人均可支配支出的贡献最大。同时，2020年与2015年相比，衣着消费减少727元，交通通信消费减少935元，教育文化娱乐消费减少1007元，其他用品及服务消费减少237元。从表10可以看出，北京农村居民家庭人均可支配支出从2015年的15811元增加到2020年的20913元，增加5102元。从分项上看，2020年与2015年相比，居住消费增加1817元，食品烟酒消费增加1596元，交通通信消费增加784元，医疗保健消费增加637元，生活用品及服务消费增加128元，其他用品及服务消费增加102元，衣着消费增加40元，教育文化娱乐消费减少2元。其中，增加最多的分项也是居住消费，由2015年的4636元增加到2020年的6453元，增加1817元，对农村居民家庭人均可支配支出的贡献最大。上述分析表明，一是北京城镇与农村居民家庭人均可支配支出存在较大差异，城镇居民家庭人均可支配支出呈现"四增四减"状况，而农村居民家庭人均可支配支出呈现"七增一减"情

况。二是无论城镇还是农村，居住仍然是居民家庭消费的最主要支出，增加最多、占比最高，尤其是城镇居民家庭人均可支配支出"四增四减"状况下，住房消费挤占了大部分消费支出。三是随着农村居民人均可支配收入增长，各项消费支出也有所增加。

表9 2015~2020 年北京城镇居民家庭人均可支配支出情况

单位：元

项目	2015 年	2016 年	2017 年	2018 年	2019 年	2020 年
人均消费支出	36642	38256	40346	42926	46358	41726
食品烟酒	8091	8070	8003	8577	8951	8751
衣着	2651	2643	2429	2346	2391	1924
居住	11252	12128	13347	15391	17235	17163
生活用品及服务	2273	2511	2633	2496	2569	2307
交通通信	4860	5078	5396	5033	5229	3925
教育文化娱乐	4028	4055	4325	4402	4738	3021
医疗保健	2370	2630	3088	3476	3974	3755
其他用品及服务	1117	1141	1125	1205	1271	880

表10 2015~2020 年北京农村居民家庭人均可支配支出情况

单位：元

项目	2015 年	2016 年	2017 年	2018 年	2019 年	2020 年
人均消费支出	15811	17329	18810	20195	21881	20913
食品烟酒	4372	4667	4653	4802	5542	5968
衣着	996	1095	1025	1088	1200	1036
居住	4636	5199	5588	5951	6298	6453
生活用品及服务	993	1157	1595	1580	1230	1121
交通通信	2140	2306	2730	3078	3385	2924
教育文化娱乐	1145	1342	1314	1436	1587	1143
医疗保健	1336	1347	1699	1992	2247	1973
其他用品及服务	193	217	206	268	392	295

（二）恩格尔系数有回落，服务消费恢复性增长

表8数据显示，2019~2021年北京居民食品烟酒消费支出分别为8489元、8374元、9307元，2020年新冠肺炎疫情深度影响居民食品烟酒消费支出，与2019年相比绝对数减少115元，2021年居民食品烟酒消费支出恢复，与2020年相比增加933元。2020年居民食品烟酒消费支出绝对数虽减少，但是2020年恩格尔系数出现非常态反弹，从2019年的19.72%提高到2020年的21.53%，而2021年恩格尔系数与2020年相比出现回落迹象，下降到21.33%，消费支出结构进一步改善。同时，2021年与2020年相比，教育文化娱乐消费支出、医疗保健消费支出、其他用品及服务消费支出的增速均超过20%，生活用品及服务消费支出增速达19.3%，衣着消费支出增速达16.6%，居住消费支出增速达7.2%。可见，剔除居住消费支出，居民服务消费恢复性增长。

（三）消费者信心较强，就业信心强于收入信心

北京市统计局在全市范围内抽取2000位居住半年以上18~65周岁的城乡居民①，调查结果显示，2020年只有第3和第4季度消费者信心指数在120以上，第3季度121.5、第4季度122.6，第1和第2季度均在120以下，分别为118.7、118.0，而2021年4个季度消费者信心指数均在123以上，第1季度最高，达到124.4（见表11）。这表明，在统筹疫情防控和经济社会发展阶段，疫情有效防控以及平台经济的快速发展，增强了消费者信心和消费的便利性，消费者满意指数也达到较高水平。数据还显示，就业信心指数处于高水平，其中就业状况满意指数接近140，就业状况预期指数均在130以上。此外，也要看到家庭收入状况满意指数、家庭收入状况预期指

---

① 消费者信心指数取值在0~200，0代表极端悲观，200代表极端乐观，100代表乐观和悲观的临界值。指数大于100时，表明消费者趋于乐观，越接近200，乐观程度越高；指数小于100时，表明消费者趋于悲观，越接近0，悲观程度越深。

数相对较低，均处于 120 以下，表明居民对收入满意程度及预期相对不太乐观，进而可能会影响消费后劲。

表 11　2021 年北京消费者信心指数情况

项目	2021 年第 1 季度	2021 年第 2 季度	2021 年第 3 季度	2021 年第 4 季度
消费者信心指数	124.4	123.6	123.1	123.8
消费者满意指数	122.8	122.0	122.9	123.5
就业状况满意指数	138.1	137.9	139.7	138.4
家庭收入状况满意指数	117.0	113.9	114.0	118.4
耐用消费品购买时机满意指数	113.4	114.2	114.9	113.8
消费者预期指数	125.5	124.6	123.2	124.0
就业状况预期指数	132.1	134.3	131.1	130.5
家庭收入状况预期指数	118.8	114.9	115.2	117.4

三　促进城乡居民收入和消费稳步增长的建议

2021 年，北京市上下坚持稳中求进工作总基调，围绕"一个开局""两件大事""三项任务"，统筹疫情防控和经济社会发展取得坚实成效，经济发展稳定恢复，民生改善坚实有力，较好地完成经济社会发展预期目标，实现"十四五"良好开局。为此，对 2022 年在扎实推进共同富裕中促进城乡居民收入和消费稳步增长提出以下建议。

（一）高质量发展，是促进居民收入和消费稳步增长的根本保障

发展是执政兴国第一要务，高质量发展做大高质量的"蛋糕"是促进"分好蛋糕"以及"吃好蛋糕"的根本。一是要加快构建新发展格局保障经济安全。积极应对"三重压力"，坚持"六保""六稳"，适度超前开展基础设施投资，推动"有为政府""有效市场""有情社会"协调共进；加强对龙头平台企业的审慎监管，稳定各类总部企业的市场预期；加强对中小企业减税降费的政策支持，针对不同行业、不同类型企业提供更有针对性的政

策支撑，全面提升市场主体风险化解能力，激发市场主体活力。二是要积极发掘潜力释放增长新动能。加快推进"五子"联动成局成势，完善"四个中心"潜能释放的政策和机制；加快生物医药、低碳绿色等新兴产业的投资布局，促进产业链和创新链融通，做好新型产品的研发服务和本地成果转化，抢占技术和产业的战略制高点；加强金融资源集聚，提升金融业发展支撑能力。三是要推动数字经济引领发展。以"电子数据证据"为依托，探索组建与北京国际大数据交易平台相适应的国有数据监管组织化机构（数据巨头），强化数字治理，制定数字经济引领北京产业升级和经济高质量发展的中长期规划，完善数据流通生态服务体系，推动更多数据产品和服务交易，提高交易能力，在40.4%的基础上进一步提高数字经济核心产业占GDP比重，前瞻性研究数字税征收潜在影响。四是要全面深化改革开放。营造和谐公平的发展环境，完善经济发展成果共享相关政策。积极利用北交所落地契机深化改革，推动制度创新，发挥北交所引导各类要素向科创领域集聚、助力专精特新企业发展的重要支撑作用，借助国际交往中心功能建设契机，以"友好城市"为突破口，推进"城市 VS 城市"的合作机制建设，加快建设首都"一带一路"中心枢纽，打造具有国际竞争力的产业生态圈和创新产业链。

（二）缩小城乡区域差距，是促进居民收入和消费稳步增长的核心关键

缩小城乡区域差距，使之处于合理区间，对促进居民增收和刺激消费增长具有关键作用。一是要持续强化"提低"举措。加快制定实施北京市居民人均可支配收入持续稳定增长计划，加紧研究精准识别"脆弱层"、弱势人群、社会救助的标准方法或监测体系，更加精准制定"提低"务实举措，随发展水平动态调整。二是要健全返贫监测和精准帮扶机制，将社会救助范围扩大到支出型贫困家庭、最低生活保障边缘家庭等群体，建立集成社保、医疗、教育等领域全市统一的民政大数据平台，推动社会救助由依申请受理向主动发现转变。三是要提升城乡居民最低生活保障标准，发挥社保"兜

底"和"提低"作用，确保共同富裕路上不落一人。四是要加快完善促进均衡发展的体制机制，进一步完善"强区帮弱区"的对口支援机制，广泛动员党政机关、企事业单位和社会力量参与，形成帮扶合力，组织教育、科技、医疗等领域开展"组团式"帮扶，持续深化城南行动计划，保障北京自由贸易试验区、服务业扩大开放综合示范区等优惠政策切实落地，推动亦庄经济技术开发区、大兴国际机场、大兴生物医药基地等重点区域加快发展。五是要大力实施乡村振兴战略，借鉴浙江省"千村示范、万村整治"经验，研究制定全域土地综合整治与生态修复试点工作方案，打通乡村地区绿水青山向金山银山转化通道，以产业带动壮大农村集体经济，以"土地—产业—分红"模式激发"三块地"活力，充分发挥科技创新成果在农村"三产融合"中的作用，推进农业高新技术产业化，总结"科技小院"经验，引导高校、科研院所、社会企业等参与乡村振兴，实施农民创客培育计划，普查、规划、激活闲置农房，推进以古村落为龙头的民宿、乡村旅游高质量发展。

（三）加快国际消费中心城市培育是促进居民收入和消费稳步增长的重要举措

所谓国际消费中心城市不是一个简单概念，而是集合消费产品/服务、消费实力以及商业发达程度和国际化程度的国际性城市评级体系。北京作为全国5个国际消费中心试点城市之一，是构建新发展格局"内循环"的主战场，具有重要的示范引领作用。也就是说，国际消费中心城市培育不仅是解决消费问题，也是解决生产、就业等问题的重要举措。一是要深入实施国际消费中心城市方案，聚焦消费品牌原产地内生性动力机制，围绕首都特色、北京特点，将本土元素与消费品牌有机融合，打造更多具有国际影响力原创品牌的生产策源地。二是要聚焦全球消费地标建设，对标国际、消费、地标等标准，打造国际消费地标，提升国际消费能级，增量存量滚动持续推进全球消费地标建设。三是要提高全球消费品资源配置能力，在京津冀区域范围内，打造国际消费中心城市内外联动体系，构建研发、集聚、传承、孵化、生产、流通、销售等全要素全链条培育体系，形成区域性双循环格局。四是要结合国际数字标杆城市建设，研究制定数字标杆城市+消费中心城市融合机制，加快人工智能、5G 等新技术在培育国际消费中心城市中的应用，推进国际消费中心数字化、智慧化场景建设。五是要利用首都科教文卫体旅等公共服务优势，推进科教文卫体旅等公共服务+消费模式开发，打造更多包容、开放、多元的国际性服务消费品牌，促进消费领域提质扩容，更好地满足消费者消费需要。

参考文献

北京市统计局、国家统计局北京调查总队编《北京统计年鉴 2022》，中国统计出版社，2021。

李培林、陈光金、王春光主编《2022 年中国社会形势分析与预测》，社会科学文献出版社，2022。

周宇宁：《〈北京培育建设国际消费中心城市实施方案〉发布》，中国经济网，https：//baijiahao. baidu. com/s？id＝1710116555872632830&wfr＝spider&for＝pc。

于海琳、郭馨梅：《北京培育建设国际消费中心城市的条件与对策研究》，《商展经济》2021 年第 20 期。

B.3

北京市"七有""五性"评价
指标体系研究

陈建领　唐志华　向德行　秦　涛　韩亚楠*

摘　要： 本文研究探索"七有""五性"评价指标体系的构建和成果转
化，从政府评价、大数据评价角度，分别对应市区和街道两个层
面，分类设置评价指标，一方面从城市格局、职能条线、基层治
理单元方面推进全面认知，精准认知政府作为、市场行为、社会
参与对于民生服务保障的影响程度，全面认知全市"五性"发
展的均衡性；另一方面辅助城区、街道了解辖区内公共服务资源
配置，认清自身短板、优势和群众需求，为提高民生保障质量提
供实际的操作标准和政策建议。本文提出，为了更好地利用指标
体系，需要进一步厘清各项公共服务政策的目标群体、服务标
准、推进机制，特别是理顺政策措施的逻辑关系，增强政策体系
的科学性。

关键词： 社会建设　城市治理　民生保障　北京

"七有"是党的十九大报告提出的民生工作目标，即幼有所育、学有所

---

* 陈建领，中共北京市委社会工委副书记、北京市民政局副局长、一级巡视员，管理学博士，
研究员、高级政工师；唐志华，中共北京市委社会工委、北京市民政局社会建设综合协调处
处长，一级调研员；向德行，北京市总工会机关党委一级调研员；秦涛，中共北京市委社会
工委、北京市民政局社会建设综合协调处副处长；韩亚楠，北京城市象限科技有限公司社区
部部长，主要研究方向为社会建设、社会治理。

教、劳有所得、病有所医、老有所养、住有所居、弱有所扶。"五性"是北京市委、市政府概括的市民生活需求，即便利性、宜居性、多样性、公正性、安全性。全面落实"七有"要求，切实满足居民"五性"需求，是北京市委、市政府贯彻落实以人民为中心发展思想、更好推动新时代首都社会建设作出的重要部署。2019 年以来，北京市开展了"七有""五性"监测评价指标系统的相关研究。

一　研究背景及意义

中国特色社会主义进入新时代，对北京社会建设和城市治理工作提出了新要求。当前，北京市人均 GDP 已超过 2 万美元，达到中等发达国家的水平，公共服务总体水平较高，但居民生活水平还存在不平衡现象。政府提供公共服务、公共产品的单一性、粗放性与群众需求的多样性、便利性等还有较大差距，市民对城市治理的参与需求日益提升，治理参与度有较大的提升空间。推动"七有""五性"工作，转变政府工作方式，形成城市治理新格局，对于探索中国特色城市治理经验，顺利跨过"中等收入陷阱"，避免掉入"塔西佗陷阱"，具有重要的现实意义和应用价值。"七有""五性"评价指标体系既是推动"七有""五性"工作的重要抓手，又是政府工作的重要"指挥棒"，更是城市发展的"风向标"。

习近平总书记在庆祝中国共产党成立 100 周年大会上庄严宣告，我国已经实现了第一个百年奋斗目标，全面建成了小康社会，正在向着全面建设社会主义现代化强国的第二个百年奋斗目标迈进，社会建设也进入了新的发展阶段。党的十九届六中全会提出"补齐民生保障短板、解决好人民群众急难愁盼问题是社会建设的紧迫任务。必须以保障和改善民生为重点加强社会建设。加强和创新社会治理，使人民获得感、幸福感、安全感更加充实、更有保障、更可持续"，[①] 为新发展阶段的首都社会建设明确了目标和方向。

---

① 《中国共产党第十九届中央委员会第六次全体会议公报》，人民出版社，2021，第 73 页。

"七有""五性"监测评价也将立足于小康社会全面建成的背景进行内容设计，注重加强基础性、兜底性、普惠性民生保障建设，促进基本公共服务均等化，为扎实推动共同富裕，为北京率先基本实现社会主义现代化贡献力量。

"七有""五性"的实质就是民生保障和公共服务，是从不同角度对公共服务落实情况的反映。"七有"精辟概括了中央对基本公共服务的新要求，侧重基本民生保障，解决公共服务"有没有"的问题；"五性"体现了首都群众对美好生活的新向往，是市民对城市生活的主观感知，解决生活质量"好不好"的问题。"七有"是"五性"的基础，"五性"是"七有"的提升，政府"七有"做到位了，老百姓"五性"感受就强。"七有""五性"集中体现了"以人民为中心"的发展思想，"七有""五性"评价指标体系对政府工作展开评价，监测和评价政府公共服务和城市治理"最后一公里"的落实情况，着眼于满足人民群众对基本公共服务均等化的需求和获得感、幸福感、安全感的提升。

（一）研究制定"七有""五性"评价指标体系，是推动习近平新时代中国特色社会主义思想在首都形成生动实践，践行以人民为中心发展思想的重大理论和实践创新

党的十八大以来，习近平总书记高度重视民生，要求"多谋民生之利、多解民生之忧，在发展中补齐民生短板、促进社会公平正义"。2014 年以来，习近平总书记多次视察北京并发表一系列重要讲话，对首都城市建设和治理提出了明确指示和要求。市委、市政府坚决贯彻中央要求和习近平总书记一系列指示精神，从"疏解整治"优化城市发展格局，到"吹哨报到"完善基层治理工作机制，再到"七有""五性"监测评价、"接诉即办"聚焦民生保障，环环相扣、稳扎稳打，踏石留印、抓铁有痕，不断深化对超大城市治理的认识，持续推动习近平新时代中国特色社会主义思想在首都落地生根，变为生动实践。开展"七有""五性"评价，就是以首善标准推动新时代新思想的生动实践向更深入、更务实的方向发展。

（二）研究制定"七有""五性"评价指标体系，是推动政府工作机制创新，实现以群众需求为导向工作方式转变的重大举措

常规的政府主导的工作模式，很多时候立足于"政府想为群众干什么"，缺乏与"群众需要政府干什么"的精准衔接，缺乏对群众反馈的及时搜集与适时修正，容易产生经济社会发展成就与群众获得感的脱节。开展"七有""五性"监测评价工作，就是要切实响应"民有所呼、我有所应"，形成政府工作新的"指挥棒"，引导各级政府"按群众的要求干"，切实把工作重点转移到满足人民群众实际需求上来。以群众工作为主体，以群众需要为政府工作方向，以群众满意为政府工作标准，以群众的感受反过来推动政府工作改进。

（三）研究制定"七有""五性"评价指标体系，是完善城市基层治理体制，推动城市治理重心下移的重大举措

城市治理重心在基层，党的十九大提出推动社会治理重心向基层下移。2018年以来，北京市委、市政府提出大抓基层的工作要求，明确市委落实工作要实实在在落到街道，推动党建引领"街乡吹哨、部门报到"和"接诉即办"工作机制，通过改革基层管理体制，形成超大城市治理的"北京实践"和"北京经验"。开展"七有""五性"监测评价，就是要深化"吹哨报到"改革，让百姓的需求成为稳定的"哨源"，用"七有""五性"的成果检验"报到"的成效，引导各级政府及其部门"脚步为亲、眼睛向下"，精细化地解决群众身边的各种问题。通过指标评价，形成各级各部门在落实公共服务、服务群众方面"比学赶超"的氛围和大抓基层、满足群众需求的工作导向。

（四）研究制定"七有""五性"评价指标体系，是进一步完善首都社会动员体制机制，实现共建共治共享社会治理格局的重要举措

国家治理、城市治理是全体社会成员的共同责任，不能让政府"单打

独斗",要改变"政府干着、群众看着,政府很努力、群众不认同"的现象。开展社会动员,吸引社会成员参与,最重要的是找到利益共同点。开展"七有""五性"评价,以群众切身感受为基础设置评价指标,把评价权更多地交给社会和居民,把"七有""五性"问题解决定位在更多社会主体共同参与上,把党和政府的事变成社会全体成员的事,动员社会组织、企业和公众等社会力量积极参与城市治理,从而推动形成共建共治共享的社会治理格局。

二　研究的基本思路与原则

"七有""五性"是北京立足构建国际一流和谐宜居之都对公共服务、民生保障和社会治理作出的战略安排。"七有""五性"指标体系的制定,要坚持以党的十九大精神和习近平新时代中国特色社会主义思想为指引,坚持"以人民为中心"的发展思想,以满足人民对美好生活的需要为目标,落实"民有所呼、我有所应"的工作要求,将政府工作与群众感受有机结合起来,全面、客观、真实评价政府公共服务、民生保障和社会治理工作的落实情况。通过指标监测评价,促进各级政府全心全意、尽心尽力为群众办实事,解决群众的急难愁盼,用制度化的方式切实保障人民群众的多元化需求,其在指标选取上遵循了以下原则。

一是坚持以人为本,突出需求导向。坚持"民有所呼、我有所应",把群众的身边事细化到"七有""五性"监测评价指标之中,形成以群众需求为导向的工作方式,用首善标准将人民群众对美好生活的向往落实到具体的工作实践中。

二是坚持积极作为,推进共建共治共享。"七有""五性"监测评价是"接诉即办"机制的延伸与提升,是政府的主动作为。通过监测评价,把政府治理与"接诉即办"相结合,引导社会各个方面共同推动"七有""五性"建设,推进和完善共建共治共享的首都社会治理格局。

三是坚持以服务基层为重点,推动工作重心下移。把"七有""五性"监测评价指标体系与深化党建引领"吹哨报到"改革紧密对接,让百姓的需求成为"哨声"，用系统指标检验"报到"的效果，引导各级政府及相关部门精细化地解决群众身边的问题。

四是坚持减重减负，突出简单易行。重点监测全市和各区"七有""五性"的发展情况，不以考核为目的，不给基层增加负担。在指标选取上，将指标代表性和统计数据易得性相结合，确保指标容易收集、量化和分析。

三 北京市、区"七有""五性"监测评价指标体系构成

2019年9月，北京市出台了《关于构建"七有""五性"监测评价指标体系的实施方案（试行）》等相关文件，从"七有"和"五性"12个方面加上社会评价共13个领域，设置了16项指标（见表1），对市、区两级进行监测评价。并根据首都民生新需求，不断优化调整指标体系。

表1 "七有""五性"监测评价指标体系

序号	一级指标	二级指标	资料来源
1	幼有所育	普惠性幼儿园覆盖率	市教委
2	学有所教	义务教育发展水平	市教委
3	劳有所得	城镇登记失业人员就业率	市人力资源社会保障局
4		居民收入水平	北京调查总队
5	病有所医	病有所医发展水平	市卫生健康委
6	老有所养	养老保障服务水平	市民政局
7	住有所居	住房保障服务水平	市住房城乡建设委
8	弱有所扶	残疾人基本康复服务覆盖率	市残联
9		基层社会救助服务能力	市民政局
10	便利性	基本便民商业服务功能社区服务水平	市商务局
11	宜居性	细颗粒物（$PM_{2.5}$）平均浓度	市生态环境局
12	多样性	人均公共文化服务设施建筑面积	市文化和旅游局
13		体育休闲服务水平	市体育局、市园林绿化局
14	公正性	公正性综合评价	市政务服务局、市司法局
15	安全性	重点案件万人发案率	市公安局
16	社会评价	市民服务热线"七有""五性"综合评价	市政务服务局

1. 幼有所育

幼有所育是指对学龄前儿童开展养育、抚育和教育等。目标定位为享受更满意的保育,设置"普惠性幼儿园覆盖率"指标。

2. 学有所教

学有所教是指每个适龄儿童都能接受公平良好的教育。以享受更满意的教育为目标,综合义务教育就近入学率和一般公共预算教育支出占一般公共预算支出比例等,设置"义务教育发展水平"指标。

3. 劳有所得

劳有所得是指劳动者付出劳动获得相应的回报。以得到更稳定的工作、更满意的收入为目标,设置"城镇登记失业人员就业率"和"居民收入水平"两个指标。

4. 病有所医

病有所医是指病患个体能够得到及时的医疗救治。以方便群众就近看病、提供精细化健康管理为目标,综合家庭医生重点人群签约服务覆盖率、签约服务满意度、院前医疗急救呼叫满足率、院前医疗急救服务平均反应时间等,设置"病有所医发展水平"指标。

5. 老有所养

老有所养是指符合条件的老年人能就近享受到关爱照料服务。以就近享受更高质量的关爱服务为目标,结合老年人普遍关注的养老床位、养老护理员、养老设施建设等问题,设置"养老保障服务水平"指标。

6. 住有所居

住有所居是指低收入家庭的基本住房需求能得到保障。以不断提升住房保障水平为目标,综合公租房备案家庭保障率、公租房轮候家庭房源可供率等,设置"住房保障服务水平"指标。

7. 弱有所扶

弱有所扶是指城乡困难和特殊群体能够得到及时扶持,基本生活需要能够得到保障。以享受更可靠的社会保障为目标,设置"残疾人基本康复服务覆盖率"指标。考虑到切实增加社会救助服务有效供给,提高服务质量和效率的需要，设置"基层社会救助服务能力"指标。

8. 便利性

便利性是指群众能够享受到方便、快捷的日常生活服务。考虑社区便民商业服务的基础性，设置"基本便民商业服务功能社区服务水平"指标。

9. 宜居性

宜居性是指群众对城乡居住环境的总体感受。基于人居环境最关注的问题，设置"细颗粒物（PM$_{2.5}$）平均浓度"指标。

10. 多样性

多样性是指个体对公共产品与服务的多元化、个性化需求。考虑到对文化、体育服务的多样性需求，设置"人均公共文化服务设施建筑面积"指标。结合人均体育场地面积、建成区公园绿地500米服务半径覆盖率等，设置"体育休闲服务水平"指标。

11. 公正性

公正性是指人民群众对公平正义的需求。考虑到市民群众平等享受公共服务和以法治化保障公正性，综合法律援助机构法律咨询水平、市民服务热线公正性问题的"三率"（响应率、解决率和满意率）评价，设置"公正性综合评价"指标。

12. 安全性

安全性是指群众对安定有序的社会环境的需求。考虑到影响群众安全感的8类危害严重的刑事案件，设置"重点案件万人发案率"指标。

13. 社会评价

社会评价是指市民群众对"七有""五性"监测评价的满意程度。考虑到市民服务热线（12345热线）的关注度和反映市民诉求的重要作用，综合市民服务热线"七有""五性"相关问题占比以及"三率"（响应率、解决率和满意率）评价，设置"市民服务热线'七有''五性'综合评价"指标。

市、区两级监测评价工作每半年开展一次，评价结果和分析报告采取适当方式通报。监测结果显示，2016~2020年，北京市"七有""五性"监测评价总指数呈上升态势，年均提升 3.3。特别是在疫情影响下，2020 年总指数达到 113.2，比 2019 年提高 7.2，"七有""五性"民生工作取得明显成效。

四　街道层面评价指标体系建设的探索

在构建市、区层面"七有""五性"监测评价指标体系的同时，北京市委社会工委、市民政局还针对街道层面"五性"评价指标展开了研究。

（一）开展街道层面"五性"大数据评价工作的必要性

1. 街道治理需要综合评价指标体系的有效指引和效能评估

街道是社会服务、社会治理的一线战场，其服务保障水平直接关系到群众的切身利益。《中共中央 国务院关于加强基层治理体系和治理能力现代化建设的意见》，以及北京市关于街道工作的一系列政策法规的颁布施行，对街道基层治理提出了新要求。需要建立一套科学的、综合的评价体系，对街道治理效能进行评估，确保北京市赋权下沉机制能够真正达到治理增效的目的。在街道层面构建综合评价指标体系，不仅可以全面了解街道发展水平与民生服务水平，也可以深入评估街道落实民生保障工作、实践社会治理创新的实际效果。

2. 聚焦"五性"开展街道综合评价是满足人民日益增长的美好生活需要的有效手段

针对人民的美好生活需要不仅要解决"有没有"的问题，更要解决"好不好"的问题。"七有"涵盖了民生保障和公共服务的基本内容，强调的是"有"的要求。"五性"侧重民生保障和公共服务内容的拓展与品质的提升，突出的是"好"的标准，是在"七有"的基础上，围绕群众需求，进一步提高公共服务标准，拓展服务保障内容。对标首都特色和首善标准开展街道"五性"评价，是进一步推动基层治理创新和民生保障工作，满足人民美好生活需要的有效工具和手段。

3. 聚焦"五性"开展街道大数据评价进一步补充完善"七有""五性"监测评价指标体系

目前，北京市实施的市、区"七有""五性"监测评价指标体系，主要采用政府评价指标和数据进行测算，推动各项基本公共服务在各区落地落实，监测评价结果反映的是市、区的整体水平，不能直接反映各街道的实际状况。"五性"大数据评价指标体系将评价范围延伸至街道，围绕群众主观感受，主要采用公开发布的统计数据、网络数据、城市空间数据等社会开放大数据进行测算。同时结合部分政务大数据，及时监测街道民生保障和公共服务发展水平、层次和特点，"解码"公众需求，实现精准对接。更注重体现各街道辖区内群众对基本公共服务质量的满意度，是对北京市"七有""五性"监测评价指标体系的有益补充。

4. 聚焦"五性"开展街道大数据评价有助于提高基层治理工作精细化水平

为加强对全市基层治理的整体把握和分类指导，需要以街道为单元，系统掌握北京市在公共服务、城市管理、环境治理、景观风貌、生活品质、文化活力等领域的实际状况，了解各街道所处的发展阶段以及存在的优势和短板。街道"五性"大数据评价，不是对部门或街道治理工作的考核，而是通过指标数据的测算，在评价分析街道基本公共服务水平的基础上，制定针对性的提升策略，为街道实现公共服务供给由粗放式向精准化的转变提供参考，提升街道基层治理水平。

（二）指标选取原则

街道层面"五性"大数据评价指标选取主要坚持以下原则。

一是聚焦街道层面，体现导向性。立足街道层面，选取便于评价、可以获取数据、具有导向性、能区分发展水平的指标，进一步推动市区两级政府"眼睛向下"、做实街道治理工作。

二是立足区域发展状况，体现整体性。坚持条块结合，以街道为基本单元，是对区域"七有""五性"发展状况的一种评价，是对政府工作在街道层面落实情况的"体检"，而不仅仅是对街道党工委和办事处工作的评价。

同时这是以下对上的考核，从街道角度、从老百姓感受角度反观政府工作的现状和问题。

三是关注百姓切身感受，体现群众性。以群众能感知到的"身边"问题为重要切入点，围绕对"七有""五性"的实际感受和百姓关切选取指标，将老百姓的感受变成政府的工作指标。指标选取不求大而全，力图选取最有代表性、最有特点、能反映"七有""五性"整体状况的综合性关键指标。

四是明确资料来源渠道，体现客观性。政府评价指标数据，原则上由市、区部门提供，利用现有数据，适当加工改造。"五性"评价指标数据主要由社会大数据生成，所有指标数据原则上不采取街道填报的方式。这样既保持了评价结果的客观性，又避免了加重部门和基层负担。

（三）大数据指标构成

利用公开发布的统计数据、网络数据，引入城市设施位点（POI）数据、道路路网数据、住区数据等大量城市空间数据，结合部分政务数据，进行大数据分析，测算发展指数，及时监测民生保障和公共服务发展水平、层次和特点，实现供需精准对接，提高公共服务供给的精准化程度。同时，该体系体现了"七有"要求的相关指标，全面描绘了街道在公共服务、城市管理、环境治理、景观风貌、生活品质、文化活力等领域的特点。将"五性"和社会综合评价6个方面作为一级指标，下设30个二级指标（见表2）。

表 2　"五性"大数据评价指标体系

序号	一级指标	二级指标	资料来源
1	服务便利性	教育服务便利性	—
2		医疗卫生服务便利性	
3		养老服务便利性	
4		出行便利性	
5		商业消费便利性	
6		基层数字化服务便利性	
7	空间宜居性	居住品质宜居性	
8		开放空间品质宜居性	
9		宜业宜居性	

续表

序号	一级指标	二级指标	资料来源
10	城市安全性	治安安全性	各类公开数据及部分政务数据
11		交通安全性	
12		消防安全性	
13		食品安全性	
14		生产安全性	
15		防灾安全性	
16	社会公正性	公众参与度	
17		社会公益影响力	
18		劳务收入保障	
19		弱势群体保障	
20		住房可负担性	
21	生活多样性	商业活力	
22		国际多元性	
23		共享经济水平	
24		文化服务多样性	
25		体育服务多样性	
26	社会综合评价	"服务便利性"市民服务热线评价指数	政务数据
27		"空间宜居性"市民服务热线评价指数	
28		"生活多样性"市民服务热线评价指数	
29		"社会公正性"市民服务热线评价指数	
30		"城市安全性"市民服务热线评价指数	

1. 服务便利性

服务便利性是指群众能够享受到方便、快捷、舒适的衣食住行等日常生活服务。考虑便利性涉及公共服务、民生保障的方方面面,按照市委、市政府提出的"提高生活性服务业品质"相关要求,参照《北京城市总体规划(2016年—2035年)》《北京市提高生活性服务业品质行动计划》《北京市机动车停车管理条例》等,结合其可达性、方便性、易获取性等关键要素,从教育、医疗、养老、出行、消费、数字化等方面,设置了教育服务便利性、医疗卫生服务便利性、养老服务便利性、出行便利性、商业消费便利性、基层数字化服务便利性等6个二级指标。

2. 空间宜居性

空间宜居性是指群众对城乡居住环境的总体感受。按照构建国际一流和谐宜居之都的要求，参照中国人居环境奖指标评价体系、宜居城市科学评价标准等，从居住环境、公共空间、宜业宜居等方面，设置了居住品质宜居性、开放空间品质宜居性、宜业宜居性等3个二级指标。

3. 城市安全性

城市安全性是指群众对社会安定、有序、和谐的需求，也是最基本的民生。基层社会关注的安全性更多体现在"平安建设"方面。参照《中共中央 国务院关于开展质量提升行动的指导意见》《关于全面深化平安北京建设的意见》《北京市"十三五"时期食品药品安全发展规划》等，安全性方面从切实维护好首都安全稳定的角度，从群众最关注的治安、交通、消防、食品、生产、防灾等方面，设置了6个二级指标。

4. 社会公正性

社会公正性是指人民群众对社会公平正义的需求，也包括平等享受优质的公共服务，更多强调群众参与、社会公益、收入保障、弱势群体、住房等方面，设置了公众参与度、社会公益影响力、劳务收入保障、弱势群体保障、住房可负担性等5个二级指标。

5. 生活多样性

生活多样性是指不同个体对政府提供的公共产品与服务以及自身物质精神生活的需求多元化、个性化，包括需求的多样性和供给的多样性。多样性方面从体现地区发展活力与开放程度的角度，设置了商业活力、国际多元性、共享经济水平、文化服务多样性、体育服务多样性等5个二级指标。

6. 社会综合评价

引入"接诉即办"相关投诉数据，通过居民诉求反映"五性"方面的热点难点民生问题，设置了5个二级指标，弥补了其余数据指标对实际民生问题主观感受的不足。

（四）监测评价结果的成果运用转化思考

1. 监测评价结果对于基层民生建设的成果转化

街道"五性"大数据监测评价结果的成果运用转化要注重在事前预防、事中精细化治理、事后评估反馈三个阶段的转化，也要注重在全市统筹、基层治理两个层面的转化。

一方面，站在北京市委社会工委、市民政局统筹全市基层社会建设工作的角度，监测评价结果要为统筹基层社会建设工作提供有效工具，加强对街道工作的整体把握和分类指导。实现长周期的动态监测和评估，赋能决策、执行、监管等全过程建设工作，从而实现从城市格局、职能条线、基层治理单元方面进行全面认知，精准认知政府作为、市场行为、社会参与对于民生服务保障的影响程度，全面认知全市"五性"发展的均衡性，有的放矢地针对"五性"各个维度存在的不均衡发展问题，在薄弱环节、重点区域定向发力，站在全市角度制定优化策略。利用"五性"大数据监测评价成果检验基层工作的成效，引导各级政府及相关部门精细化监管民生问题。

另一方面，站在基层治理主体的角度，通过"以描绘街区发展水平为根本，以体现基层民生治理为目标"，充分利用多源社会大数据进行计算分析，得到的街道层级"五性"大数据诊断结果，可以辅助城区、街道了解辖区内公共服务资源配置，认清自身短板、优势和群众需求，将基层社会建设任务进行有效分解。同时利用监测评价工作，将政府治理与"接诉即办"的反馈结合起来，坚持政府的主动作为，并推动多元主体参与城市治理，形成共建共治共享的社会治理格局。基于监测评价工作对公共服务、城市管理、营商环境、景观风貌等方面的描绘，检查考核街道工作成果，完善基层考核评价体系，实现基层考核评价机制全面精准高效。

2. 监测评价结果对于城市治理的制度性成果转化

街道"五性"大数据监测评价工作要注重体制机制建设，工作效果取决于实施主体和工作力度。监测评价工作要依托社会建设工作领导小组，与市、区"七有""五性"监测评价工作形成有效衔接，明确监测主体，明确责权一致，注重条块结合的治理机制，主动开展相关工作。同时，可以建立配套的工作组织框架，形成相关管理办法，在市级、区级、街道、社区等不同层面设置监测评价工作负责人，下发监测评价报告，上报治理提升策略，建立制度引领下的街道工作运行机制，推进面向基层的政务流程体系，确保工作顺畅高效有效。

五 相关政策建议

"七有""五性"关系民生，推动"七有""五性"监测评价指标体系构建是一项系统性工程，需要有整体思维。根据指标体系探索实践的情况，针对目前街道层面公共服务、民生保障和社会治理工作存在的问题，就"七有""五性"评价指标的运用和"七有""五性"工作提出如下政策建议。

（一）抓好指标体系运用

确定评价指标体系后，要形成推动指标体系实施的长效机制。各归口管理部门要根据"七有""五性"评价指标的职责分工，不断完善指标内容和数据形成机制、定期提供指标数据。各区、各街道要根据评价指标体系，结合本地实际和工作重点，调整工作重心，形成有利于评价指标实施和促进相关问题整改落实的工作格局。

（二）完善基层绩效考评

要把定期的"七有""五性"评价结果纳入对街道、政府部门的整体绩效考核。通过开展以街道为单元的基层服务管理工作评估，应用大数据、云计算等新技术，加强数据整合，强化数据运用，明确工作努力方向，发挥好指标体系的工作导向作用。

（三）加强民意调研反馈

"七有""五性"直接关系民生幸福和日常感受，要在运用指标体系开展评价的过程中，加强群众需求调研，对群众反映强烈的问题进行收集整理，及时回应解决，并不断动态调整指标设计，以更好地满足市民群众需求。同时，要做好舆论宣传工作，合理引导预期。

（四）推动街道管理体制改革

"七有""五性"评价指标体系瞄准街道层面公共服务、民生保障和社会治理方面的主要职责任务。市、区两级要建立评价结果督查落实工作机制，加快街道管理体制改革，推进公共服务在群众身边落地。以评价结果整改落实中发现的问题为突破口，进一步厘清街道和部门的职责关系，理顺条块关系。

（五）进一步完善公共服务政策体系

公共服务政策出自不同部门，特别是"七有""五性"方面，政策受众群体有重叠、服务内容有交叉，"五性"的规定也存在一定程度的重合现象，使建立明晰的指标体系难度增加，政策的整体统筹有所欠缺，还存在某些碎片化现象。因此，需要进一步厘清各项公共服务政策的目标群体、服务标准、推进机制，特别是理顺政策措施的逻辑关系，增强政策体系的科学性，从而增强政策实施的效果，同时也为制定科学的评价指标体系奠定基础，提升指标体系的导向性和可操作性。

B.4
北京市社会救助发展报告

徐 蕾 刘加平 于田畅*

摘 要： 增加低收入群体收入是促进全体人民共同富裕的重要方面，实施社会救助制度是增加低收入群体收入的重要手段。本报告分析指出，当前北京市社会救助标准稳步提升，救助机制不断完善，但依然面临救助范围总体偏窄、服务保障偏弱等现实问题。今后应着力完善社会救助政策制度体系，探索建立相对贫困群体救助机制，提高分类保障措施实施精准度，扩大救助覆盖范围，强化救助综合帮扶引导效应，以及强化社会力量参与。

关键词： 共同富裕 社会救助 相对贫困 综合帮扶引导

共同富裕是社会主义的本质要求，也是实现社会主义现代化远景目标的重要内容。习近平总书记在阐明共同富裕内涵和要求的讲话中指出，增加低收入群体收入，推动更多低收入人群迈入中等收入行列，是推进共同富裕的重要途径。民政部门保障的城乡特困、低保、低收入等群体，恰好是共同富裕的短板。适应经济社会发展动态调整保障标准，不断补齐短板、抬高短板，做好兜底线、保基本、救急难工作，确保每位群众在共同富裕道路上"不掉队"，才能在社会财富总量增长的同时确保"水涨船高"，让他们跟上

---

* 徐蕾，北京市委社会工委市民政局综合事务中心干部，主要研究方向为社会工作；刘加平，北京市委社会工委市民政局研究室干部，主要研究方向为社会保障；于田畅，北京市委社会工委市民政局综合事务中心干部，主要研究方向为社会治理。

步伐不掉队，才能让他们共享更多的改革发展成果，使共同富裕的全民性和成效性充分彰显。

一 概念界定

我国的社会救助制度体系包括最低生活保障、特困人员救助供养、受灾人员救助、医疗救助、教育救助、住房救助、就业救助、临时救助等制度。总的来看，社会救助有以下功能定位和突出特点：第一，社会救助由国家和社会共同实施，国家承担主要责任，鼓励单位和个人积极参与。第二，社会救助的对象是所有依靠自身努力难以维持基本生活或者仍处在相对贫困地位的公民。第三，社会救助的水平是保障基本生活，即解决救助对象在吃饭、穿衣、居住、医疗、教育、就业等方面面临的困难，保障其基本生存权利，或者缓解其相对贫困状态。第四，社会救助的方式是物质帮助、生活服务和专业服务。

二 北京市社会救助现状

改革开放以来，北京市贫困群体的类型和数量都发生了深刻变化。类型上，一方面，随着经济的长期增长，改革开放初期的农村"五保"、城市"三无"等绝对贫困群体逐步减少以至于几乎消失；另一方面，随着经济体制改革和社会转型，社会贫富差距变大，住房、教育、医疗等刚性支出大幅增加，于是改革开放中期以来，城市收入型贫困群体规模逐渐变大，又逐步拓展到支出型贫困群体。数量上，贫困人口由1979年的5300余名五保户，发展到高峰时的14.1万户46万余人，再缩减到2021年6月底的12.4万余人。总的来看，贫困形态日趋复杂，救助规模动态变化，北京市社会救助工作也相应发展变化。

（一）社会救助制度机制不断完善

近年来，北京市相继出台因病致贫家庭医疗救助、采暖救助、特困人员救助供养、农村危房改造等政策，弥补了社会救助短板。一是整合构建制度体系。2018 年颁布实施《北京市社会救助实施办法》，这是北京市第一部统筹各项社会救助制度的政府规章，构建起以城乡低保、特困人员供养、低收入家庭救助为基础，医疗、教育、住房、就业、供暖、受灾人员等专项救助和临时救助相配套，慈善救助为补充的"10+1"社会救助制度体系。二是调整完善部分制度。主要包括：①2020 年出台《关于进一步做好临时救助工作的通知》，细化救助对象类别、范围，简化救助程序，对救助标准进行分类设档，强化临时救助"救急难"效应；②调整规范家庭经济状况认定机制，降低准入门槛，扩大政策覆盖面，促进社会救助对象精准识别；③2020 年出台《关于进一步加强困难群众基本生活保障工作的通知》，在落实政策、深化"放管服"改革、加强各层级协调机制以及资金保障方面，进一步强化兜底保障能力。三是统筹完善工作机制。2021 年出台《关于改革完善社会救助制度的若干措施》，着眼于构建分层分类、城乡统筹的社会救助体系目标，进一步完善社会救助政策体系、管理体系、监督体系和工作机制。

（二）社会救助标准稳步提升

首先，2012 年以来城乡低保标准保持逐年增长。2015 年完成低保标准城乡并轨，实现历史性突破。目前城乡低保标准统一为家庭月人均 1245 元（见表 1），城市、农村与 2012 年相比分别增长 139.4%、191.8%，该标准在全国仅次于上海、广东和深圳。

其次，城乡低收入家庭认定标准 2012 年实现城乡并轨。目前认定标准为家庭月人均 2320 元，相比 2012 年增长 213.5%，该标准在全国仅次于上海。

最后，城乡特困人员基本生活标准不低于本市最低生活保障标准的 1.5倍，照料护理标准分档分别不低于最低工资标准的 20%、40% 和 60%。目前北京市特困人员基本生活标准为每人每月 1867 元，在全国仅次于深圳和天津（见表 2）。

表1　北京市2012年以来社会救助相关标准变化情况

单位：元/（人·月）

年度	低保标准		低收入认定标准
	城市	农村	
2012	520	426.6	740
2013	580	521.5	740
2014	650	632.3	850
2015	710		930
2016	800		1050
2017	900		1410
2018	1000		2000
2019	1100		2120
2020	1170		2200
2021	1245		2320

注：数据截至2021年7月底。

表2　部分城市社会救助相关标准比较

单位：元/（人·月）

项目	北京市	上海市	天津市	深圳市
低保标准	1245	1330	1010	1300
低收入认定标准	2320	2660	1515	1950
特困人员基本生活标准	1867	1730	1870	2080

注：数据截至2021年7月底。

（三）社会救助对象覆盖率总体较低

近年来，社会救助对象数量和覆盖率都呈总体下降趋势。以城乡低保为例，2020年底北京市城市、农村低保人数分别为69807人、39885人，相比2019年略有回升，但与2012年相比分别减少36.4%、36.7%（见表3）。从城乡低保覆盖全市户籍人口比重来看，下降趋势同样明显。城市低保覆盖率2003年达到峰值1.93%，2019年底减少到0.56%；农村低保覆盖率2009年达到峰值2.91%，2019年底减少到1.70%。从各省级城市对比来看，2019

年底北京城市低保覆盖率仅高于江苏省、福建省、山东省、广东省，为0.35%；农村低保覆盖率为1.30%，在全国排倒数第二，略高于上海市的1.11%（见表4）。

表3 2012~2020年北京市相关社会救助对象数量变化情况

单位：人，%

年度	城市低保人数	农村低保人数	城乡低保总数	户籍人口总数	城乡低保覆盖率
2012	109743	62979	172722	12975000	1.33
2013	103682	59575	163257	13164000	1.24
2014	89135	51324	140459	13334000	1.05
2015	84860	48850	133710	13451000	0.99
2016	81882	46779	128661	13629000	0.94
2017	78341	44032	122373	13592000	0.90
2018	67325	37691	105016	13758000	0.76
2019	65423	37671	103094	13975000	0.74
2020	69807	39885	109692	13475000	0.81

表4 部分省市城乡低保覆盖户籍人口比例

单位：人，%

省市	城市低保人数	覆盖城市户籍人口比例	农村低保人数	覆盖农村户籍人口比例
北京	65423	0.35	37671	1.30
上海	148470	0.69	31463	1.11
天津	75775	0.58	65194	2.53
重庆	280973	1.35	578941	5.58
浙江	194340	0.47	460688	2.63
广东	156563	0.19	1247362	3.79

注：数据截至2019年底。

（四）社会救助"放管服"改革深入推进

一是大力推进社会救助"减证便民"改革。低保申请材料只保留身份证与户口本两项。建立数据信息共享机制，联合11个政府部门及32家银行保险机构,实现5个工作日生成低保核对报告,提高救助办理效率。二是向基层放权。将基本生活救助、教育救助、采暖救助和临时救助审批权限委托给乡镇人民政府、街道办事处实施。以西城区、顺义区为试点推进社会救助综合改革,探索救助对象主动发现、审批权限下放、降低救助门槛等新模式新做法。三是全面推行精准救助,以社会化形式建成街道、乡镇困难群众救助服务所330个,建立"一户一策一档"帮扶制度,精准帮扶全市32万户困难家庭。四是充分利用信息技术简化办理手续,广泛应用电子签章、电子档案等信息技术手段,推动实现社会救助"一网通办"。

(五)社会救助需求日趋多样

共同富裕背景下,人民群众对美好生活的要求不断提高,美好生活的内涵不断丰富,尤其是北京作为国际化大都市,困难群众的需求内容呈现多样化特征,需求水平也"水涨船高"。一是服务型需求快速增长。人口老龄化加速发展,老年人的照料服务需求快速增加。困难家庭急需养老服务,特别是托老所、养老护理机构以及社区长期护理服务等。二是发展型需求不断上升。与全国其他省市相比,北京市社会救助待遇水平较高,现行的社会救助帮扶体系已为困难群众基本生存需求提供了强力保障。相对而言,城乡困难群众在自身发展方面,包括教育、就业甚至参与社区事务等方面的帮扶需要在增加。三是健康需求增长较快。困难群众中慢性疾病患者比重逐年上升,多重残疾导致自理障碍程度高而且影响持久,这类群众对健康医疗帮扶需求较大。四是融入社会的需求增加。困难群众在享受各种资源和机会时相对处于劣势,受助对象对去除"污名化"标签、融入社会的需求逐渐增加。

三 存在的问题

(一)解决相对贫困问题的制度体系尚未建立

随着我国完全消除绝对贫困,相对贫困问题加速凸显。与通常表现为收入型贫困的绝对贫困不同，相对贫困形态多样，往往表现为支出型贫困、工作贫困、社会排斥贫困等多种情形，且服务需求专业性更强，包括发展型、服务型、社会融入型等救助需求，解决难度更大。从世界范围看，通常按收入相对比例确定相对贫困标准。比如，世界银行确定的相对贫困标准为社会平均收入的 1/3 以下；美国将收入最低的 10%~15% 人口定义为相对贫困人口；英国确定的比例为 18%，新加坡则为 20%。北京市社会救助需要从关注低保、特困等绝对贫困群体的基本生活保障，向关注相对贫困群体转变，明确相对贫困的概念和内涵、保障方式、保障标准等。

（二）救助标准与率先实现共同富裕要求相比还有差距

尽管北京社会救助各项标准居于全国前列，但全市人均收入和生活支出成本较高，导致社会救助相对标准偏低。比如，目前城乡低保标准与本市居民人均可支配收入的比例为 21.5%，与本市居民人均消费支出的比例为 38.4%，从救助水平上看，仍然属于生存型救助。同时，现行专项救助、临时救助、慈善救助等政策资格标准往往与低保绑定，导致低保对象享受的实际待遇多项叠加，有的与贫困边缘群体的生存状况出现反转，形成福利悬崖效应，增加了部分群体的相对剥夺感，使本就不丰富的社会救助资源出现了明显的配置合理性问题。此外，目前对于低保、低收入救助的申请者只明确其家庭收入和财产标准，没有规定其劳动能力和行为表现。因此，基层对部分家庭经济状况符合规定但有劳动能力的申请者缺乏约束手段，既偏离了社会救助政策的初衷，又使公众对社会救助制度产生了鼓励不劳而获的误解。

（三）社会救助保障范围总体偏窄

2007 年以来，北京市城乡低保人数一直处于下降通道，从 22 万余人减少到目前的 11 万人，仅占户籍人口的 0.81%。同时，低收入家庭救助和急难型临时救助规模过小。北京市对低收入家庭的收入认定标准相对较宽，并且资产标准与低保标准一样，理论上低收入家庭覆盖范围应大于低保。但实际保障范围恰恰相反：2020年底全市城乡低保对象为109692人，而低收入家庭人数为6504人，仅为低保对象的5.93%。临时救助由于难以核查申请对象家庭经济状况等，每年数量非常少。例如，2019年全市临时救助2.24万人次，而上海为14.76万人次，相差较大。据统计，近年各类救助对象总和占常住人口比重不到1%，远低于澳大利亚（25.26%）、德国（13.56%）、瑞典（8.86%）、美国（8.83%）等发达国家。[①] 从国内看，覆盖范围也处于中下游水平，与首都地位和经济社会发展阶段不相匹配，也严重限制了社会救助作为兜底保障的应有社会效益。

（四）社会救助服务总体偏弱

目前，北京市的救助设计仍然以现金救助为主，主要原因有二：一是由于提供服务各方面成本较高，不仅需要更多的人力、物力，而且财力投入也更大，而现金救助在实施中更为简便省事；二是能够提供服务的社会力量专业性不足、参与方式还存在发展不平衡不充分的问题。然而，单一的现金救助方式难以满足困难群体的多样化现实需求。例如，困难群体中年轻人的教育、就业，以及老年人的精神慰藉、日常照料等需求，就无法用现金救助的方式解决。

总的来看，北京市社会救助发展取得了很大的成就，主要表现在标准随着经济社会发展逐步提升，办理便捷性和救助精准性显著提高，但也存在不少问题和不足，主要是实际救助范围偏窄、救助方式单一，尤其是救助性质定位与实现共同富裕的目标还有较大落差，需要今后着力加以解决。

四　国外社会救助相关经验

本部分对美国、日本、韩国等发达国家社会救助相关经验进行介绍，为北京市社会救助制度发展提供参考。

---

① 资料来源：根据经济合作与发展组织（OECD）官方网站公开数据。

（一）美国补充保障收入计划（SSI）

这是一项针对老年人、残疾人与视力障碍者的联邦最低收入保障计划，其性质是基于家庭经济状况调查的现金救助项目，不属于社会保障基金。该计划的基本资格可根据年龄、残疾程度和视力状况分为三类。

（二）日本最低生活保障制度

日本最低生活保障制度也称为公共援助或国家援助，是针对无法维持生计或处于贫困状态的个人提供保护和最低限额的保障，旨在实现生活独立的给付系统。日本的生活保障支持包括生活支持、教育支持、住房支持、医疗支持、分娩支持、企业家支持和丧葬支持。除上述7类支持外，还根据需要提供救援设施、康复设施和就业技能培训设施等。该最低生活保障标准包括饮食、服装、家居用品等方面的基本需求，具体标准由相关部门根据与受益人情况相关的多种因素确定。

（三）韩国国民最低生活保障制度

该制度2000年开始实施，2015年进行了改革，将基本生活保障、医疗、教育、住房等救助支付分开运作。基本生活保障主要针对绝对贫困人口，而医疗、教育、住房保障主要针对绝对贫困和相对贫困人口。改革后，基本生活保障的受益人选择率保持不变，但医疗保险、教育津贴、住房津贴等的受益人选择率变高了。以首尔为例，原先属于非受益人的人群中，改革后有30.7%被纳入机构补贴范围。

（四）发达国家低保政策对北京市社会救助的启示

第一，完善社会救助立法。立法是社会救助相关制度有效运行的根本保障。上述地区都同步建立和完善了相关法律，北京市应加强相关方面的法制建设，为困难群众救助提供法律保障。

第二，区分绝对贫困救助与相对贫困救助。针对绝对贫困应建立低保待遇水平与物价联动测算机制。大部分发达国家是通过计算支出是否满足基本生活需要来判断最低生活保障标准的。

第三，对于相对贫困救助，提供精准、专业、有力的专项支持和救助服务支持。发达国家一般都充分考虑受益对象（家庭）的贫困程度、致贫原因以及多维度的需求等，避免出现单一标准不能满足所有受益对象需要的问题，以便扩大救助面、提高救助精准度。

五 对策建议

兜牢困难群众的民生保障底线，提高参与共享发展成果能力，是践行党的宗旨、落实以人民为中心的发展理念、推进共同富裕的具体体现。通过对北京市社会救助现状的研究，借助发达国家的经验做法，本报告提出以下对策建议。

（一）完善社会救助政策制度体系

加快推动社会救助地方立法，健全完善以最低生活保障为基础，医疗、住房、教育、就业、采暖等专项救助和临时救助、慈善救助相结合的救助制度体系，为社会救助提供法制保障。建立健全分层分类保障，区分收入不足、支出过大、专项需求、突发急难等救助需要，探索构建多维贫困评估指标体系，精准制定救助措施，形成务实管用、分类分层、精准保障的救助制度。探索更加精细的救助认定机制，推动教育、医疗、住房等专项救助逐步与低保松绑脱钩，让每一位受助对象都得到恰当的救助。

（二）加快建立相对贫困群体救助机制

相对贫困是一个"比较"的概念，无论经济社会发展到哪个阶段，相对贫困人群都将始终存在，其中部分人群甚至属于中等收入预备群体。因此，北京市率先扩大中等收入群体、推动共同富裕，建立相对贫困的救助保障机制非常必要。基于相对贫困理念的社会救助构成将更趋多元化，应根据救助对象的贫困程度建立圈层体系。根据每个圈层的界定标准，精细测算各个圈层的覆盖人群数量和群体特征，制定精准帮扶措施，实现高效救助、智慧救助、温暖救助。

（三）科学合理确定救助保障标准

除了上文提到的健全完善救助标准动态调整机制，还要依据家庭人口结构和规模细化低保分类标准。从目前看，北京市的保障分类仍然比较粗放。随着困境儿童补贴、老年人福利等专项福利政策的不断完善，分类施保的福利部分应逐渐与低保脱钩。另外，随着生育政策进一步放开，未来可能会出现超大规模的贫困家庭，而当前按"人"而不是按"户"发放低保金的做法没有充分考虑到家庭规模经济效应。按照家庭人口数量和结构区分低保待遇标准，既有利于优化待遇标准结构，也能更好地保障救助对象的基本生活。

（四）适度扩大社会救助覆盖范围

从共同富裕的视角看，相对贫困群体将在一定时期内保持较为稳定的数量，必要时需要适度扩大、稳中有增，甚至可将部分中等收入群体中"吊车尾"的群体纳入其中。为此，应对低收入家庭的困难状况和需求进行分类，加大政策宣传力度，适度扩大低收入家庭救助的覆盖范围。同时，随着当前人口流动和社会结构急剧变化，急难型临时救助在未来将越来越重要，应该大幅增加。为此，部分低保覆盖率较低且流动人口比例高的区（如昌平、丰台），可适度放宽临时救助对象审批，以充分发挥其补齐社会救助制度短板的效果。

（五）强化社会救助综合帮扶引导效应

一是积极引导有劳动能力的低保对象就业。对于暂时无劳动能力的受助对象，在保持初期基本生活保障的基础上，加强职业培训和就业服务，帮助解决其就业问题。推动相关政策法规增加劳动义务条款。比如，对于有劳动

能力、处于就业年龄内但尚未就业的低保对象，可明确要求其参加所在居
（村）委会组织的公益性服务或接受相关部门推荐的工作岗位，不积极参加
工作的取消或降低其低保待遇。二是建立低保待遇缓退机制。针对部分因担
心收入超标而不愿意参加工作的低保对象，当本人及家庭成员通过劳动使得
家庭人均收入超过低保标准的，可给予适当的救助缓退期。三是为有需要的
低保家庭提供教育、就业、照料等发展型救助服务，通过提升困难家庭的自
身价值，降低就业成本。

（六）鼓励社会力量积极参与服务类救助

一方面，通过加大政府购买服务力度，促进社会力量和市场主体参与社
会救助，从供给端不断丰富社会救助服务。另一方面，搭建信息平台、组织
平台和技术平台，引导和方便社会力量参与。首先，及时发布慈善救助信
息，对社会力量开展慈善救助活动进行引导；其次，指导北京市慈善协会等
慈善组织，建立专项资金，为社会救助政策范围外的特殊困难群众提供服
务；最后，鼓励社会工作服务机构，在社会救助的需求评估、政策咨询、资
源链接、能力培养、社会融入等方面发挥作用。

参考文献

关信平：《"十四五"时期我国社会救助制度改革的目标与任务》，《行政管理改革》
2021 年第 4 期。

韩君玲：《日本最低生活保障法研究》，商务印书馆，2007。

黄树贤：《民政改革 40 年》，中国社会出版社，2019。

黄晨熹：《新时代社会救助高质量发展的内涵和路径》，《人民论坛》2021 年第
18 期。

左停、贺莉、刘文婧：《相对贫困治理理论与中国地方实践经验》，《河海大学学报》
（哲学社会科学版）2019 年第 6 期。

王美桃：《典型国家最低生活保障制度测算经验及其对我的启示》，《社会保障研
究》2021 年第 2 期。

B.5
北京市慈善事业发展报告

陈晓亮　王　伟　张　杨　张泽华*

摘　要： 作为第三次分配的主要形式，慈善事业已经被纳入共同富裕国家战略。如何充分发挥慈善事业对共同富裕的助推作用已成为当前的政策热点，也是慈善各方参与者关注的焦点。当前北京市慈善事业发展取得重要成效，为助推实现共同富裕奠定了重要基础，但也面临规模不够充分、机制不够通畅、监管能力有待提升、发展方式亟待转型等问题，需要从扩大发展规模、加强行业建设、提升专业水平、弘扬慈善文化、加强慈善监管等方面做出有针对性的政策调整。

关键词： 北京慈善　三次分配　共同富裕　慈善组织

　　根据《慈善法》的规定，慈善服务不仅包括面向鳏寡孤独残等弱势人群的救助，也包括涉及教科文卫体和环保等领域中更具发展色彩的公益服务。2019年10月，党的十九届四中全会要求"重视发挥第三次分配作用，发展慈善等社会公益事业"。2020年10月，党的十九届五中全会进一步强调"发挥第三次分配作用，发展慈善事业，改善收入和财富分配格局"，释放了新时代中央调整收入分配的重大信号。2021年8月，中央财经委员会第十次会议强调"构建初次分配、再分配、三次分配协调配套的基础性制

　　* 陈晓亮，北京市民政局慈善工作处处长，主要研究方向为公益慈善；王伟，北京市委社会工委市民政局综合事务中心干部，主要研究方向为社会治理、社会保障；张杨，北京市民政局慈善工作处干部，主要研究方向为公益慈善；张泽华，北京市委社会工委市民政局接济救助事务管理中心干部，主要研究方向为社会治理、社会保障。

度安排"，把慈善事业纳入共同富裕国家战略。由此可见，根据中央若干重要文件的精神，慈善事业作为第三次分配的重要载体，可以在助力实现共同富裕过程中发挥重要的补充作用。

2020年底，北京市经济总量超过3.5万亿元，人均GDP达到2.4万美元，劳动生产率超过28万元/人[①]，居全国首位。北京集聚世界500强总部55家，独角兽企业93家，排名全球城市之首。北京市人均住户存款达18.1万元，是全国平均水平5.9万元的约3倍，居民财富水平稳居全国前列。这些优厚的资源优势为首都慈善事业的发展创造了有利条件，对第三次分配助力北京率先实现共同富裕具有重要意义。

一 北京市慈善事业助力实现共同富裕的现状

北京是首善之区，是慈善组织和慈善资源的聚集地，慈善公益发展理念领先，慈善氛围相对浓厚，慈善事业发展迅速，主要体现为以下几个方面。

（一）慈善规模体量日益扩大，服务领域逐步拓展

1. 北京慈善规模数量在全国领先

从组织类型来讲，北京市慈善组织的形态丰富、功能多样，生态链条较为完善。从登记注册的类型看，既包括基金会，也包括社团和社会服务机构；从功能承担看，既有一线服务机构，也有资助类机构，还有承担中介服务功能的枢纽型慈善组织；从成立背景看，既有官方背景的慈善组织，也有民间自发成立的慈善组织。从组织数量来讲，北京市认定的慈善组织数量居全国首位。截至2021年10月底，全市已经认定的市级慈善组织有825家，约占全国慈善组织总数的10%，其中基金会为789家、社会团体为32家、社会服务机构为4家，具有公开募捐资格的机构有58家。

2. 慈善信托新兴业态稳健发展

慈善信托是我国慈善事业在近年出现的慈善新业态，对增加慈善捐赠总

[①] 资料来源：《中共北京市委关于制定北京市国民经济和社会发展第十四个五年规划和二〇三五年远景目标的建议》。

量和公益项目数量具有重要价值，是未来慈善事业规模拓展的重要方向。近年来，北京市慈善信托累计备案单数及财产总规模逐年增长（见图1、图2）。截至2021年11月底，全市累计备案52单慈善信托事项，总资产规模达1.75亿元。① 近年来，为推进慈善信托稳健发展，北京市有针对性地建立了专家研判机制、慈善信托年报机制以及绩效评价机制，全面加强慈善信托的全过程管理，为慈善信托的规范化、专业化发展奠定了较好的制度基础。

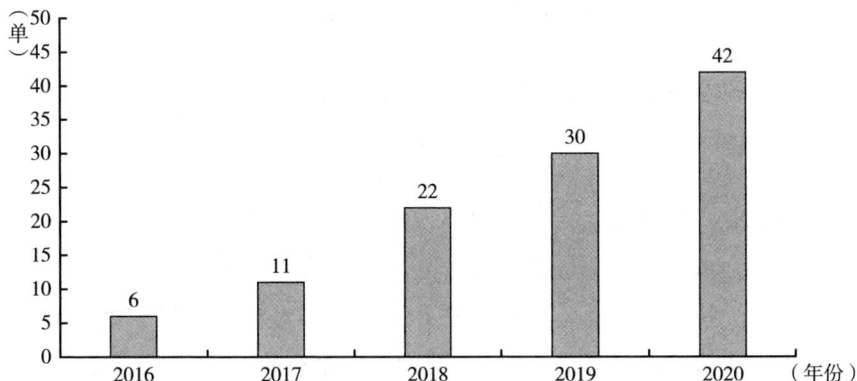

图1 2016~2020年北京市慈善信托累计备案数

资料来源：2016~2020年度北京市慈善信托年度报告。

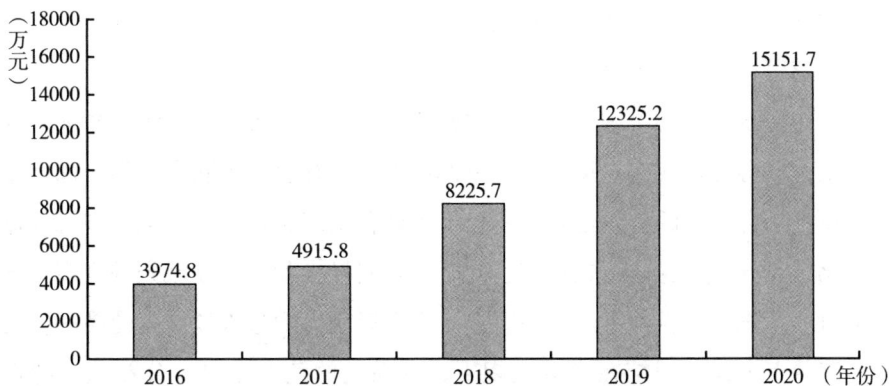

图2 2016~2020年北京市慈善信托财产总额

资料来源：2016~2020年度北京市慈善信托年度报告。

———————————

① 资料来源：北京市委社会工委市民政局统计数据。

3. 慈善服务领域不断拓展

近年来，北京市慈善服务领域不断拓展。慈善服务的重心逐步从助医、助老、助学、助困等传统领域拓展至解决相对贫困问题和特困群体的基本生活保障。同时，慈善服务进一步延伸到乡村振兴、心理和法律援助、创业就业、家庭发展、社区服务、慈善项目孵化、非物质文化遗产保护等领域。此外，慈善服务的对象也从鳏寡孤独残等社会弱势群体拓展到有发展性需求的一般社会公众，比如社区公益教育服务、社会志愿服务等。

（二）慈善制度机制日趋完善，发展基础不断夯实

1. 慈善行业组织作用充分发挥

慈善行业服务是指一些慈善组织为自己所在的特定领域（如教育、医疗、环保等）或社会组织行业发展（如孵化培育）提供支持性、中介性或枢纽性服务。新一届首都公益慈善联合会将全市过半慈善组织纳入会员行列，增强了全市慈善资源整合能力。同时，首都公益慈善联合会不断完善内部治理结构，建立了诚信自律、志愿服务、精准救助等专业委员会，通过引入专家力量，强化了专业引领能力，同时注重加强全市慈善信息平台建设，切实发挥平台服务和行业自律作用。

2. 慈善组织党的建设不断加强

党的建设是慈善组织尽职履责的政治保障。北京市慈善组织不断加强党的建设，取得明显成效。通过组建首都慈善领域社会组织联合党委，探索党建与业务融合发展的有效途径，积极推动慈善组织党建从有形覆盖向有效覆盖深化。充分发挥党建引领作用，同时注意引导推荐慈善领域先进代表参与民主协商，积极建言献策。努力打造一批有影响力的慈善领域党建品牌，把全市慈善组织紧密团结在党的旗帜下，确保党的色彩浓厚、公益慈善特点鲜明。

3. 慈善事业法制发展体系基本成形

法制体系建设是慈善事业规范健康发展的重要保障。针对"慈善北京"建设、慈善信托管理和慈善力量参与社会救助，北京市先后出台了相关政策

法规，建立健全了慈善信托备案、慈善组织认定、公募资格申请、公募活动备案等管理机制，制定规范引导疫情期间募捐捐赠行为的配套文件，夯实了慈善事业发展的法制基础。

（三）慈善效益逐渐凸显，三次分配作用有效发挥

1. 疫情防控作用凸显

自新冠肺炎疫情发生以来，北京市慈善组织在第一时间积极响应，快速投入疫情防控阻击战和常态防疫过程中，做出了重要贡献。截至 2020 年 8 月底，北京市慈善组织和市红十字会接收 16.43 亿元抗疫资金和 3500 多万件抗疫物资。这些捐赠款项与物资依法有效地被第一时间投向疫情防控最需要的地方，有力地支持了新冠肺炎疫情防控工作。[1]

2. 助力脱贫成效显著

扶贫工作一直都是社会公益事业的重要组成部分，也是北京市慈善组织服务的重点领域。2018 年以来，北京市慈善组织积极参与脱贫攻坚，做出了显著贡献。据统计，包括慈善组织在内的近 3000 家首都社会组织开展参与脱贫攻坚相关项目，3500 余个项目落地开花，总计投入逾 20 亿元。[2]

3. 服务民政民生事业成果丰硕

民生事业是一项涉及老百姓切身利益的系统工程，包括教育、医疗卫生、就业、社会保障、社区建设等诸多方面。北京市、各区、各慈善组织综合考虑各方面因素，充分发挥自身优势特点，设立了规模不同、对象各异的各类慈善专项基金。通过设立慈善救助专项基金等举措，助力解决城乡困难群众的急难问题，推动探索形成以政府救助为主导、慈善再救助为补充的政社联动救助模式。自 2017 年起，北京市全市已设立慈善专项基金 269 个，慈善专项基金存量总规模达到 17914 万元，已累计救助 68040 人次，累计支出救助金额达 9091 万元。[3]

---

① 金可：《接收疫情防控捐赠资金 16.5 亿！北京慈善晒"账单"》，《北京日报》2020 年 9 月 5 日。

② 《具有首都特点的社会组织精准扶贫之路》，《中国社会报》2020 年 12 月 16 日。

③ 资料来源：北京市委社会工委市民政局统计数据。

（四）慈善文化宣传持续深入，氛围日益浓厚

1. 定期举办"慈善北京周"等全市规模的大型慈善主题宣传活动

这些慈善主题宣传活动集中展示了北京市社会公益和慈善事业的发展成果，相关活动每年有超过百家的慈善组织参与，近20万公众参观，社会影响广泛。2021年首届北京慈善文化创享会举办，创享会以"创新引领发展 合作共享未来"为主题，包括慈善盛典、成果展示、表彰奖励、品牌建设等模块。作为首都慈善领域的一场年度盛会，创享会是北京市开展大型慈善主题宣传活动的一次突破创新，在联通慈善资源、凝聚行业力量、引领慈善创新、打造品牌项目方面发挥了重要作用。

2. 组织开展"慈善北京"成果巡展

截至2021年底，北京市已连续成功组织开展八届"慈善北京"巡展，"慈善北京"已形成显著的品牌效应。巡展通过展板讲解、组织慈善楷模讲述慈善故事、慈善文化表演等多种方式展示"慈善北京"建设成果，慈善文化下基层进社区入学校到企业的效果明显。此外，北京市还通过"首都慈善奖"等方式对那些为首都慈善工作做出突出贡献的个人和组织进行荣誉表彰。截至2021年11月，北京市已连续开展三届"首都慈善奖"表彰活动，共选出80余个贡献突出的个人、单位和优秀项目。[①]

3. 定期推出慈善宣传图例

借助"中华慈善日"系列活动，充分利用融媒体资源，依托"线上线下"双渠道，开展渠道多样、层次丰富、维度全面的慈善宣传。通过制作"慈善北京"系列宣传片，拍摄"首都慈善奖"获奖对象纪录片，集中展示"慈善北京"建设成果和文化内涵，展现北京市慈善先进人物的事迹品德，使"慈善北京"的金名片更加闪耀。

---

① 资料来源：北京市委社会工委市民政局统计数据。

二 北京市慈善事业发展存在的问题

由于我国慈善事业起步较晚，发展不平衡不充分问题仍然存在，与高质量发展的要求相比还有不小差距。同样，北京慈善领域也存在诸多制约高质量发展的瓶颈问题，导致北京慈善发展现状与首都地位匹配程度不高，慈善组织的主营业务与首都发展大局融合不够，具体问题体现如下。

（一）慈善规模效用与首都地位不相匹配

虽然北京市登记认定慈善组织数量居全国前列，但其总体规模依然太小，与首都的经济社会地位并不匹配，因而制约了慈善在第三次分配中的作用发挥。首都慈善领域相应的奖励激励措施欠缺，以精神奖励为主、适度社会优待为辅的全方位慈善激励机制尚未建立，限制了慈善规模发展潜力空间。面对规模亟待扩展的问题，首都慈善事业需要确立新坐标、找到新方位、构建新格局，实现符合首都功能定位的新发展。

（二）慈善协同参与机制不够顺畅

慈善组织是参与社会治理、服务保障民生、助力公共服务均等化的重要力量，是社会收入第三次分配的重要主体。但目前，政府、市场和社会之间的协同机制尚不完善，政府部门联动机制不健全，慈善组织与党和政府的衔接互动还不够顺畅。同时，社区慈善发展不够深入，全民慈善社会氛围尚未形成，慈善事业在基层影响力相对较弱。慈善资源深入社区、深入一线，开展贴近百姓民生的社区治理、突发事件处置、环境保护等各方面服务的渠道畅通程度不足，供需对接机制尚待健全。慈善事业服务北京城市建设和社会治理，需要更加有利的制度安排。

（三）慈善监管能力有待提升

随着公益慈善理念不断创新、慈善组织蓬勃发展、慈善活动日新月异、慈善创新加速迭代，社会公众对慈善事业高度关注，慈善实践从内容、形式、技术等各方面对传统的监管方式提出了挑战。监管体制、方式、措施等方面都需要随着慈善行业转型而进行相应变革。高质量的慈善事业要求多维结合的综合监管体系，既包括来自外部的政府监管和公众监督，也包括来自内部的行业自律，还包括来自慈善组织自身的内部治理。

（四）慈善发展方式亟待转型

随着经济社会发展和公共服务水平逐步提升，一方面以资金帮扶为主的慈善服务空间越来越小，传统的"资金搬运工"式的慈善运作模式不再适用；另一方面，首都市民的慈善需求更加个性化、多样化，表现在市民慈善需求逐步转向社区建设、养老托幼、精神文化等方面，但北京市大多数慈善组织现有的慈善服务技术和水平尚无法满足此类需求。慈善组织亟须进行自身的转型升级，全面提升慈善服务的技术性和专业性，加快从资金端导向转向服务端导向。同时，随着大数据、人工智能、区块链等新兴技术发展，慈善与科技、金融等行业跨界融合，各类人力、技术资源与慈善资源不断链接，公益创投、社会企业等新兴业态不断涌现，延长和拓展了慈善生态链，这些都对慈善宣传、信息公开、项目管理等提出了更高要求。如何更好地面对新兴科技带来的发展挑战，如何更加充分地运用新兴技术和业态为慈善行业赋能，是当前慈善组织发展需要着力突破的关键。

（五）慈善生态系统尚不完善

从全国及慈善产业链来看，首都慈善生态系统比较健全，上游基金会数量全国最多，中间层的行业性组织、枢纽型组织相对完善，下游社区社会组织相对发达。但是还应当看到，北京市慈善系统上、中、下游组织的有效衔接程度不足，联合搭建平台、开展活动的相关制度性安排欠缺；资助型慈善组织和运作型慈善组织之间有效联结、相互协作的工作常态化水平不高；支持型慈善组织引领作用有待进一步发挥，有助于慈善生态系统资源整合、协同联动的可持续发展格局尚未形成。从捐赠主体看，企业捐赠占比较高，个人捐赠占比相对较低，高收入人群参与慈善事业的积极性有待提升；全民慈善的理念还没有深入人心；慈善事业法律法规宣传普及覆盖不够、相关举措效能不佳，整体慈善文化氛围与首善之区的标准存在一定差距。

三　北京市慈善事业推动实现共同富裕的对策建议

北京慈善事业的发展需要牢牢把握新定位、新目标、新要求，坚持目标导向、问题导向，从以下几方面加以优化。

（一）做大慈善规模体量，更好地发挥第三次分配作用

北京慈善事业的高质量发展要求进一步畅通全社会各主体参与慈善事业的渠道，提升慈善制度和慈善组织的动员能力，增强慈善事业发展的公信力，不断激活大型企业和各类人群的捐赠和志愿服务热情，推进慈善大众化、全民化、生活化，形成全民参与慈善的社会新风尚。积极创新推动"五社联动"，鼓励发展社区基金会，促进慈善在基层更好的发展，壮大慈善直接服务基层、服务基层群众的力量。加大慈善信托推介力度，提升公众认知度，推动以高净值人群为代表的委托人通过慈善信托完善家族传承，提高慈善组织驾驭慈善信托的能力。支持和鼓励社会单位设立慈善信托。进一步优化服务以保证慈善税收各项优惠政策切实落地。鼓励社会各界以股权、不动产、无形资产、艺术品等多种形式资产进行捐赠或以提供技术、服务等方式参与慈善事业，落实相关优惠激励政策。进一步完善慈善表彰体系，及时对为首都慈善事业做出突出贡献的个人、企业及慈善组织予以表彰奖励，鼓励高收入人群和企业投身慈善回报社会。

（二）推进慈善行业建设，服务国家重大战略

慈善事业在落实国家重大战略上具有不可或缺的独特优势。推动慈善行

业建设需要高站位谋划慈善事业，构建"集中力量办大事"的运行机制，凝聚行业力量，将慈善事业纳入社会保障、养老服务、乡村振兴、社会治理、京津冀协同发展等工作大局中统筹考虑，让慈善行业建设与首都经济社会整体发展同频共振，在各项重大战略中发挥更大作用。建立健全慈善组织体系，不断调整优化市、区两级慈善部门的职责定位和组织架构，构建四级慈善组织网络，打造上下贯通、多方联动、覆盖城乡、结构合理的慈善组织体系；在街道、乡镇层面建立慈善工作站，在社区、村层面建立慈善分站点，优化慈善组织在基层的结构布局。加强首都慈善行业龙头组织建设，充分发挥首都公益慈善联合会桥梁纽带、统筹协调、整合资源、辐射带动作用，履行好行业评估、标准制定、项目论证、组织培训、会员服务、业务指导等职能，引导慈善组织以乡村振兴、社区建设等为议题设计服务项目，共同打造"慈善北京"品牌。

（三）提升慈善专业化水平，助力慈善事业转型发展

充分利用大数据、人工智能和区块链等技术手段，推进慈善事业发展的数字化、网络化、智能化，从而提升慈善资源募集、配置和使用的精准性和高效性。围绕建设"慈善北京"目标，大力提升慈善组织的社会公信力、内部治理能力、专业服务能力和协同共建能力。进一步推动慈善行业组织和枢纽型组织发展。加强慈善领域人才建设，引进新媒体、信息化、金融、财务相关技术人才，建立慈善领军人才、管理人才、专业人才等各类人才库，完善慈善从业人员职业分类体系和评价体系；通过提升工资水平、加强职业教育、建立人才成长机制等激励措施，打造慈善行业高水平从业人员队伍。发挥北京智力资源优势，大力扶持发展支持型公益组织，打牢慈善行业基础设施基础，加强行业培训，提升慈善组织项目运作能力和慈善服务技术水平。

（四）大力弘扬慈善文化，营造浓厚慈善氛围

积极创建"首善之都"，通过慈善晚宴、创投大赛等系列活动，增强慈

善文化传播力,将慈善文化打造成为首都文化的特色亮点。充分利用新兴传媒平台和手段,打造线上线下全方位慈善宣传平台,以群众喜闻乐见的方式,举办各类公益宣传活动,在大型主流媒体开设慈善专题专栏,宣传慈行善举、正面典型、法律法规。大力开展慈善进机关、进企业、进学校、进社区、进乡村、进家庭等活动,利用中华慈善日、社区邻里节、社区大讲堂等时机和平台,讲好群众身边的慈善故事。鼓励教育部门设立慈善文化教育模块。充分发挥工青妇残等人民团体优势,大力动员个人和家庭积极参与慈善捐赠和志愿服务。在家庭发展和家风建设中增加慈善文化内容,鼓励家庭参与慈善活动。

(五)加强慈善行业监管,促进慈善事业高质量发展

通过优化监管手段和丰富服务方式,不断健全完善慈善综合监管体系。政府相关部门要逐步完善慈善活动双随机检查、慈善组织抽查审计、慈善组织信息公开评估机制;加大慈善执法监督力度,对于长期不开展活动、不按期年检、不正常换届的僵尸型、休眠型慈善组织给予相应的行政处罚;对慈善诈骗和非法牟利的行为要坚决打击和公开曝光。行业组织性枢纽型组织要充分发挥行业自律功能,加快建设行业统一的慈善信息统计和发布体系,将慈善捐赠、志愿服务纳入征信系统,建立慈善组织活动异常名录和严重违法失信名单,促进首都慈善行业实现自我管理、自我服务和自我监督,形成积极正向的慈善氛围。积极发挥社会监督作用,鼓励公众和媒体监督慈善活动,确保让每一笔慈善财产都始终在阳光下运行,让每一份爱心都用到真正需要帮助的人身上。提高慈善组织内部治理水平,明确慈善组织在开展认定登记、募捐资格申请、募捐项目备案等工作时的相应监管措施。创新慈善领域党建工作方式方法,探索党建与业务融合发展的有效途径,推动慈善组织党建从有形覆盖向有效覆盖深化,及时向慈善组织宣传党和政府的新思想、新政策、新要求,确保慈善事业发展方向不偏、属性不变。

参考文献

郑功成：《中国社会保障 70 年发展（1949-2019）：回顾与展望》，《中国人民大学学报》2019 年第 5 期。

王名、蓝煜昕、王玉宝、陶泽：《第三次分配：理论、实践与政策建议》，《中国行政管理》2020 年第 3 期。

张敏、马黎珺、张雯：《企业慈善捐赠的政企纽带效应——基于我国上市公司的经验证据》，《管理世界》2013 年第 7 期。

白光昭：《第三次分配：背景、内涵及治理路径》，《中国行政管理》2020 年第 12 期。

李哲：《新冠肺炎疫情对官办慈善组织信息披露的影响研究——基于抗疫款物信息披露的文本分析》，《财经研究》2020 年第 9 期。

B.6
北京儿童友好城市建设报告

——以东城区为例

儿童友好城市课题组*

摘　要： 2021年，国家"十四五"规划纲要作出"开展100个儿童友好城市示范"的战略部署。在此背景下，北京将建设儿童友好城市的目标融入"国际一流的和谐宜居之都"城市定位。作为首善之区，东城区立足"崇文争先""五个东城"建设格局，率先在城市建设和发展中贯彻"儿童优先"理念。本报告从"社会政策、公共服务、权利保障、成长空间、发展环境"五个维度出发，对北京市东城区在保障和促进儿童健康发展方面的水平和需求进行调研。通过一线调查与系统研究，提炼东城儿童友好城市建设的亮点经验，聚焦多元需求，提出争创国家级儿童友好示范城区的路径建议。

关键词： 儿童发展　儿童友好城市　北京

为落实《中华人民共和国国民经济和社会发展第十四个五年规划和2035年远景目标纲要》提出的"开展100个儿童友好城市示范"部署要求，

* 课题组成员：北京市东城区妇女联合会吕绘、杨立萍、朱海丹、杨怡、张静；北京市城市规划设计研究院石晓冬、黄晓春、邱红、甘霖、王雅捷、加雨灵、王虹光、李晓佩、朱洁、陈冠男、王良。本报告执笔人：邱红，教授级高级工程师、国家注册城乡规划师，工学博士，主要研究方向为城市总体规划实施评估与城市体检、儿童友好城市建设理论与实践；甘霖，工程师，主要研究方向为社会领域可持续发展规划。

2021 年 10 月，国家发改委等 23 个部门联合印发《关于推进儿童友好城市建设的指导意见》，明确了中国特色儿童友好城市建设的指导思想、基本原则、实现目标、任务措施和实施保障机制。这是国家层面第一次对儿童友好城市建设进行全面而系统的部署，将极大促进全国各地广泛开展儿童友好城市建设实践。

作为首善之区，东城区在北京率先将"开展儿童友好型社区建设试点"纳入"十四五"规划纲要。将以首都高质量发展为统领，坚持"崇文争先"理念，在疏解非首都功能、加强老城整体保护、促进城市精细化治理等方面，体现"儿童优先"原则。既为加快推进"五个东城"① 建设，推动国际一流和谐宜居的新时代首都核心区建设贡献力量，又为中国和世界儿童友好城市建设提供北京经验。为将东城区建设成国家级儿童友好示范城市，特开展儿童友好现状与需求调研以及路径探索研究。

本次调研综合采用问卷调查、多主体访谈、实地踏勘等方式进行。2021 年 4~5 月采用网络问卷调查方式，累计回收 2766 份家长问卷和 389 份儿童问卷，样本覆盖全区 17 个街道的 168 个社区，覆盖率达到 96.7%；同时，问卷还获得家长留言 1167 条、儿童留言 168 条。通过座谈会方式听取 15 个政府相关部门工作人员、儿童发展领域专业人士的意见和建议，并通过实地探勘和电话访谈的方式，对全区 17 个街道的工作人员、部分社会组织进行了深度访谈。

一　北京市东城区建设儿童友好城市的亮点与需求

东城区作为全国政治中心、文化中心和国际交往中心的核心承载区，历史文化名城保护的重点地区，展示国家首都形象的重要窗口地区，具有得天独厚的文化、人才、服务等资源集聚优势，全区地区生产总值和人均地区生

---

① "五个东城"即文化东城、活力东城、精致东城、创新东城、幸福东城。

产总值已经达到国际中等发达经济体水平①，为儿童友好城市建设奠定了坚实的物质基础。同时，社会负担加重②、城市用地紧张、交通环境复杂、老旧平房区占比高、人口素质差异大等因素叠加，又对东城区儿童友好城市建设提出了挑战。此次调研基于这种优势与挑战并存的复杂性，聚焦"社会政策、公共服务、权利保障、成长空间、发展环境"5 个维度，对东城区在发展管理过程中面向儿童的友好程度进行客观评价。

（一）亮点经验

1. 体现儿童优先理念的社会政策持续优化

一是促进儿童工作的政策机制不断完善。区委、区政府高度重视妇女儿童工作，以颁布实施妇女儿童规划为重要保障，定期召开妇女儿童工作委员会全体会议，常态化研究部署妇女儿童工作，各成员单位严格落实妇女儿童工作责任制。"十三五"期间，将妇女儿童工作经费保障、妇女儿童活动阵地建设、妇女儿童规划落实等重点事项纳入 17 个街道和 8 家党工委党建主体责任综合考核评价，通过建立目标量化、责任细化、管理强化的工作制度，为妇女儿童工作保驾护航。为了减缓老龄化和少子化压力，提高城市治理水平和人民群众的幸福感，东城区进一步将"开展儿童友好城市和社区创建"目标纳入国民经济和社会发展、妇女儿童发展、社会治理等领域"十四五"规划，从源头推进公共资源配置优先满足儿童需要。

二是致力儿童发展的社会队伍更加壮大。坚持以普惠为导向，整合政府、企事业单位、社会组织和志愿者队伍共同增进儿童福祉。全区 17 个街道 168 个社区配齐儿童督导员和儿童主任，对街道儿童督导员、社区儿童主任进行实名管理，搭建区、街、居三级儿童保护工作网络。每年开展基层儿

---

① "十三五"末，东城区实现地区生产总值 2954.7 亿元，人均地区生产总值超过 5 万美元。

② 截至 2020 年底，全区户籍人口 97.96 万人，其中 0~17 岁未成年人 15.08 万人，占总人口的 15.4%，与"十二五"末期相比占比提升 26.7%。全区常住人口 70.88 万人，其中 0~14 岁少儿抚养比为 20.4%，在全市 16 个区中仅次于西城（21.13%）。

童队伍"政策解读+业务能力专题培训"。18家社区青年汇从思想引导、城市融入、安全自护、文体健康等方面组织青少年儿童开展近百场丰富多彩的主题活动。利用东城区社会组织发展服务中心平台，培育孵化一批专业社会组织、志愿服务和慈善组织，综合运用社会工作理念和方法，为困境儿童、留守儿童及其家庭提供亲情沟通、监护指导、心理疏导、法律政策宣讲服务上千次，个案救助500人次。

三是儿童参与和融入社会生活更加广泛。在全区层面，区团委和少工委组织少年儿童积极参与议政提案活动，在少先队活动、身心健康、学校建设、城市管理、生态环境、网络媒体等方面建言献策上百条，部分建议已经转化为惠及民生的具体措施或纳入政府决策。通过"东城我为你骄傲"红领巾小导游大赛、"红领巾小分队在行动"等活动，带动600多支小分队关注参与区域发展和学校建设。在社区层面，形成史家小学阳光公益社、东四七条小学打气队、和平里第九小学红烛义工服务队、南锣童子军、青浦联盟等一批少年儿童志愿服务品牌和队伍，开展"争做街巷小管家""我是小河长""文明小引导员"等主题活动，引导儿童在志愿公益实践中服务社会、锻炼自我、塑造品格。

2. 满足儿童需求的公共服务水平不断提升

一是儿童健康服务持续改善。"十三五"期间，全区医疗卫生经费投入79.8亿元，比"十二五"时期增长51.7%。严格执行《母婴保健法》，最大限度地保障妇女儿童的生命安全和健康安全。婴儿和5岁以下儿童死亡率分别为1.33‰和1.78‰，0~6岁儿童保健覆盖率为98%，0~6个月婴儿纯母乳喂养率为72.5%。国家"科学育儿试点区"工作取得成效，保持爱婴社区全覆盖，实施"全国儿童早期发展进家庭项目"，开展0~3岁婴幼儿家庭养育指导、婴幼儿心理和社会适应指导等社会实践，累计开设公益课程160次，受益婴幼儿家庭7053人次。

二是儿童各阶段教育需求得到满足。"十三五"期间，全区教育经费投入331.9亿元，比"十二五"时期增长43.7%。完成学前教育三年行动计划，增加学位1.1万余个，普惠性幼儿园覆盖率达91.7%以上。持续实施

"深度联盟""九年一贯制""优质教育资源带""教育集团"等学区制综合改革，区域义务教育优质资源覆盖率达到100%。启动"健康·成长2020工程"，年均举办近20项阳光体育运动赛事，年均参赛人数达12000人，覆盖全区90%以上的学校，成为全市唯一的全国儿童青少年近视防控试点区。学生体质健康抽测小学组名列全市第一。2021年，被教育部确定为首批义务教育课后服务典型案例单位，课后服务创新举措和典型经验向全国推广。形成校内心理健康教育课程体系、校外"一网四线"支持体系、医教联盟转运体系三大支持体系，为学生解决心理问题提供快速通道。

三是儿童文体服务水平持续提高。秉承"文化强区"理念，依托"国家公共文化服务体系示范区""国家全民运动建设示范区"建设，丰富儿童文体服务供给。"十三五"期间，与中国铁道博物馆、北京汽车博物馆、民航博物馆联合开展了近70门适合中小学生的社会实践课程，分批组织全区55所中小学近2万名学生，到优质社会资源单位开展"传统文化、科技、艺术、劳动"等不同主题的社会实践课程学习和活动体验。文化馆推出国学剧场《走进戏剧学历史》主题儿童剧，激发儿童学习了解中华历史的兴趣。图书馆为儿童推出"零门槛、免证阅览、一卡通行"服务举措。出台《东城区青少年冰雪运动发展行动计划》。成功创建2家国家高水平体育后备人才基地和28家国家级青少年体育俱乐部。通过体育传统项目学校（47所）和三大球网点校（52所）建设，推动足球、篮球、排球等体育项目普及，开展项目联赛、训练营、集训、嘉年华、夏令营等形式多样的赛事活动，在青少年中形成广泛影响力。

3. 保障儿童权利的公共福利体系更加健全

一是困境儿童分类保障水平进一步提高。截至2021年8月，东城区享受低保及生活困难补助儿童1164人。落实困境儿童医疗救助和教育保障政策，孤儿门诊及住院报销比例达到100%，事实无人抚养儿童最高达到85%；为享受困境儿童生活费且年满18周岁仍在校学习的孤儿，每人每学年发放10000元助学金，确保困境儿童不辍学。制定京籍、非京籍适龄儿童入学审核实施细则，建立东城区困境儿童和留守儿童保障工作联席会议制度，完成《东城区困境儿童及家庭精准救助需求评估分析报告》，累计建立成年孤儿和困境儿童档案 200 余份。

二是残疾儿童康复救助能力持续增强。出台《东城区残疾人社会化康复服务指导意见》，内容涵盖残疾人居家与日间服务、康复运动方法推广、残疾儿童多感官远程康复指导、儿童家庭融合能力提升等康复项目。区内 0~6 岁常住儿童听力、视力、肢体、智力、孤独症 5 类残疾筛查和基本康复服务覆盖率达 100%，确保全生命周期康复服务全覆盖。在全市率先制定《东城区为适龄重度残疾儿童少年送教上门工作实施方案》，为残疾儿童送教上门服务 106 人次；为 559 名残疾大学生及贫困残疾人家庭大学生子女发放助学补助 223.6 万元。积极开展"抗击疫情希望同行——希望工程低保重残帮扶行动"计划，在全面摸排基础上为受疫情影响的 15 名低保重残青少年申请了助学金。

4. 激发儿童潜能的空间环境日趋友好

一是儿童学习空间丰富性日益提高。积极建设"国家基础教育综合改革试验区"，在全区 154 所中小学和幼儿园开展先行先试、示范引领的教育改革实验。在东城区少年宫、崇文青少年科技馆、明城青少年活动中心等 7 家校外教育机构，故宫博物院、中国国家博物馆、中国儿童艺术剧院等 8 家全国中小学生研学实践教育基地，北京自然博物馆、中国美术馆、孔庙和国子监博物馆、老舍纪念馆等 54 家爱国主义教育基地[①]开展丰富的研学实践活动，加强全方位育人。同时，与悠贝教育合作，在东城区第一图书馆东总布分馆免费提供少儿绘本阅读专业服务；采取民营公助、市场补充的运营模式，在体育馆路建设皮卡书屋；联动市区资源，打造市级示范儿童之家协作者"童缘"；与海豚出版社合作，推广"海豚儿童之家·十平米阅读"项目，优化 11 个社区儿童阅读空间；与王府井书店合作建立东城区家庭亲子阅读体验基地和王府井儿童之家"童阅学堂"，引入社会资源赋能儿童之家

---

① 其中，国家级爱国主义教育基地 14 家，市级爱国主义教育基地 15 家，区级爱国主义教育基地 25 家。各等级爱国主义教育基地数量居全市首位。

建设，不断拓展儿童阅读场所。

二是儿童生活空间宜居性日渐改善。4 家设立儿科的综合性医院、1 家设立儿科的专科医院、4 家设立儿科的中医（中西医）结合医院、1 家设立儿科的部队医院、6 家助产机构、8 家社区卫生服务中心一同发挥儿童健康保障作用。在商务楼宇建立"母婴关爱室"68 个，关爱哺乳期女性。在公共空间建设儿童友好型公厕 87 个，配备换尿布台、儿童座椅、小坐便器或儿童置物台等设施。在 9 所公园开展"乐享自然快乐成长"系列主题活动，以自然游戏、自然笔记、自然观察等形式，打造公园里的自然课堂，6 年来举办活动 600 余场，参与人次超过 4 万。在全市率先出台《北京市东城区儿童之家规范化建设指南及工具手册》，引入社会专业资源，支持 185 个社区儿童之家建设，成立少儿剧社"戏剧摇篮"、提供"快乐三点半"放学后托管服务，开展家庭教育、亲子阅读等各类活动万余场，近 38 万人次受益，切实增强社区儿童及家长的幸福感和获得感。龙潭街道左安浦园社区通过中国儿童友好社区建设项目首批试点预审，成为北京市唯一入选的儿童友好社区。

三是儿童出行空间安全性日益优化。"十三五"以来，东城区圆满完成 150 公里慢行系统建设任务，改善鼓楼桥至永定门桥 16.1 公里林荫骑行环线环境，将王府井地区打造为全市首个不停车街区，历史文化街区内 39 条胡同实现无停车，为儿童和家庭出行提供更好的体验。整治 17 所学校、10 家医院周边交通秩序，建国门街道东交民巷小学周边划设"学生专用道"，提升学生上下学空间安全性。结合校园周边"三类场所"常态化防疫执法检查、占道经营整治、中高考保障、燃气安全保障、生活垃圾分类等多个专项工作，对校园周边环境秩序违法行为采取各种有效措施，最大限度净化校园周边环境秩序，保障广大师生利益。

5. 促进儿童发展的社会环境不断完善

一是儿童家庭家教家风建设不断优化。构建学校、家庭、社会、网络"四位一体"的常态化协同育人机制；建立区、街、社区三级家庭教育社会化网络。出台《北京市东城区家庭教育指导服务手册》，指导全区 154 所中小学和幼儿园、168个社区100%建立家长学校，东花市街道枣苑社区家长学校被评为全国家庭教育创新示范基地。启动"百场家庭教育公益讲座进校园"项目，通过邀请专家利用家庭教育"微课堂"开展家教讲座、知识问答、网上咨询等形式，共同探讨家校建设话题。5年来，全区组织开展家教专家进社区、进楼宇、进校园活动5000余场，受众10万余人次，不断提升东城区家庭教育水平。

二是儿童社会文化环境不断丰富。"十三五"期间，全区在各类新闻媒体报道"妇女儿童"相关新闻稿件共计3087条。充分利用《新东城报》、新媒体"北京东城"政务微博和App、歌华"美丽东城"网络电视、BTV新闻频道《都市阳光》栏目等各种融媒体平台全方位、多角度报道妇女儿童工作，营造了良好的宣传氛围。发布《耳朵也爱儿童剧｜听〈红缨〉上集 铭记民族精神!》《第九届中国儿童戏剧节将上演191场中外演出》《原创抗战题材儿童剧〈箱子里的图书馆〉上演》等一大批主题鲜活、内容丰富的新闻报道；原创《女孩子都应该看的HPV疫苗科普干货》《东城区精准扶贫，助力困难家庭少年儿童提升能力》等视频。每年在全区广泛开展优秀童谣征集和推广、传唱活动，不断丰富未成年人精神生活，促进未成年人素质全面发展。

三是儿童安全屏障不断筑牢。始终保持对侵害儿童合法权益违法犯罪活动"零容忍"，严格遵循新修订的《未成年人保护法》等法律法规，提升未成年人案件办理质量，切实保护未成年人合法权益。加强学校安全防护和系统监管，积极开展辣条、清真食品、猪肉及其制品、婴幼儿乳粉、桶装水、校园及其周边儿童食品等食品安全专项治理；深入推进"阳光餐饮"工程建设，实现中小学及托幼机构食堂完成率100%；辖区学校、托幼园所全部实现食品安全线上监管。加强虚拟空间信息巡控，对有轻微违法行为发帖人进行警示教育，对有害信息进行快速删除。加强行业场所制度监督检查，对旅馆业单位接待未成年人入住的安全保护义务进行监督，加强遗弃和流浪乞讨未成年人救助。积极营造服务保障儿童权益的良好氛围。

（二）多元需求

1. 儿童和育儿家庭需求普遍指向活动空间、育儿支持和深度参与

问卷调查收集到全市 19689 名、东城 2766 名家长对城市儿童友好程度的整体评分。百分制下，东城区整体得分略高于全市平均水平，尤其在教育、医疗、文化服务和社会保障方面领先于全市平均水平，但在交通安全、儿童参与、社会安全、娱乐休闲方面的优势并不明显，仅 46% 的家长认为现有户外场地能满足儿童日常活动需求，相比全市平均水平低 4 个百分点。

问卷调查同时收集到全市 6206 名、东城 389 名少年儿童对儿童发展水平 26 个维度的评价，同样反映出东城区在儿童户外游戏机会、社区环境品质、交通安全保障等方面存在短板（见图 1）。相比全市，东城少年儿童对于"可以专门用来骑滑板和自行车的空间""社区阅览室、图书馆""儿童指路牌、防走失系统"等的需求相对更高（见图 2）。出现这一情况的原因在于东城区的优质公共服务资源高度集中，而人口密度高、交通流量大、空间资源紧的特征制约了儿童户外活动场地和出行环境的充裕度与宜人性。部分东城区家长以留言的方式提出建言，如"多一些街心儿童游乐设施"，"迫切需要社区留给儿童更多活动空间"，"增加能让家长放心，孩子能够安全游戏和活动的社区场所"，"希望孩子多一些可以自由奔跑的地方，追逐打闹的草地，不用担心有汽车、自行车等问题"。

此外，与北京市情况类似，东城区儿童和育儿家庭对社区层面多元化服务的需求也较为旺盛。调查显示，家长普遍希望社区为儿童提供与同龄人玩耍和交流的机会（22%）、组织家庭亲子活动（16%）、提供心理减压和疏导服务（12%）、提供放学后托管服务（11%）等。同时，调查显示，即便是在儿童参与相对先行的东城区，也仅有 6.5% 的孩子参与过城市建设意见的征集活动，7.8% 的孩子参与过社区发展的讨论。"对儿童平等、让儿童发声、建设有儿童参与的友好型城市"，这是调查中一名东城区家长的建言，与儿童充分参与的未来愿景相比，现阶段儿童参与公共决策的渠道和深度仍有待拓展。

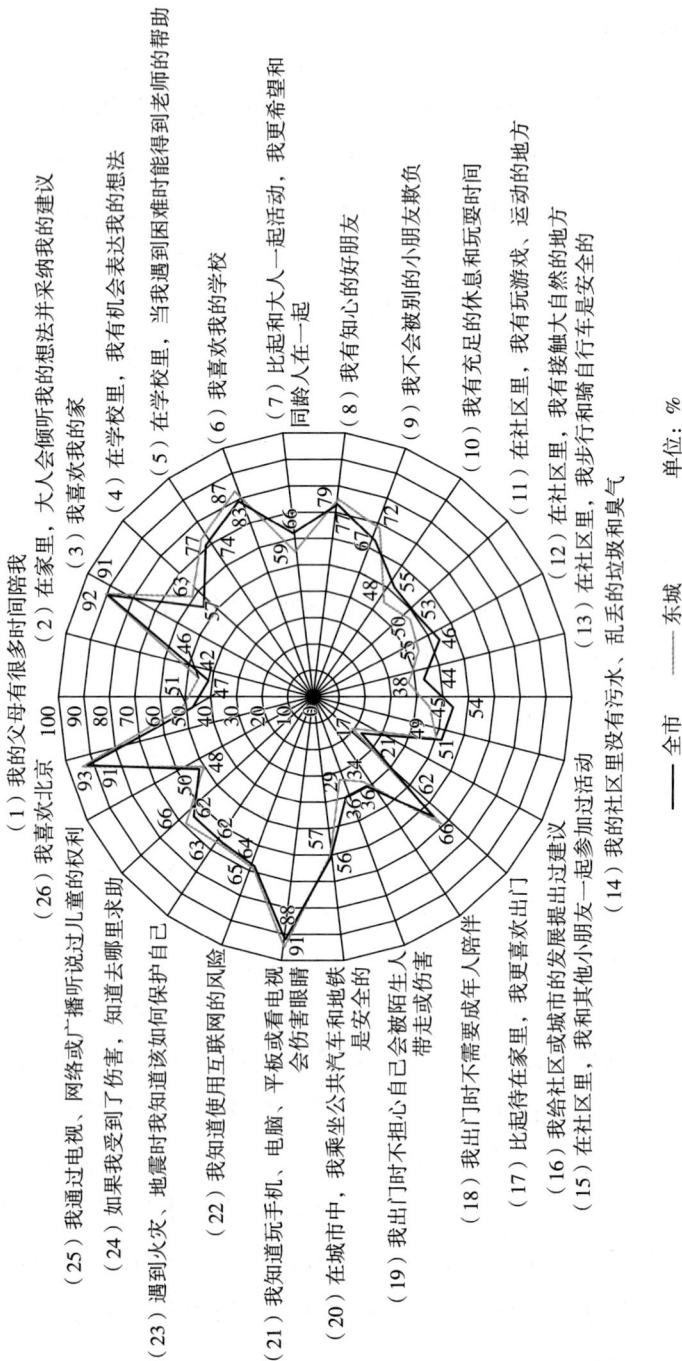

图 1　基于儿童问卷显示的东城区与北京市儿童发展水平对比

单位：%

——　全市　　——　东城

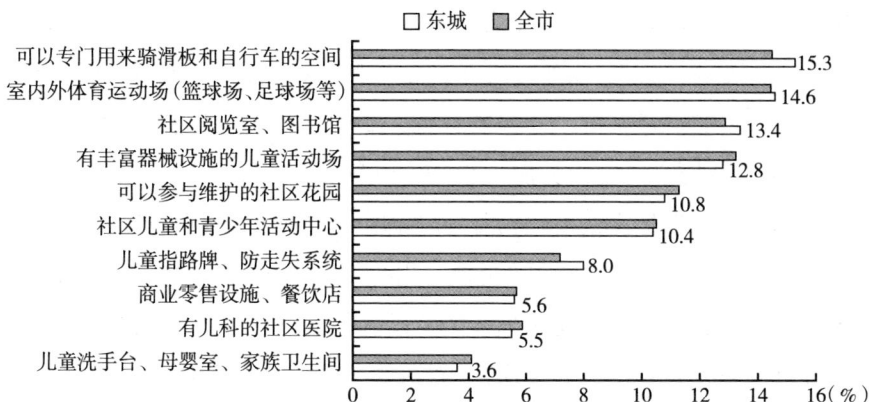

图2　基于儿童问卷显示的东城区与北京市儿童需求结构对比

2.政府部门面临资源紧张、标准缺失、协同不足等工作挑战

一是空间与人才资源的紧张导致公共服务扩大供给条件有限。教育资源方面，面对生育政策调整带来的入园、入学高峰，东城区的学前教育和基础教育资源总量供给仍然不足。截至2020年底，学前三年毛入园率为86.5%，与"十三五"规划90%的目标仍有差距；基础教育阶段体育教师、校医等专业技术人才处于缺编状态。医疗资源方面，目前东城区属医院仅有4家设立儿科的综合性医院，基层社区机构均没有设立儿科门诊，儿科医生高度紧缺。儿童福利保障方面，东城区尚无区级儿童福利机构，现有的生活无着儿童全部托养在市属儿童福利机构。尽管核心区控规已规划一所100张床位的区属儿童福利院，但因选址空间尚未腾退，实施建设还需时日。

二是儿童活动场地及专属服务设施配建标准缺失。区属公园内活动区域有限，多以周边居民日常锻炼为主，部分公园近年来尝试引入临时性儿童游乐场，但与健身团队活动场地产生矛盾。在公园与社区常见的群众健身体育器材均参照的是国标规定的成年人使用器械标准，目前没有专门针对儿童和青少年使用的体育健身设施国家标准。

三是儿童工作的综合性对跨部门协同合作提出高要求。以校园周边环境秩序维护为例，长期以来这一工作是区城管委执法的重要一环，但执法主体与服务单位之间的配合仍有待加强。有关负责人在访谈中表示"政府部门与学校的沟通机制不完善，导致无法有针对性地根据学校需求开展执法工作"。由此可见，儿童友好城市创建涉及教育、卫生、文化、体育、园林、交通、城市规划、工程建设等多个方面，是一项高度要求部门合力的系统工程。

3. 基层工作普遍呈现空间资源、资金保障、专业人员存在不足

东城区近年来着力培育了一批多样化的儿童之家，作为基层儿童服务的主要阵地。本次调查中，很多东城区家长在留言中提到"建议主要从社区角度提供服务，如增设流动图书馆、社区亲子活动、儿童保护主题教育，以及多开展方便儿童参与的志愿活动等"。然而，受经费、人才、空间等多方面制约，仅有部分社区的儿童之家能够提供完整而优质的服务。根据儿童之家运营状况专题调研，按照需要支持的迫切程度，儿童之家希望得到的外部支持为资金支持（62.5%）、人力资源支持（12.5%）、场地支持（12.5%）。在资金方面，儿童之家的经费来源渠道比较单一，主要为项目购买（62.5%），问卷调查显示，50%的管理人员认为儿童之家的经费处于拮据和非常拮据的状态；在人力资源方面，儿童之家专职人员以1~2人为主，部分儿童之家多年来仅有一名专职人员且兼顾社区的其他工作，人员短缺构成了儿童之家持续良性运营的障碍；在场地方面，大多数儿童之家与其他办公或服务活动场地合用，局促的场地在一定程度上制约了儿童之家服务的拓展。

二 建设路径

目前，国家级儿童友好城市试点申报工作已经启动，为落实国家的有关安排部署，推进东城区儿童友好城市建设，为北京儿童友好城市建设提供先行先试经验，形成如下路径建议。

（一）加强统筹，推动融合增效

1. 锚固战略定位

作为首都功能核心区，东城区应以"更高标准""更高质量""更高自

觉"，推进儿童友好城市建设。紧扣大国首都首善之区的战略使命，打造政务环境优良、文化魅力彰显、人居环境一流的首都功能核心区，坚持以人民为中心，树立中国儿童友好城市的典范。紧密围绕北京四个中心的战略定位，发挥作为政治中心的优质资源富集作用，凸显全国文化中心的独特优势，助力科技创新中心的中长期人才储备，并借助国际交往中心的枢纽功能对共建"一带一路"国家形成友好示范。突出"五个东城"特色的行动要领，将儿童优先理念充分嵌入"文化东城、活力东城、精致东城、创新东城、幸福东城"建设之中，结合自身优势与特色，打造儿童友好的"东城模式"。

2. 凝聚部门合力

强化顶层设计，引导多部门协同行动，将儿童优先理念融入各部门、各领域公共政策。强化区委、区政府统一领导，完善儿童友好城市建设的议事协商机制，重点在政策协调、资金投入、项目实施等方面形成合力。将儿童友好城市建设任务纳入各部门年度工作计划，定期向工作专班报送工作进展情况，确保各项任务如期完成。完善事前评估、事中指导、事后验收工作机制，强化对儿童友好城市创建的全过程跟踪评价。

3. 社会广泛参与

广泛发动基层力量、社会力量和市场力量，推动儿童实质性参与，共同打造儿童友好的宜居家园。充分动员街道与社区治理力量，全区着眼全局、力促均衡，街道各美其美、美美与共。广泛建立儿童议事会，建立儿童参与的长效机制。坚持共建共享，宣传动员企事业单位与社会各界积极参与，培育儿童类社会组织、专业社会工作者和志愿者队伍，引导社区培育居民自治组织以及辖区内家庭积极参与到促进儿童发展的活动及事务之中。

（二）系统推进，强化过程保障

1. 强化规划引领

对标国家发改委等部门发布的《关于推进儿童友好城市建设的指导意见》，坚持规划先行，系统推进儿童友好城市创建行动。编制"东城区儿童友好城市建设实施方案",明确目标和指标,细化实施任务分工,对重点领域、17个街道的发展建设进行综合部署。将儿童友好要求融入各领域和各部门专项规划编制管理,探索适用于历史文化街区保护、老旧小区改造、美丽院落提质等特点的公共空间和设施适儿化改造标准,并纳入街区综合实施方案的编制和建设管理全过程。

2. 点面结合推进

将儿童友好城市建设行动与东城区"十四五"重大项目紧密结合,用规划孵化亮点、用试点带动实施,打开点面结合的立体化推进局面。结合首都功能核心区三年行动计划,建设一批示范性儿童友好街区、社区、学校、医院、公园、社会实践基地、出行路径,让市民看见实打实的建设成效。在试点推进过程中不断提炼优秀案例与典型路引,在实践中编制可复制、可推广、可应用的"东城区儿童友好城市建设示范和试点案例集",在北京乃至全国树立儿童友好城市建设先行先试的"东城标准"。

3. 强化跟踪评价

探索适合东城区的儿童友好城市建设绩效考核办法,推动儿童优先理念融入首善之区的建设发展。建立健全儿童友好城市建设评估督导体系,细化儿童友好城市建设指标体系和各领域评价标准并进行动态监测。开展儿童发展状况和需求常态化研究。建立东城区儿童发展数据监测平台,整合不同部门、不同主体之间分散化的管理监测职能,建立面向全体儿童福祉的系统性跟踪评价体系。

(三)突出特色,嵌入具体行动

1. 构建面向儿童友好的政策保障体系

完善儿童保护、权利保障与育儿支持相关政策法规体系。落实国家儿童福利、反家庭暴力、未成年人保护等相关法律政策,增强未成年人法治观念,加强未成年人保护领域的执法工作,严厉打击侵犯未成年人合法权益的违法犯罪行为。重点加强对困境儿童、涉案未成年人家庭监护责任落实的督促指导,建立风险排查和干预机制,加强心理健康关爱,创造温暖的成长环境。积极推动出台和落实三孩生育政策及配套支持措施，加强生育、养育、照料等家庭支持服务，鼓励有条件的企事业单位采取"弹性工作制"促进职场父母为儿童提供高质量陪伴，为生育妇女及家庭解除后顾之忧。

2. 完善面向儿童友好的公共服务体系

积极将儿童和育儿家庭需求嵌入既有的服务体系，打造儿童友好、全龄友好、家庭友好的公共服务体验。全面考虑儿童与育儿家庭在健康、教育、福利保障、文体发展等方面的全方位需求，完善以政府投入为主，社会、机构、基金、企业投资等为补充的多元化参与机制，补齐基层儿科卫生服务、普惠性托幼机构、普惠性学前教育、儿童福利机构等供给短板。编制"东城区儿童友好生活圈导引图册"，细化到 17 个街道，确保儿童公共服务在空间上均衡普惠、人人可及。突出北京元素和东城亮点，借助"戏剧之城""书香之城""博物馆之城""非遗之城"等文化惠民工程，联合博物馆、实体书店、剧场、景区公园等增设儿童服务功能，在"崇文争先"中打造儿童文化服务的高地。

3. 建设面向儿童友好的城市公共空间

结合城市核心区特点，针对"空间资源紧张"的实际问题，通过科技支撑、精细化改造、人性化服务等措施，不断提升东城儿童友好环境建设和服务水平。结合老旧小区改造、申请式退租、共生院建设、背街小巷整治、公共空间提升、桥下空间利用等城市更新行动，因地制宜开展城市公共空间适儿化改造。结合慢行系统示范区、交通安宁示范区、不停车历史文化街区胡同改造建设，持续推进学校、医院、社区周边交通治理工作，保障学生上学、就医交通安全。充分挖掘街道党群活动中心、社区青年汇等场所资源，积极整合区域化共建单位、校外教育机构等社会资源，强化公益性场馆合作，探索分时复合化利用和共建共治共享的儿童实践活动基地模式。

4. 营造面向儿童友好的社会发展环境

积极开展以儿童友好为主题的宣传推广、教育培训，通过丰富的城市文化活动，使儿童友好理念成为北京更高社会文明程度、多元包容魅力的重要体现。启动东城儿童友好城市 logo 和宣传语征集活动，让东城儿童友好形象深入人心。开展"儿童友好周""儿童友好日"等主题体验活动，发挥新媒体平台作用，鼓励新媒体和社会组织深度参与，努力提高社会对儿童友好的知晓度和群众满意度，营造全社会关心重视儿童的良好氛围。建立东城儿童友好共创联盟，在践行"儿童友好"的框架内深化社会各界在儿童领域的交流与合作，讲述儿童发展的东城故事，共享儿童发展的东城智慧。

参考文献

国家发展改革委等《关于推进儿童友好城市建设的指导意见》（发改社会〔2021〕1380 号），https：//www. ndrc. gov. cn/xxgk/zcfb/tz/202110/t20211015 _ 1299751. html? code＝&state＝123，2021 年 10 月 15 日。

北京市东城区人民政府：《2021 年北京市东城区人民政府工作报告》，http：//www. bjdch. gov. cn/n3952/n3976/n3977/c10463796/content. html，2021 年 2 月 20 日。

《北京市东城区国民经济和社会发展第十四个五年规划和二○三五年远景目标纲要》，http：//www. bjdch. gov. cn/n1515644/n2022702/n7165735/c10485608/content. html，2021 年 3 月 5 日。

人口与教育篇

Population and Education

B.7
北京市人口发展报告

荀 怡*

摘 要： 2015 年以来，北京市积极推进非首都功能疏解，开展人口规模调控，加速了人口增速下降趋势，人口规模开始进入稳中有降的发展阶段，同时，人口在结构、布局、流动等方面呈现新的趋势和特征。结合国内外形势变化和经济转型发展需要，本报告综合判断北京人口发展面临的多重挑战，提出要用系统的发展思想更新人口发展理念，推动人口的高质量发展。

关键词： 非首都功能疏解 人口调控 人口规模 人口结构

　　高密度人口是城市发展活力的重要基础。改革开放推动了北京经济的快速发展，也带动了人口集聚，进而推动北京进入人口红利的快速发展时期。

---

* 荀怡，北京市经济社会发展研究院副研究员，主要研究方向为人口、就业、社会治理等。

2010 年以来，受到全国人口格局变化、政策调整等因素影响，北京人口呈现新的发展趋势和特征。及时跟踪分析北京人口发展的阶段性变化，深入研究新时期应对人口挑战的路径，是北京率先服务融入新发展格局、推进经济社会持续稳定发展的必然要求。

一 北京人口发展的趋势和特征

2010 年以来，北京人口发展在规模、结构上呈现诸多转折性变化，很多因素仍然在很大程度上影响着北京人口的未来发展。

（一）人口规模严格受控，发展重点从规模增长向结构优化转变

北京人口规模控制早已不是一个新鲜的话题，调控手段从"严控准入"到"以房管人""以水定人"，再到"积分落户"，人口规模仍是屡调屡涨，给城市资源环境带来巨大压力。2015 年，北京以疏解非首都功能为抓手，开始实施"疏解整治促提升"专项行动，开展了强有力的人口规模调控，常住人口规模由增转稳，且稳中有降。根据《北京统计年鉴2021》，北京常住人口规模从 2000 年的 1363.6 万人持续增加到 2016 年的2172.9 万人，2017 年开始连续 4 年小幅下降，到 2020 年为 2189.3 万人。2000~2010 年、2010~2016 年、2016~2020 年年均增幅分别为 3.7%、1.9%、-0.07%。其中，2016 年以来每年平均减少人口量仅为 1.6 万人，相对于 2000 多万的人口基数而言很小，因此，可以得出，北京人口已经进入平稳发展区间（见图 1）。常住外来人口规模和占比在 2015 年达到峰值后开始逐年下降。2020 年达到 839.6 万人，占常住人口比重为 38.4%，与 2015 年相比，人数减少了 22.9 万人，占比下降了 1.06 个百分点。《京津冀协同发展规划纲要》明确了北京市常住人口规模将长期保持在 2300万以内的目标。"十四五"规划进一步明确，北京还要继续推动非首都功能疏解，尤其是在中心城区推动减量发展，因此，预计未来一段时间内北京人口规模将继续保持平稳发展态势。与此同时，产业转型升级、公共服

务发展等对人口结构优化的要求将更加凸显，因此，未来北京人口发展重点将从规模增长转向结构优化。

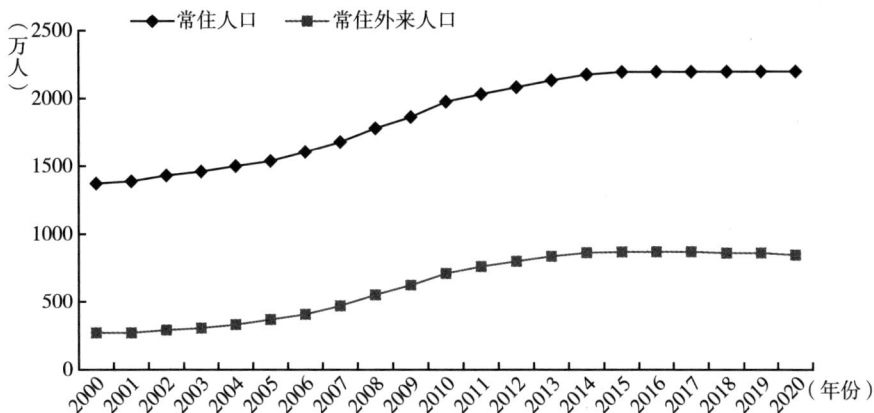

图1　2000~2020年北京常住人口和常住外来人口规模变化

（二）二孩政策效应渐趋消失，年出生人口数量预计稳中有降

2010年以来，我国相继实施了"双独二孩""单独二孩""全面二孩"政策，促进了人口生育水平的提升。北京出生人口数在2014年和2016年出现了两次高峰，分别达到21.0万人和20.3万人，此后的2017年也保持了19.7万人的高位。但随着二孩政策效应的逐步减弱，北京出生人口数量快速下降，到2020年已经降至15.3万人，比上年减少了2.2万人，与2014年最高值相比减少了5.7万人（见表1）。考虑到全面二孩政策效应的消失和生育堆积效应的消退，以及全市育龄妇女数量的下降，预计三孩生育政策带来的出生人口数量增加幅度是有限的。按照现有生育水平估算，未来几年北京出生人口数将呈现稳中有降态势。

受出生人口阶段性增多的影响，北京0~14岁儿童数量和占比均呈增长态势。2010~2020年，北京0~14岁儿童数量从168.7万人增加到259.1万人，年均涨幅为4.4%，而同期常住人口年均增幅为1.1%；0~14岁人口占常住人口的比重从8.6%增加到11.8%，处于人口统计学标准中的"超少子化"

表1　2010~2020年北京常住人口出生和自然增长情况

单位：万人，‰

年份	出生率	自然增长率	出生人数
2010	7.27	2.98	14.3
2011	8.28	4.02	16.8
2012	9.02	4.72	18.7
2013	8.89	4.39	18.9
2014	9.69	4.80	21.0
2015	7.89	2.98	17.3
2016	9.23	4.07	20.3
2017	8.97	3.73	19.7
2018	8.13	2.63	17.8
2019	7.98	2.58	17.5
2020	6.98	2.39	15.3

水平（小于15%）。预计未来几年北京0~14岁儿童数量将稳中有升，按照当前生育水平测算，到2025年，全市0~14岁儿童数量将达到约265万人，之后开始下降，占常住人口的比重在"十四五"期间保持在11.8%左右，之后开始下降，"超少子化"问题将在"十五五"期间变得更为突出。

（三）人口堆积效应开始显现，人口老龄化将进入快速发展轨道

人口年龄结构中，高年龄段占比增多，低年龄段占比减少，总体"变老"。2010年以来，北京20~24岁人口持续减少，35~39岁和45~54岁人口明显增多。未来几年人口"变老"趋势仍将继续。根据2020年常住人口年龄结构，按照年龄以算法推算，预计到2025年，45~59岁人口占比将达到25%以上。老年人口数量和占比都将提高。2010~2020年，北京65岁及以上人口数量从171万人增长到291.2万人，占常住人口的比重从8.4%提高到13.3%，略低于全国13.5%的平均水平。户籍人口老龄化问题更为突出，2020年，北京户籍人口中65岁及以上人口占比为18.9%，较2011年①

---

① 2010年统计数据没有公布户籍人口年龄结构，故此处用2011年的数据作对比。

提高了 4.8 个百分点。到 2021 年，北京常住人口中 65 岁及以上人口占比继续提升至 14.2%，与全国水平基本持平，已经达到深度老龄化的标准①。北京从 1990 年完全进入老龄化再到深度老龄化，共用时约 31 年，这一过程远快于欧美发达国家通常 45 年以上的水平。

从 2022 年开始的 10 年间，将会迎来 1962~1972 年生育高峰期的退休潮，人口的堆积效应加上超少子状态的持续、新增外来劳动力的减少，北京的人口老龄化将进入快速发展轨道。根据 2020 年常住人口年龄结构，按照年龄以算法推算，2025 年，北京 65 岁及以上常住老年人口占比将达到17%。与此同时，高龄化更加严重，65 岁及以上人口中 80 岁及以上人口占比将达到 15%。并且，失能失智老年人口规模也将进一步增加，全社会在养老、医疗等方面的负担将进一步加重。

（四）非首都功能疏解力度加大，人口就业结构服务业化更明显

2015 年以来，随着北京非首都功能疏解的持续推进，城市减量效果明显。根据腾讯网新闻报道，"十三五"期间，北京累计疏解、退出了 2100 多家一般性制造业企业（主要集中在建材、机械制造与加工的传统高能耗行业），20 多所北京市属学校和医院，大约 1000 个区域性物流基地和批发市场。伴随着非首都功能的疏解和产业结构的调整，北京以服务业为主的产业结构更趋明显，就业人口也随之呈现明显的服务业特征。2010~2020 年，北京从业人员中，第三产业占比从 74.4% 不断提升至 83.1%，而第二产业占比从 19.6% 下降至 13.6%。

从业人员的产业结构分布更加凸显科技创新中心、文化中心功能。2010~2020 年，以信息技术、金融、科学研究等为代表的现代服务业和教育行业从业人员占总从业人员的比重均有明显提高，分别提高了 5.5 个、3.0个、1.4 个和 1.3 个百分点，同时，租赁和商务服务业从业人员占比也达到

---

① 按照国际通行划分标准，当一个国家或地区 65 岁及以上人口占比超过 7% 时，意味着进入老龄化社会；达到 14%，为深度老龄化社会；超过 20%，则进入超老龄化社会。

12.8%。而制造业从业人员数量则呈下降态势，2010~2020年减少了53.7万人，降幅为40.7%，占比下降了7.9个百分点；批发和零售业，交通运输、仓储和邮政业，住宿和餐饮业等行业从业人员占比都有所下降（见图2）。

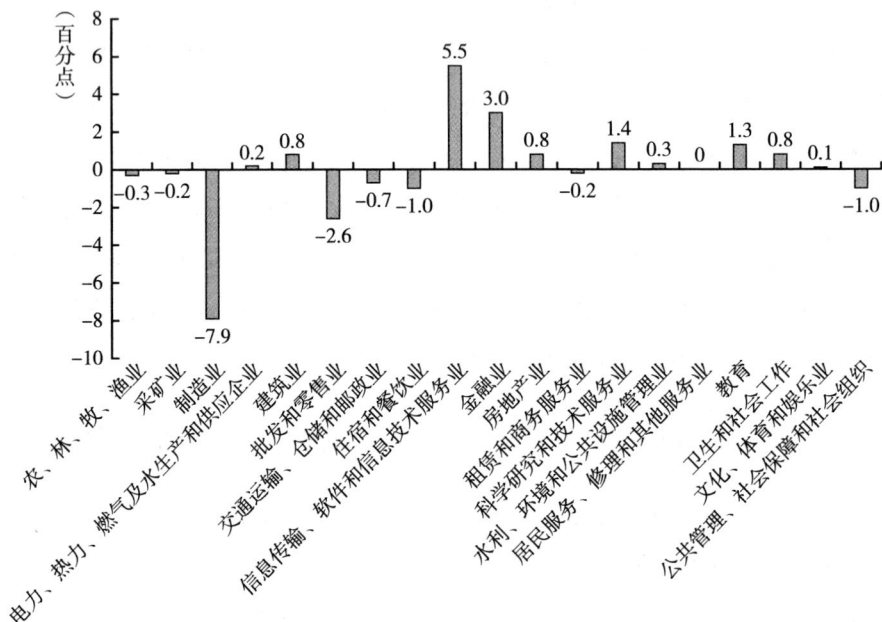

图2 2010~2020年北京分行业从业人员占比变化

（五）"中心降、中间涨、边缘稳、外围补"的人口分布格局更加明朗

"中心降、中间涨"是指常住人口规模方面中心城区下降，城市发展新区增加。2010~2020年，北京中心城区常住人口数量先增后减，在2015年达到峰值1297.4万人，之后开始下降，2020年为1098.8万人，与2014年和2010年相比分别减少了198.6万人、72.8万人，已经达到《京津冀协同发展规划纲要》确定的目标；占全市常住人口的比重则伴随着常住外来人口的变化，呈先稳后降趋势，从2010年的59.7%下降到2020年的50.2%。城市发展新区人口数量和占比则逐年上升。到2020年达到874万

人、39.9%，比 2010 年增加了 270.8 万人、9.2 个百分点。"边缘稳"即生态涵养区人口规模和占比增幅都比较小，呈现总体平稳状态，2020 年达到216.5 万人、9.9%，与 2010 年相比增加了 30.1 万人、0.4 个百分点（见图3）。由此可见，近 10 年来人口布局总体呈现从中心城区向城市发展新区迁移的趋势，已经有近半数人口分布在非中心城区，首都人口区域布局进一步优化。分区来看，通州是人口增长最快的区，2020 年有常住人口 184 万人，较 2010 年增加了 65.6 万人，增速达 55.4%，占全市常住人口的比重由6.0%上升至 8.4%。其次是顺义、大兴，2010~2020 年常住人口年均增速都在 4%左右。"外围补"，指北京与环京地区的"北三县"、燕郊等地初步形成了"住在周边、业在北京"模式，成为北京人口的有力补充。根据全市通勤人员数据库①，到 2021 年 11 月，全市环京地区通勤人员共约 92 万人，其中，"北三县"、燕郊占比最大。根据规划，未来北京城市副中心与"北三县"地区将要形成跨区域职住平衡，"工作在通州，居住在北三县"格局将进一步加快形成。

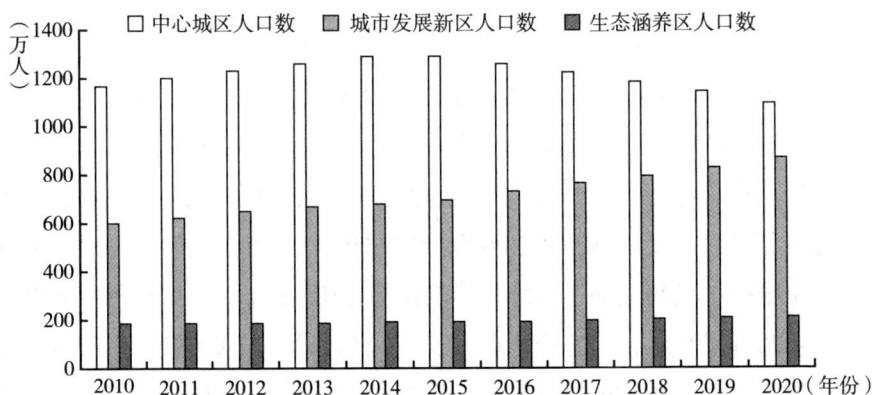

图 3　2010~2020 年北京各功能区常住人口规模变化

---

① 资料来源：2021 年 11 月 22 日，北青-北京头条发布新闻称，11 月 17 日开始，为落实检查站管理措施，北京警方日均投入 5000 余警力，截至 21 日 24 时，总共盘查车辆 73.2 万辆，156.9 万余人次；对于通勤人员数据库，目前全市数据库有 92 万人，已通过申请新增入库人员 5979 人。

二　北京人口发展面临的主要挑战

2020 年和 2021 年，新冠肺炎疫情加剧了逆全球化趋势，我国人口在规模增长、流动等方面也呈现新特征，同时，国内外人才的竞争日益白热化。在此背景下，北京产业结构转型升级进入关键时期，人口发展面临多重压力和挑战。

（一）国内外人才竞争加剧，北京人才竞争力相对下降

疫情加剧了全球人才竞争压力，北京全球人才竞争力下降。全球化的背景下，科技与通信技术发展，尤其是人工智能和自动化领域的技术进步，凸显了人才的核心价值，人才成为大国竞争的重要领域，美英等国纷纷调整政策鼓励创业移民。对比国际其他城市，北京的国际人才竞争力有所下降。根据欧洲工商管理学院和 Portulans Institute 联合发布的全球人才竞争力排名，2020 年，北京排名第 64 位，高于上海（77），低于香港（20）、东京（51）、台北（51），较 2019 年下降了 6 位。根据《全球数字人才发展年度报告（2020）》，北京全球数字人才处于净流出状态。

与国内城市相比，北京人才竞争力也呈相对下降态势。近些年，国内"人才大战"愈演愈烈，武汉、长沙、成都、杭州、西安等多个城市在户口、住房、现金补贴等多方面密集出台优惠措施且不断加码，尤其是杭州等城市凭借其发达的互联网新兴产业以及宜居的人文环境来争夺人力资本红利，北京吸引"高精尖缺"人才的比较优势有所下降。《中国城市人才吸引力排名：2021》显示，尽管受到新冠肺炎疫情影响，2020 年，北京由过去连续 4 年的人才净流出转为净流入，但人才净流入占比仅为 0.2%，低于广州、上海、深圳的水平。

（二）国内人口"向南"流动明显，北京人口"来源地"减少

在国内重点城市人才竞争压力下，国内劳动力人口"向南"流动趋势明显，北方地区作为北京外来人口最主要"来源地"的地位更加凸显。一

方面，站在北京视角看，随着我国经济南北差距的逐步拉大和中部地区的崛起，尤其是近几年各地"抢人"政策背景下，从2017年开始，全国人口流动总体"向南"趋势明显。2011~2016年人口流入最多的北京、上海、天津在2017年开始转为零增长或负增长，人口更多地流向广州、深圳、重庆、成都、长沙、武汉等城市。从都市圈来看，2010~2020年，珠三角、长三角年均增速分别达到1.92%和1.1%，均远高于京津冀0.55%的水平。占全国人口的比重方面，珠三角、长三角分别增长了1.15个和0.7个百分点，而京津冀则基本不变。从北京人口来源来看，北方人口向京津区域聚集趋势在持续。北京常住外来人口中，来自河北、河南、东北三省、山东、山西、内蒙古的人口占比在"六普"时就达到64%，"七普"时继续增加，而来自长江沿线及以南的安徽、浙江、湖北、湖南、重庆、四川等省份的人口占比则进一步下降。另一方面，北京、天津的外流人群向南方流动。大学生就业报告显示，2016~2019年，非京籍大学毕业生就业留京数量减少了约2万人，加上"疏整促"专项行动继续向精细化方向发展，挤压了外来人口在京工作、生活的空间，外来人口数量将持续减少。

从北京常住外来人口"来源地"来看，人力资源量也在减少。自2010年开始，作为北京外来人口主要"来源地"的河北、河南、山西、内蒙古、山东、东北三省总体人口规模呈下降态势，从2010年的3.37亿人发展到2020年的3.33亿人。其中：东北三省人口总量"塌陷"问题严重，人口规模从2010年的1.1亿人下降为2020年的0.98亿人，减少了1130万人、10.3%；山西、内蒙古人口也呈现逐步减少态势，2010~2020年分别减少了84万人和69万人，降幅分别为2.4%和2.8%，相应劳动年龄人口数量也在减少。河北省人口规模尽管处于上升趋势，但从15~59岁劳动年龄人口来看，呈下降态势。2010~2020年，河北省15~59岁人口从5047万人下降到4913万人，减少了134万人，占河北总人口的比重从70.16%下降到59.92%，下降了10.24个百分点。山东省人口总量也呈增长趋势，但15~59岁人口数量减少了522万人，占总人口的比重下降了9.19个百分点（见表2）。

表2 2010年与2020年北京常住外来人口主要"来源地"15~59岁人口变化

省份	2010年		2020年		占比变化（百分点）
	数量（万人）	占比（%）	数量（万人）	占比（%）	
河北	5047	70.16	4913	59.92	-10.24
山东	6646	69.32	6124	60.13	-9.19
山西	2076	58.08	2260	64.73	-6.65
内蒙古	1431	57.89	1591	66.17	-8.28
辽宁	2326	53.17	2690	63.16	-9.99
吉林	1529	55.66	1570	65.23	-9.57
黑龙江	2219	57.89	2117	66.46	-8.57

（三）服务业就业协调度下降，劳动力结构的支撑性不足

服务业就业结构与产业结构协调度下降，10个服务行业存在劳动力流出的可能。2010~2020年，北京市服务业协调系数尽管基本保持在0.8以上，但在2012年达到峰值0.88后开始呈下降态势，到2020年达到0.84，与2010年相比降低了0.02。从各行业的结构偏离系数来看，2020年北京服务业14个行业中有10个行业偏离系数为负值（见表3），即增加值占比小于就业占比，表明劳动生产率偏低，存在劳动力流出的可能；金融业，房地产业，信息传输、软件和信息技术服务业等行业的偏离系数为正并有所下降，表明更趋合理；公共管理、社会保障和社会组织的偏离系数由负转正，表明劳动生产率提高。

年轻劳动力增长对外来人口的依赖性依然较强，劳动力供给出现缺口。按照统计年鉴中常住人口和户籍人口年龄结构推算，2011~2020年，北京新增的25~39岁年轻劳动力中有90.1%来自外来人口，25~39岁年轻劳动力中外来人口占比从2011年的49.8%提高到2020年的53.6%。按照"十四五"规划确定的经济增速和劳动生产率目标推算，2035年需要就业人口1600万人，按照85%的劳动参与率估算，全市劳动力缺口在240万人左右。

表 3　2010～2020 年北京市服务业产业与就业结构偏离系数

项目	2010 年	2011 年	2012 年	2013 年	2014 年	2015 年	2016 年	2017 年	2018 年	2019 年	2020 年
批发和零售业	0.0858	0.8319	-0.0692	-0.0720	-0.0853	-0.1880	-0.1979	-0.2198	-0.2528	-0.2874	-0.1985
交通运输、仓储和邮政业	-0.4204	-0.5091	-0.5143	-0.5309	-0.5252	-0.5354	-0.5041	-0.4694	-0.4775	-0.5020	-0.5976
住宿和餐饮业	-0.5289	-0.8277	-0.5782	-0.5903	-0.5999	-0.5651	-0.5722	-0.6023	-0.6024	-0.5824	-0.7159
信息传输、软件和信息技术服务业	0.2918	0.8526	0.1826	0.1632	0.1801	0.1829	0.2997	0.2933	0.3121	0.4458	0.2643
金融业	3.1936	2.7252	2.4682	2.6740	2.5518	2.5977	2.5748	2.5007	2.4871	2.1680	2.2383
房地产业	0.7079	0.5040	0.6422	0.5257	0.4530	0.4836	0.5269	0.5418	0.3348	0.2660	0.2845
租赁和商务服务业	-0.4608	-0.3113	-0.2755	-0.2690	-0.3276	-0.4167	-0.5048	-0.5194	-0.4745	-0.4818	-0.5202
科学研究和技术服务业	-0.1734	-0.1626	-0.1702	-0.1647	-0.1407	-0.1632	-0.2025	-0.2073	-0.1570	-0.2003	-0.0643
水利、环境和公共设施管理业	-0.5109	-0.5068	-0.4687	-0.4425	-0.4099	-0.2855	-0.2488	-0.2362	-0.3475	-0.3611	-0.3867
居民服务、修理和其他服务业	-0.6091	-0.5890	-0.5801	-0.5920	-0.5500	-0.6108	-0.5930	-0.5972	-0.6448	-0.5878	-0.6920
教育	-0.2416	-0.2393	-0.1920	-0.1799	-0.1096	-0.0739	-0.0305	0.0157	-0.0947	-0.0573	-0.1521
卫生和社会工作	-0.2398	-0.2349	-0.1541	-0.1556	-0.1129	-0.0161	-0.0146	-0.0072	-0.0217	-0.0298	-0.1741
文化、体育和娱乐业	-0.0806	-0.0569	-0.0014	-0.0390	-0.0278	0.0368	0.0525	0.0433	-0.0028	0.0320	-0.1810
公共管理、社会保障和社会组织	-0.0797	-0.0932	-0.0929	-0.1271	-0.1801	0.0165	0.0922	0.1362	0.1327	0.0914	0.1281
服务业协调系数	0.8575	0.7564	0.8808	0.8726	0.8652	0.8414	0.8231	0.8235	0.8369	0.8373	0.8381

劳动力"老化"问题突出，新增劳动力素质难以满足要求。2011～2020年，北京20～59岁[1]人口中，20～29岁人口数量减少160.2万人，占比下降10.5个百分点，而30～39岁人口数增加106.6万人，占比上升7.8个百分点；40～49岁人口数量减少27.5万人，占比下降1.5个百分点，而50～59岁人口数量增加56.1万人，占比增加4.2个百分点（见表4）。从外来人口素质来看，有近半数常住外来人口为初高中学历，整体受教育程度低于全市平均水平。

表4　2011～2020年北京市20～59岁人口分年龄段人数和占比变化

单位：万人，%

年龄段	类型	2011年	2012年	2013年	2014年	2015年	2016年	2017年	2018年	2019年	2020年
20~29岁	人数	485.7	497.6	519.1	467.3	461.8	389.0	419.0	389.0	380.5	325.5
	占比	33.2	33.4	34.1	30.5	30.0	25.7	27.3	25.7	25.2	22.7
30~39岁	人数	358.0	365.1	404.0	397.9	410.3	445.8	439.2	445.8	450.0	464.6
	占比	24.5	24.5	26.5	26.0	26.7	29.4	28.6	29.4	29.8	32.3
40~49岁	人数	349.6	352.2	332.1	354.4	347.9	349.8	350.0	349.8	348.1	322.1
	占比	23.9	23.7	21.8	23.1	22.6	23.1	22.8	23.1	23.0	22.4
50~59岁	人数	268.6	273.5	268.7	312.8	319.5	331.0	325.7	331.0	332.9	324.7
	占比	18.4	18.4	17.6	20.4	20.8	21.8	21.2	21.8	22.0	22.6

（四）京津冀发展差距大，周边难以形成对北京人口的反向吸引

随着非首都功能的疏解，尤其是雄安新区一系列重大项目的依次落地建设，京津冀一体化进程加快，但由于底子薄，河北作为北京发展的重要腹地，受到收入落差和公共服务差距大等因素的影响，短期内难以形成对北京人口的反向吸引。从收入来看，京津冀协同发展战略带来的经济效益还没能使居民收入和消费差距大幅缩小。2015～2020年，北京与天津、北京与河北居民人均可支配收入差分别从1.72万元、3.03万元增长到2.56万元、4.23

---

[1]　考虑到当前人均受教育年限的延长，本文将20～59岁作为劳动力主体来进行分析。

万元；人均消费支出差分别从 0.96 万元、2.08 万元增加到 1.04 万元、2.09 万元。2020 年，北京居民人均可支配收入和人均消费支出为 6.94 万元和 3.89 万元，分别是天津、河北的 1.58 倍、2.56 倍和 1.37 倍、2.16 倍。从公共服务来看，京津冀仍有较大差距，尤其是河北水平明显偏低，无法形成有效的人口黏性。以教育和医疗卫生资源占有情况为例，2020 年，北京小学、初中每百名学生拥有的教师数量分别为 7.1 人、11.4 人，高于天津、河北（见图 4）。河北境内到目前为止仍没有一所"双一流"高校。2020 年北京千人执业（助理）医师和注册护士数分别为 5.41 人和 6.15 人，分别是天津、河北相应值的 1.5 倍和 2.0 倍、1.7 倍和 2.3 倍。

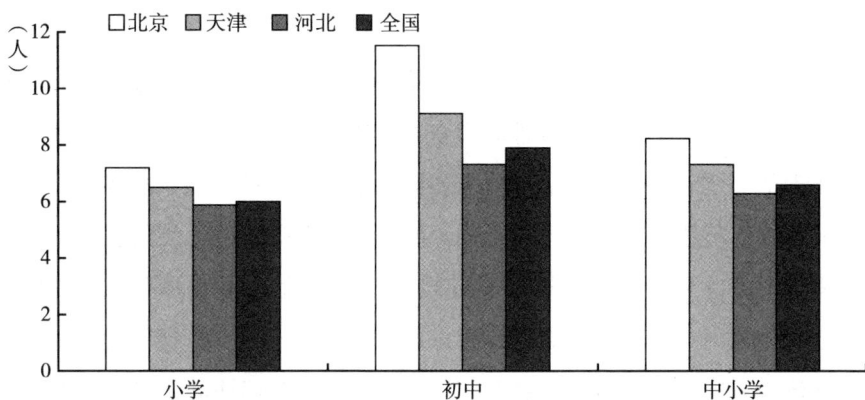

图 4　2020 年京津冀三地小学、初中每百名学生教师数

三　推动北京人口持续健康发展的思考和建议

未来几年，是我国加快形成以国内大循环为主体、国内国际双循环相互促进的新发展格局的重要时期，也是北京积极服务融入新发展格局，推动在"减量"中实现高质量发展的重要时期。要紧紧围绕"四个中心"建设，用系统发展、区域协同的思想来更新人口发展理念，以产业升级、人才战略带动人口结构的优化升级，要积极应对人口老龄化，推进关键领域改革，推进北京人口向更高质量发展。

（一）用系统发展思想来协调人口关系

要从优化人口结构的角度，从人口的年龄、职业、空间、区域分布等方面，系统研究不同类型人口之间的关系，重点分析人口结构变化对经济社会的影响。比如从职业结构来看，高级人才需要巨大的基础人才和服务人口作为支撑，要树立合理的人口金字塔结构理念。一般来说，一个高端人才可以带动3个中等就业岗位，但要匹配5个以上的服务岗位。

（二）用区域发展理念统筹北京人口发展

相比于城市群发展情况较好的长三角、珠三角经济圈，京津冀地区城市群发育不良，城市产业、人口分布相对集中，河北缺乏承接北京、天津转移出来的产业与人口的能力。这种局面在某种程度上也加剧了北京功能和人口过度集聚的问题。要积极落实京津冀协同发展战略和新版城市总体规划，以疏解非首都功能为"牛鼻子"，以统筹北京与周边在交通、公共服务、城市建设等方面发展为重点，以规划建设规模梯度合理的城市体系为阶段性目标，合理规划区域人口发展布局，寻求北京人口高质量、可持续发展的突破点。具体来看：一是要按照"推-引"思路疏解非首都功能。将区域协调发展政策从地区导向转变为地区导向和流动要素导向相结合，发挥市场机制作用，鼓励周边中小城镇积极利用好北京产业转移机会，增强城市功能，在产业上形成京津冀互补格局。二是要推动周边形成梯度合理的城市群。聚焦基本公共服务均等化、基础设施建设程度比较均衡和人民生活水平大致相当三大基本目标，推动北京近郊区和周边重点中小城镇的发展，在京津冀范围形成合理人口空间布局。三是要加速发展大厂、燕郊等地在京就业人口集中居住社区"轨道+住宅"模式。借鉴东京经验，通过在周边建设住宅区解决可支付住宅的数量和供应问题，缓解大都市年轻人的买房压力。通过加大与周边中小城市住宅区轨道交通建设力度，提高轨道交通分担率，提升交通效率。

（三）以劳动生产率提高带动人口效率提升

产业和人口的双重迁移，短期内必然会影响 GDP 的增长，但从长远来看，促进产业"腾笼换鸟"，是实现北京经济结构优化升级的必由之路。随着北京人口规模总量调控和老龄化、少子化等结构性变化，劳动力占比下降将成为必然趋势，在推动产业结构转型升级、促进高质量发展的背景下，提升劳动生产率将是人口效率提升的必然选择。因此，需要推进产业发展从注重规模和体系的完整性向注重质量和基础能力转变，重视教育和职业技能培养，着力提高全员劳动素质和技能水平。具体来看：一是要积极推动产业结构优化调整。由传统的劳动密集型产业向现代产业体系升级，重点是要推动产业结构在服务化基础上更加高端化，围绕产业集聚、资源集约和功能集成，保持经济内生动力，着力提升地均产出率、人均产出率和产业集中率，打造国际一流的高端产业空间载体。二是要加快推进重大技术革新的转化与吸收。以 5G 等先进技术的推广与利用为重点，以建设智慧城市为抓手，发挥北京智力资源集中优势，在关键领域和关键环节实现突破，促进产学研一体化发展，使得新技术快速转化为生产力。三是要积极发展各类新就业形态。致力于激发劳动者潜力，适应新业态的发展变化，探索通过搭建平台、规范管理、机制协调、职业联保等政策措施，推进各类就业形态的规范化发展。

（四）以实施人才战略保障城市人才供给

要在保持人口规模持续稳定的前提下，以建设高水平人才高地为目标，加强人才引进与培养，在重大技术环节和创新领域推动改革创新，同时，做好人才的生活保障工作，解除人才后顾之忧，营造人尽其才、才尽其用的良好氛围。具体来看：一是出台更有针对性的人才留京措施保障人才供给。顺应城市产业结构升级改造的需要，限控低端产业，保障人才引进，推动人才培养体系改革，营造创新创业氛围，推进人口向更高质量发展，促使经济发展从相对依赖劳动力投入增加，转向推动劳动生产率提升的方式上来。二是探索以市场为导向的多元化人才评价机制。完善符合首都经济社会发展特点的职称评价专业体系，建立以市场为导向的新兴行业人才的分类认定标准。进一步推进职称评审社会化改革，鼓励学会、行业协会、专业人才评价机构等开展职称评价，重点加强对科技成果转化人才等短缺人才的评价机制改革。三是优化人才服务体系。建立国际化人才社区，做好人才的公共服务体系建设，在教育、医疗、养老、住房、交通等方面解除其后顾之忧。大力发展市场化、专业化的人才服务机构，完善人才市场体系。完善人才使用机制，以激发人才效能为重点，探索各类人才使用机制改革，突破制度、区域界限，推进人尽其才。四是加强人才培养，尤其是技能型人才的培养。重点针对北京短缺的各类技能型人才，开展订单式培训、大力推行新型学徒制，进一步提升现有劳动者的技能水平，尤其是提高智能化应用水平，打造符合时代特征的专业技术人才队伍。

（五）采取积极措施应对人口少子老龄化

从促进生育、保障养老等角度，多措并举，提高人口可持续发展能力。一是实施促进生育的鼓励性措施。借鉴德国、日本、韩国经验，在带薪产假、生殖健康、婴幼儿保健等方面给予政策性支持，因地制宜对生育两孩、三孩育龄夫妇提供适当减免税收、增加带薪产假、发放多孩养育津贴等鼓励性措施。二是促进生育政策和公共服务等社会政策的配套衔接。推动人口与幼托、教育、就业、医疗卫生等相关政策配套衔接，让多孩生育政策真正落地见效。三是继续深化养老保障制度改革，积极发展第二和第三支柱养老保险，推动形成政府、社会、个人共同参与的多支柱养老保险体系。四是发展多元供给的养老服务模式。培育养老服务供给主体，推动养老产业发展。完善应对人口老龄化的政策体系，做好配套医疗服务，通过政府有计划发展、市场自主扩展等方式为老年群体提供快捷、高效的医疗服务。五是按照国家政策安排，适时出台延迟退休政策，同时，鼓励企业给活力老年人提供灵活的适宜就业机会，推动更多老年人"老有所为"。

参考文献

国家统计局编《中国统计年鉴 2021》，中国统计出版社，2021。

北京市统计局、国家统计局北京调查总队编《北京统计年鉴 2021》，中国统计出版社，2021。

河北省统计局、河北省第七次全国人口普查领导办公室：《河北省第七次全国人口普查公报》，2021。

山西省统计局、山西省第七次全国人口普查领导办公室：《山西省第七次全国人口普查公报》，2021。

山东省统计局、山东省第七次全国人口普查领导办公室：《山东省第七次全国人口普查公报》，2021。

内蒙古自治区统计局、内蒙古自治区第七次全国人口普查领导办公室：《内蒙古自治区第七次全国人口普查公报》，2021。

辽宁省统计局、辽宁省第七次全国人口普查领导办公室：《辽宁省第七次全国人口普查公报》，2021。

吉林省统计局、吉林省第七次全国人口普查领导办公室：《吉林省第七次全国人口普查公报》，2021。

黑龙江省统计局、黑龙江省第七次全国人口普查领导办公室：《黑龙江省第七次全国人口普查公报》，2021。

《城市副中心五年规划首次对接北三县》，《北京日报》2020 年 11 月 29 日。

赵勇：《北京城市人口迁移动力机制研究》，《农村经济与科技》2019 年第 3 期。

B.8
外卖骑手职业发展报告

包路芳　颜　博　孟荷林*

摘　要： "互联网+"的发展，催生了新产业与新业态，平台经济、数字经济日趋繁荣。在数字经济发展背景下，外卖骑手的就业门槛相对较低，人数众多，成为劳动力市场的重要组成部分，是"互联网+服务业"和"智能+物流"产业融合发展的重要体现。本报告对外卖骑手群体的人口结构、收入水平、流动性以及职业发展等方面情况进行阐述，分析其行业发展存在的问题及难点，并就如何进一步提升外卖骑手群体的工作体验、有效改善社会保障和完善职业发展体系提出对策建议。

关键词： 外卖骑手　平台经济　新业态　职业发展

一　外卖骑手人口结构、收入水平与流动性分析

近年来，"互联网+服务业"的平台经济发展迅速，数字经济已成为我国经济增长的新引擎。2021年1~10月国家统计局数据显示，中国实物商品线上零售额不断增加，2021年已累计增加14.6%，占社会消费品零售额的比重达23.7%。① 特别是受疫情影响，线上消费呈上升趋势，外卖

---

* 包路芳，北京市社会科学院社会学研究所研究员、所长；颜博，美团公共事务总监；孟荷林，美团公共事务高级经理。

① 《报告指近五成外卖骑手对职业满意　未来一年计划转行的不到一成》，中国新闻网，https：//m.chinanews.com/wap/detail/zw/cj/2021/12-12/9628249.shtml，2021年12月12日。

骑手因为就业门槛低、需求量大、劳动时间灵活等，已成为一个数量庞大的新职业群体，因工作性质与城市居民在日常生活中接触较多，备受社会关注。

（一）外卖骑手群体画像

2021 年 7 月，人力资源和社会保障部、国家发展改革委、交通运输部等八部门印发《关于维护新就业形态劳动者劳动保障权益的指导意见》，提出要规范互联网平台的用工关系，加强新业态劳动者的劳动权益保障，积极履行企业用工责任。相关数据显示，互联网平台累计注册外卖骑手数量近千万，日活外卖骑手超过 100 万，不同地区的外卖骑手数量比例根据季节、地域、运力等情况变化较大。截至 2021 年，已有数百万名外卖骑手通过美团平台实现就业增收，其中 77% 的骑手来自农村，有 230 万人为贫困地区建档立卡人口，平台积极发挥就业蓄水池的作用。作为劳动人口占比最多的北方城市，北京一直是外卖骑手的工作大省，2021 年在北京通过美团获得收入的外卖骑手有 20 万左右，位列全国第 6。

全国新职业青年调查数据（2020）显示，外卖骑手群体中男性占90.8%、女性占 9.2%，年龄主要集中在 21~30 岁，占 51.0%，其次是 31~40 岁，占 37.1%，41~45 岁与 18~20 岁群体分别占 6.5% 和 5.4%；从户籍看，农业户口占比达 68.9%，非农户口则仅为 29.1%；从婚姻关系看，已婚占 53.8%，未婚或同居占比 40.2%，离婚或丧偶的占比为 6.0%；从有无子女看，有未成年子女的占比高达 50% 以上，没有未成年子女的占比则为46%。样本中网约配送员受教育程度集中在"高中、中专或职高"，占47.1%，大专占比达 16.8%，大学本科以上学历占比仅为 7.1%，初中及以下学历则为 29.0%。[①]

美团平台数据显示，全国范围内的外卖骑手以青壮年为主，平均年龄呈

---

① 朱迪、王卡：《网约配送员的社会认同研究——兼论"新服务工人"的兴起》，《山东社会科学》2021 年第 5 期。

现上升趋势。由于外卖骑手工作的特殊性,加之长期在外奔波、出入多个场合等因素的影响,从业者有较明显的性别色彩。北京市的外卖骑手人口特征情况与全国类似(见图1)。

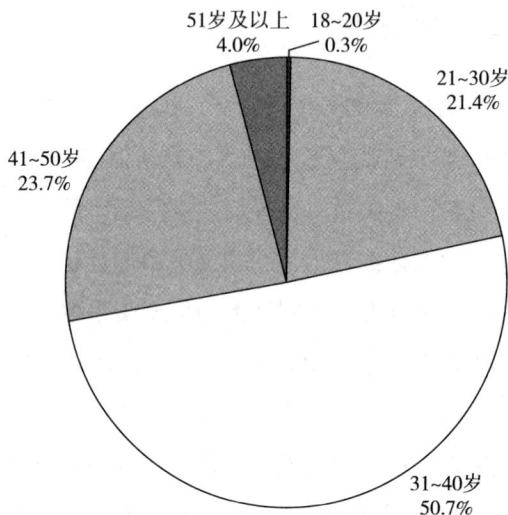

图1 2021年北京外卖骑手不同年龄区间分布情况

资料来源:美团平台。

人口来源上,全国范围内的外卖骑手主要来自河南、广东、四川、安徽和山东五大人口大省。北京地区的外卖骑手主要来源于周边省份和欠发达地区,其中31%来自河北,15%来自河南,12%来自山西,8%来自山东,5%来自黑龙江,29%分别来自其他省份。

(二)外卖骑手收入情况

互联网平台上外卖骑手的收入一般按单量计算,多劳多得,收入水平根据所在城市的不同存在差异。从收入水平看,月收入在2000元以下的外卖骑手占比仅为4.3%,有1.9%的外卖骑手月收入高达10000元以上。月收入4000~6000元的外卖骑手占比最多,为44.3%,月收入6000~8000

元与月收入 2000~4000 元的外卖骑手占比分别为 4.9%、25.4%。①

与从业者所处劳动力市场的平均水平相比，北京市外卖骑手的收入水平相对较高。美团研究院的问卷调查显示，北京市外卖骑手的平均月收入为4950.8 元，比北京市同期农业转移人口月均收入（4072 元）高出 878.8 元。农村户籍的外卖骑手相比同期进城务工的农业转移人口月均收入高 13.4%，从事制造行业、住宿餐饮行业的农业转移人口月均收入分别为 4096 元与3358 元，与之相比北京市外卖骑手的收入具有明显优势。从 2019 年北京市统计局的数据来看，北京市城镇私营单位就业人员月均收入约为 7105 元，有 31.5% 的外卖骑手月收入超过北京市月平均工资水平。

（三）外卖骑手流动特征

地域流动方面，外卖骑手流动性强。回家过年、农忙时期返乡务农、转入农业转移人口所从事的其他职业等，都是造成外卖骑手频繁流动的主要原因。受新冠肺炎疫情影响，近两年外卖骑手的跨地域流动性有所降低，2021年疫情影响下的北京市外卖骑手就业率达到 60%。

产业流动方面，产业流动路径基本上是从第二产业流向第三产业。美团研究院的问卷调查结果表明，外卖骑手的职业来源主要为第二产业与第三产业。在北京市的外卖骑手中，来源于工厂的外卖骑手占比为 24.8%，来源于装修公司、建筑工地的外卖骑手占比为 6.9%，仅 0.5% 的外卖骑手来源于"务农"，来源于第三产业的外卖骑手占到 67.8%。

二　外卖骑手工作满意度及影响因素分析

2021 年 12 月 12 日，上海交通大学中国发展研究院与"城市酷想家"团队联合发布《骑手职业与城市发展》研究报告。满意度调查显示，

---

① 朱迪、王卡：《网约配送员的社会认同研究——兼论"新服务工人"的兴起》，《山东社会科学》2021 年第 5 期。

20.3%的外卖骑手对自己的工作"非常满意"，28.7%的外卖骑手"比较满意"。未来一年，高达七成的受访者表示他们会继续做送餐员，仅有9.8%的人选择退出。外卖骑手的弹性工作时间与灵活工作方式，使这一群体的职业满意度较高，在配送过程中的间歇时间适当"缓冲"，有助于更灵活地适应工作。相对灵活的工作时间让外卖骑手有更多的时间进行社交和学习，从而提升劳动技能，为未来职业发展奠定基础。此外，按件计费的支付方式让外卖骑手获得了相对的公平感。结合对美团外卖骑手的调查，外卖骑手工作满意度及影响因素主要表现在以下四个方面。

（一）相对健全的外卖骑手工作保障机制

随着平台经济的不断发展，补充完善现有外卖骑手保险保障机制是当务之急。互联网平台需为新业态劳动者提供劳动保障，并探索与商业保险公司合作开发，定制符合外卖骑手的商业保险，实现商业保险在外卖骑手工作过程中的百分百覆盖。2020年以来，多部门联合发布《关于落实网络餐饮平台责任切实维护外卖送餐人员权益的指导意见》等文件，同年11月推出的"同舟计划"是美团完善骑手保险计划的首个举措，也是对"建立适合劳动者新就业形式的职业技能培训模式"意见的积极回应。

互联网平台发挥科技创新优势，定制式开发智能安全头盔，通过物联网、AI等技术手段，降低外卖骑手配送过程中的交通事故发生率，为外卖骑手日常出行安全保驾护航。外卖骑手以在道路上骑车送餐为常态，有时还会在间隙接打电话与客户取得联系。智能头盔配备佩戴检测、自感应尾灯、蓝牙耳机等高科技功能，紧密贴合外卖骑手配送场景需求，辅助外卖骑手工作，保障配送安全。智能安全帽需要通过视野、强度和稳定、吸收碰撞能量等性能测试，并通过严格的耐撞性测试，其测试结果符合国家标准（GB 24429-2009）。美团智能头盔已在深圳、郑州、西安、天津、佛山、兰州、太原等多座城市小批量投放，并将根据外卖骑手使用头盔后提出的意见和反馈，完善功能设计，进一步扩大产能并加大投放力度。

为了增强外卖骑手的安全意识，针对外卖骑手的工作特性，美团平台提供对应的安全培训方案。在接单量达到 30 单后，外卖骑手需要接受安全进阶培训，考试通过后才能继续接单。所有外卖骑手可随时通过外卖骑手端 App 线上学习安全课程，内容包括安全培训知识、安全保障知识、急救知识等，可参加各地合作商、站长等自行组织的线下安全培训，增强配送安全意识。

（二）外卖骑手配送体验的提升

随着生活服务业的蓬勃发展，餐饮、生鲜食品、水果、医药等城市内配送需求日益增长，外卖骑手的就业规模不断扩大。但在实际配送过程中，也存在配送超时、不合理差评等问题。餐饮商家出餐慢一直是外卖骑手与商家的主要矛盾点，出餐慢会导致实际配送时间被压缩，造成配送超时，从而导致外卖骑手在取餐环节产生焦虑情绪，甚至会引发外卖骑手与商家之间的冲突。为了避免此类情况发生，互联网平台也在尝试完善解决问题的方案，试点"改送"和"餐后配送"功能。快递员在配送缓慢的情况下可以选择上报，后台会合理安排其他配套快递员接单，对于配餐时间不稳定、配餐速度慢的企业，在企业报告用餐情况后，后台将派快递员上门取餐。

对于外卖骑手配送过程中遭遇不合理差评的问题，平台对相关订单进行核实确认后会进行相应处理。对于有顾客给外卖骑手差评时点选"其他"选项而没有描述差评原因的情况，相应的差评也将会直接给予剔除，以减轻外卖骑手压力。对于送餐高峰等电梯难、超时配送问题，为了提高配送效率，同时响应疫情防控政策的要求，美团加快铺设智能取餐柜，目前已覆盖北京、上海、深圳、广州等 18 个城市，不久之后将在全国陆续落地。

人力资本的累积是外卖骑手工作灵活性的衍生品，提升了外卖骑手对工作的满意度。在日常工作中与不同职业的人接触沟通可以获得经验和技能，也可以加强外卖骑手的社交互动。外卖骑手在等待订单或送货之间与其他快递员和店员、店主交流，可以相互分享经验和结交朋友。重视与商家关系的外卖骑手对餐馆提升外卖效率有积极的影响，也有助于增加外卖骑手的收入。

（三）外卖骑手职业发展路径逐步完善

美团研究院的调研结果显示，在外卖骑手最关注的职业发展类问题调查中，外卖骑手对"外卖配送技能等专业技能学习和提升"的关注度最高，反映出这一群体更关注即期收益的特点。关注度较高的还有"创业、开店技能"，占比为48.2%，"能有机构认定我的外卖骑手专业度"占比为41.4%，"明确成为站长的方式和要求"占比为32.9%（见表1）。由此可见，外卖骑手非常关注自身的职业发展，同时也注重开发自身劳动禀赋和提升就业能力。

表1 2021年外卖骑手期待的职业发展方式

单位：%

选项	比例
外卖配送技能等专业技能学习和提升	59.8
创业、开店技能	48.2
能有机构认定我的外卖骑手专业度	41.4
明确成为站长的方式和要求	32.9
学历提升	18.1
其他	13.6

外卖骑手的入行门槛与其他职业相比较低，没有高级职业技能要求。如何让外卖骑手快速适应即时配送工作，掌握和提升配送技能进而增加收入，同时通过专业知识、综合能力的积累来实现个人的成长和发展，也是互联网平台积极探索的一个发展方向。

1. 线上培训与线下帮带相结合，帮助新入外卖骑手快速掌握配送技能

2021年12月底，人社部发布的《网约配送员国家职业技能标准》将网约配送员分为5个等级，明确各级工作需要掌握的内容、技能和知识，使网约配送员有了更清晰的职业发展路径。美团外卖平台为每位新骑手提供培训课程，App中设有专业培训入口，从岗位指导、交通安全、生活质

量、职业发展、心理素质等各方面提供专业指导，并为有需求的外卖骑手提供"外卖英语"和"急救培训课程"，采用线上线下相结合的方式满足培训要求。

即时配送涉及到店取餐、多单统筹安排、路线及时间规划、餐品交付等多种场景，以及与不同类型商家、用户之间的沟通。对于新入外卖骑手而言，如果对配送区域不熟悉或沟通不畅，不仅配送效率低，还容易出现交付环节超时、用户不满意等情况，这些都会导致外卖骑手产生心理落差。为此，平台通过线上培训与线下帮带相结合的模式，使新入外卖骑手快速掌握配送的基本技能。除此之外，新入外卖骑手具有派单优先、违规免责等短期特权，并限制新入外卖骑手同时接单的数量上限。通过对新入外卖骑手进行一定程度的保护，实现"扶外卖骑手上马，送外卖骑手一程"。

2. 建立阶梯式培养体系，助力外卖骑手多元成长和角色转变

外卖骑手在配送工作中不断积累配送业务流程和知识、应对异常情况的经验，提高沟通能力和抗压能力，通过"师徒制"逐渐掌握管理能力。平台与合作商共同为成熟外卖骑手的进阶发展拓宽路径，逐渐形成"外卖骑手—组长—助理站长—站长"的升职路径。实践中，不少合作商也会特别关注配送一线经验丰富和表现优异的外卖骑手，为其打开职业上升的通道。2021 年，北京市 2000 多名美团送餐员被提升为合作伙伴配送站站长等管理岗位，80%以上的新站长有着送餐员的从业经验。

除了开拓配送体系内的成长路径外，美团还不断完善配送工作的转型渠道，为配送骑手的职业发展和转型提供帮助。对有意愿和有能力的外卖骑手提供多个职业选择，包括客服、合作培训师、合作运营总监等，让外卖骑手继续使用积累的快递经验。这也可以帮助他们选择相应的发展方向，更符合其个人职业发展规划。

案例一　升职路径

在北京工作的年轻人洪某就经历了从跑单外卖骑手、站长助理最后到站长的身份转变。成为站长之后，培训分享配送技巧知识、组织协调内部资源、管控监测外卖骑手数据等代替了以往奔波忙碌的跑单工作，也给洪某的生活带来了诸多显著的变化。除了在收入上有直观的提升之外，无形中也使个人在综合能力上有所增加，例如在与人沟通、管理团队、解决矛盾等方面，洪某坦言现在他处理得更加得心应手了。此外，他还参加了美团组织的合作商站长认证计划，认为这类培训对他管理外卖骑手帮助很大，也希望能有更多此类培训和学习的机会。

3. 推进学历提升试点，提供通识性、综合性培训资源

在外卖骑手的调研中发现，部分受教育程度较低的外卖骑手希望通过继续教育提升学历水平，增强再就业竞争力，却缺少资源支持。美团与专业技术学校于2021年10月进行合作，为有升学意愿的外卖骑手提供零经济压力和更便捷的渠道，每年提供全额奖学金并鼓励外卖骑手拿到学位。美团还与清华大学学堂合作搭建了在线学习平台——外卖骑手自强学堂，并与中国科普协会、人民网慕课中心等单位开展合作，面向外卖骑手提供职业技能、兴趣发展、急救培训、心理舒缓等相关专业课程和培训，助力外卖骑手的长远发展。截至2021年2月，北京市累计已有超过21万名学员报名外卖骑手自强学堂进行线上学习，超过9万名学员顺利通过考试，累计在线学习总时长达到2300余小时。

案例二　提升学历水平

在首批获得全额奖学金的101名外卖骑手的党员队伍中，包括在北京望京站点跑外卖专送的随某。自2019年成为美团外卖骑手以来，他工作认真负责，一个月能挣一万多元，两年下来终于攒够了在老家买房的首付，他计划再干几年，等攒够钱就回老家发展。经过刻苦的学习和准备，随某申请到了学历升级计划名额，希望可以通过文凭的加持在职业发展道路上再迈上一个新台阶。

从课程开播起，晚上10点以后，便是随某的学习时间。离开课堂多年，

随某坦言，现在的学习比之前在学校目标性更强，压力也更大一些。在没有步入社会工作时，他学习只是为了应付考试，而经过现实的"捶打"，专业知识和学历的重要性已经不言而喻。[1]

（四）外卖骑手生活关怀强化

外卖骑手作为弱势群体，应该得到社会更多的关注与爱护。他们作为家庭的顶梁柱，大多是家中唯一的收入来源，为家庭撑起了半边天。为了让外卖骑手增强来自工作的获得感和幸福感，政府和企业携手为外卖骑手等新就业群体建立覆盖全面的保障体系。政府相关部门积极与互联网平台合作，通过共建爱心驿站的方式，利用党群中心等社区现有场所，为外卖骑手提供免费的午餐、生姜汤、热粥等食品，四季常备药以及雨伞、充电宝等日用品，并开展红色读书会、免费理发服务、心理舒缓咨询等活动，为以外卖骑手为代表的"两新"群体提供暖心关怀。

互联网平台也主动承担社会责任，创造社会价值，为外卖骑手提供更多实在贴心的福利。在春节、中秋节等传统团圆的节日，互联网平台积极组织外卖骑手与家人共进晚餐，并分发物资。对在抗击疫情、见义勇为等方面有突出社会贡献的外卖骑手，给予"模范外卖骑手奖"和物质奖励，进一步弘扬正能量。2018 年，美团设立了中国首个外卖骑手专属节——"717 骑士节"，通过设立防暑降温补给站，与餐厅和商店一起准备节日大餐，让外卖骑手感受到尊重和温暖，提升外卖骑手的职业认同感。冬天为了使外卖骑手免于受冻，美团外卖自 2021 年 11 月 7 日起，为骑手提供 16 亿元的冬季补贴，为包括北京在内的全国 153 个城市的外卖骑手提供 100 万件防寒物资，包括挡风被、皮护膝、车把套等，让外卖骑手实现"温暖送单"。

2021 年 9 月 29 日，"美团外卖骑手健康体检车"在北京启动，覆盖外

---

[1] 《当外卖骑手们开始上大学》，https://baijiahao.baidu.com/s? id = 1714558237246130236&wfr = spider&for = pc，2021 年 10 月 25 日。

卖骑手常规体检项目和职业病风险项目，为各行业外卖骑手提供专业、免费、快捷、方便的体检方式，得到外卖骑手的一致好评。美团针对有特殊困难的外卖骑手，特别是患有严重疾病和遭遇变故的家庭，推出了"外卖骑手关爱计划"和"袋鼠宝宝公益计划"，计划覆盖了骑手的家庭成员。对患有100种特定疾病，或者因疾病对家庭产生重大影响的骑手，"外卖骑手关爱计划"将为外卖骑手及家人提供补贴。截至2021年3月，"外卖骑手关爱计划"已经援助439名外卖骑手及其家庭，支付关怀金2143万元。"袋鼠宝宝公益计划"为全行业外卖骑手的子女提供重大疾病、意外伤害等公益援助，帮助外卖骑手家庭克服生活困难。截至2021年3月，"袋鼠宝宝公益计划"共援助了111名外卖骑手的子女，其中89名来自美团，15名来自"饿了么"，4名来自闪送，2名来自达达，1名来自肯德基。截至2021年5月底，除了来自美团基金会的资金支持外，共有15509名员工自愿捐款2703576元，资助70名外卖骑手子女，大家守望相助、共渡难关。

三 外卖骑手权益保障的相关建议

"移动互联网+"、大数据等新技术与服务业的深度融合，在带来更多就业机会的同时，也挑战着新业态从业者的劳动权益。外卖骑手作为新业态从业者，在获得相对较高的社会关注度的同时，这一群体的劳动保障问题也逐渐显现。要从根本上解决外卖骑手等灵活就业人员的劳动和社会保障权益问题，需要形成政府、企业平台、劳动者"三方共赢"的模式，推动新业态就业人员的劳动和社会权益保障，按照发展与规范并重的原则修订完善平台企业的治理体系，合理把控对数字平台的监管和治理力度，采取有效措施促进平台经济的平稳规范健康发展，为建立新时代有中国特色的灵活就业法律制度贡献力量。

（一）制定客观公正、统一适用的劳动关系认定标准

贯彻落实2021年7月人社部等八部门共同发布的《关于维护新就业形

态劳动者劳动保障权益的指导意见》（以下简称《意见》），明确劳动关系认定的新业态就业模式。一是要贯彻落实《意见》中提出的规范用工，明确劳动者权益保障责任，在政策上要明确新业态就业者的劳动关系，完善相关劳动法。二是要调整新业态就业者社会保障的政策思路，既要考虑如何建立灵活适应多种用工模式、多种层次人群的社会保障制度，也要考虑适用范围。三是要加大政策执行力度，扩大制度吸引力和覆盖面，在此基础上合理扩大企业职工社会保险的覆盖人群。

随着互联网平台的兴起和蓬勃发展，依赖平台对接供需双方信息的灵活就业模式得以大规模应用，更进一步暴露出当前劳动关系认定标准的法律规范需要与时俱进、创新适用的问题。《意见》将新就业形态人员的用工关系分为三类，包括各种类型外卖骑手在内的灵活就业人员被认定为"劳动关系"，还是"不完全（符合）劳动关系"仍需要进一步明确。建议通过修订《劳动合同法》、制定《劳动基准法》等，将"劳动关系"或"不完全（符合）劳动关系"的基本概念清晰准确地加以阐释。

（二）逐步完善灵活就业人员的社会保险政策

新业态劳动者具有较高的灵活性和流动性，根据《社会保险法》第10条的规定，灵活就业人员可以参加基本养老保险，由个人缴纳基本养老保险费。目前，现行法律制度允许外卖骑手等灵活就业人员以个人身份参加企业职工养老保险、城乡居民养老保险，但是由于法律并不强制而且完全由个人承担缴费，类似外卖骑手等灵活就业人员并未积极参照企业职工缴纳社会保险，大多仍然落入保障水平较低的城乡居民社会保险范围。同时，主要依托劳动关系建立起来的现行社会保险制度，还存在其他一些不能完全适用于灵活就业和新就业形态的问题。目前我国有两亿灵活就业人员，这一庞大人群如何更实质有效地参加社会保险，如何建立灵活适应多种用工模式、多种层次人群的社会保障制度，经济下行压力下如何合理下调社保费率或者降低企业承担的缴费比例等问题，需要提上变革和修法的议程。

逐步破除社保缴纳的户籍门槛。在人口流动加剧的背景下，各地要以灵活就业人员就地参加社会保险为突破口，保障新就业形态劳动者权益，取消社会保险落户限制。个别超大城市难以放开的，应结合本地实际情况积极创造条件逐步放开。2022年1月，上海市在发布《关于维护新就业形态劳动者劳动保障权益的实施意见》基础上，提出要根据本市实际情况，逐步放开上海灵活就业人员参加养老、医疗保险的可行性。这样既能保障新就业形态劳动者的权益，有利于新就业形态的发展，也有利于劳动者获得工作机会，又能满足平台企业岗位招聘需求。鉴于目前外卖骑手等灵活就业人员大多来自农村，是农业转移人口就业的重要渠道，而城乡居民社会保险缴费偏少、待遇偏低，是数亿农业转移人口共同面对的问题。建议今后逐步提高城乡居民社会保险待遇，扩大制度吸引力和覆盖面，确保能够保障基本的年老退休生活，并在此基础上合理扩大企业职工社会保险的覆盖人群，平衡设计政府、企业和劳动者的社会保障权利义务关系，为我国从全面小康走向共同富裕打下坚实的社会保障制度基础。

（三）多层次保障和化解劳动者职业伤害风险

随着新业态劳动者的交通事故频发，职业伤害风险成为外卖骑手等新业态从业人员面临的风险之一。但是由于劳动关系等各方面因素，外卖骑手的职业风险保障仍具脆弱性。2020年5月中共中央、国务院发布了《关于新时代加快完善社会主义市场经济体制的意见》，开展新业态劳动者工伤保护试点。以福建省为例，根据国家职业伤害社会保障人员灵活就业试点计划，以外卖、即时配送、城市货运业企业为重点平台，全省积极组织工伤保障试点工作，采取政府主导、信息引导、社会力量结合的方式，建立健全工伤保障管理服务规范和运行机制。工伤保险试点出台后，充分利用工伤保险试点过程，认真评估工伤保险新政策效果，并详细分析工伤保险组织模式的交易成本和实施难点，为未来工伤保险的大规模推广做好准备。福建省的相关做法可为其他省区市新业态从业人员参加和享受其他社会保险提供参考。

2021年7月，人社部等相关部门出台的《意见》指出，强化职业伤害保障，促进建立健全职业伤害强化服务规范，建立健全职业伤害安全管理机制，鼓励出行、外卖、速递、货运等行业提高人员灵活就业水平，多层次保障和化解劳动者职业伤害风险。鼓励平台企业通过参与员工互助、专属保险、购买人身意外伤害和雇主责任等商业保险，提高平台上灵活就业的保障水平，形成多元化、多层次的工伤保护体系。工伤保险的支付要从根本上突破现有的法律、法规和制度壁垒，基于现行单位缴费主体难以维持这一事实，建议设立新业态经济领域的工伤保险基金，只要利用这一劳动方式的企业就应参加缴费。

（四）探索稳就业政策与补贴培训工作

积极消除制度障碍，有效应对平台从业者在就业指导、就业补贴、技能开发和培训补贴等方面的多样化需求，出台相应的就业支持和补贴政策。对于就业群体较多的平台，可以不以劳动合同为条件，按就业年限或劳动收入给予补贴。对灵活就业人员再就业，虽然没有参加失业保险，但也可以享受失业保险基金扶持政策。此外，政府、行业协会、高校和平台企业联手，共同加大对外卖骑手的培训力度，拓展其职业发展空间。充分发挥平台企业在线职业培训的优势，提供行业职业培训的平台企业可以纳入职业培训补贴，享受平等的政策支持。对于新业态就业者来说，可以突破职业目录和劳动合同条件的限制，平台企业对灵活就业人员开展职业培训，既可按规定享受职业培训补贴，也可以此鼓励平台企业积极通过联合教育和认证的方式，为外卖骑手提供学习认证。

参考文献

《美团助力骑手拓展职业发展空间》，美团参阅，2021。
《美团多措并举保障骑手配送安全》，美团参阅，2021。
《美团回应骑手关切，不断加强骑手权益保障》，美团参阅，2021。
《当外卖骑手们开始上大学》，https：//baijiahao.baidu.com/s？id＝171455 8237246130236&wfr＝spider&for＝pc，2021 年 10 月 25 日。

《从骑手到站长，帮助更多骑手获得职业发展》，美团配送学习发展中心，2021年11月4日。

《报告指近五成骑手对职业满意 未来一年计划转行的不到一成》，中国新闻网，https：//m. chinanews. com/wap/detail/zw/cj/2021/12－12/9628249. shtml，2021年12月12日。

朱迪、王卡：《网约配送员的社会认同研究——兼论"新服务工人"的兴起》，《山东社会科学》2021年第5期。

B.9
北京市残疾人福利发展报告

邱维伟　田雪芹　周　玉　李鸿波*

摘　要： 稳步推进残疾人福利保障工作，是北京市率先扩大中等收入群体、推动共同富裕的社会保障体系中的重要组成部分。本报告梳理了国家和北京市关于残疾人的法律法规和重要政策，总结了近年来北京推进残疾人福利事业取得的主要成效，分析了在残疾人福利保障协同联动、公办机构兜底保障能力、保障政策有待创新、"两项补贴"动态调整机制等方面存在的问题和不足。在此基础上，重点从加强残疾人福利保障总体统筹、加大精神障碍社区康复服务保障力度、提高残疾人群体收入水平、加快相关产业发展、强化设施机构兜底保障能力、提升社会机构可持续发展能力等方面提出对策建议。

关键词： 残疾人　社会福利　共同富裕

　　党的十九届五中全会提出，"十四五"期间要推动共同富裕，发展完善社会福利制度。对残疾人群体的关注不仅关系到广大残疾人群体幸福美好生活的实现，也是北京市率先扩大中等收入群体、推动共同富裕的社会保障体系中的重要组成部分。

---

* 邱维伟，北京市委社会工委市民政局研究室副主任，主要研究方向为基层社会治理、社会福利；田雪芹，北京市委社会工委市民政局综合事务中心干部，主要研究方向为社会工作；周玉，北京市民政局社会福利管理处处长，主要研究方向为社会保障、社会福利；李鸿波，北京市委社会工委市民政局综合事务中心干部，主要研究方向为基层社会治理、社会福利。

一 加强残疾人福利保障对于促进共同富裕的重大意义

残疾人是具有特殊困难的人群，需要社会的关心和爱护。重视残疾人事业，做好残疾人服务工作，关系到社会的公平正义与和平稳定，具有重要的政治和社会意义。首先，加强残疾人福利保障是落实习近平总书记重要指示的必然要求。习近平总书记多次对残疾人工作做出重要指示，强调要关怀残疾人群体，要重视残疾人事业的发展，对此项事业的未来发展指出了方向、提出了目标。其次，加强残疾人福利保障是维护广大残疾人群体平等权利的必然要求。残疾人是社会重要组成部分。残疾人及其家属共享发展成果、渴望美好生活的愿望更加迫切更加强烈。做好残疾人服务和保障工作，有利于帮助他们保持健康的身心状态，也有利于他们获得实现自我价值的空间。再次，加强残疾人福利保障是维护整个社会和谐稳定的必然要求，残疾人群体抵御风险水平不高，容易受到贫困和突发事件等问题的冲击。残疾人家庭在经济、精神等方面也面临着较大压力，需要面对一些正常家庭无须面对的特殊困难。有了良好的福利保障，能够有效提升残疾人家庭幸福感，而残疾人中的特殊群体——精神残疾患者，在这方面情况则更加突出。重度精神残疾人所在的家庭甚至所在的社区，往往要承担很高的人身安全、社区安全风险。兜好兜牢精神残疾人福利保障网，可以实现"保障一人、解脱一家、稳定一片"。北京作为首都地位特殊，加强残疾人福利保障也是践行首善标准、树立首都意识、建设国际一流的和谐宜居之都的题中应有之义。最后，加强残疾人福利保障是促进社会文明、实现社会主义核心价值观的必然要求。不断完善残疾人工作体制机制、推进残疾人福利保障工作，是我们党永葆为民爱民本色的生动体现，也是社会建设的重要方面。

二 残疾人相关立法工作

改革开放以来，围绕保障好残疾人基本权益和社会福利，促进残疾人事业发展，国家层面和北京市先后出台了一系列法律法规和政策规章，有关残疾人保障的法律制度体系基本建立。在党和国家的重视下，我国残疾人事业获得了深远发展。1984年，中国残疾人福利基金会成立。1988年，中国残疾人联合会成立。1990年，《中华人民共和国残疾人保障法》出台，该法规厘清了残疾人的概念、类型等，并明确了残疾人的权利和义务。此后，各项有关残疾人保障的法律法规陆续颁布。党的十八大以来，党和国家更加重视残疾人事业的发展，在加强基础服务设施建设和完善福利保障体系的基础上，更加重视残疾人群体的身心健康，重视其社会融入和价值体现。

全国残疾人事业发展的同时，北京市残疾人事业也取得了长足的进步。1979年，北京市盲人聋哑人协会恢复成立。1984年，北京社会福利基金会成立，作为专业社会福利组织，首次为首都残疾人、孤儿、老人等弱势群体提供服务。1988年，北京市残疾人联合会成立。随后，各区县残联先后成立。20世纪90年代初，市、区、街、居四级工作体系基本成形。北京市同样重视法制建设，制定了多部残疾人相关的法律法规，为残疾人提供法治保障。

党的十八大以来，首都残疾人工作更上新台阶，不断完善相关法律法规，保障残疾人权益，健全残疾人福利补贴制度，提高服务水平。面对新冠肺炎疫情，政府和社会各方力量也不断参与到残疾人帮扶工作中，为之提供及时、高效的服务。2021年，《北京市无障碍环境建设条例》发布，全面加强无障碍环境建设。

上述从国家到北京关于残疾人的法律法规和各项制度，从顶层设计到具体应对，从完善制度到健全机制，几乎涉及残疾人事业的方方面面，日益深刻地影响残疾人群体的实际生活质量。这些基础性工作为残疾人事业发展打下了坚实的根基，奠定了发展的基础。

三　北京市残疾人事业发展概况

据统计，北京现有持证残疾人55.4万。残疾人工作涉及政治、经济、社会、文化等各方面，需要社会多元力量的参与合作。北京市一直将残疾人工作作为加强首都首善之区建设的重要内容，在社会发展创新的新格局下，全市残疾人事业也得到了较为全面的发展。

（一）困难残疾人保障制度不断健全

北京市重视补贴制度的建立完善，不断加强相关体系建设。2016年，"两项补贴"开始制度化运行。2019年，建立了统一的信息化管理系统，并下放审批权限至街道乡镇。2021年，明确了所有在京残疾人（不限户籍）均可在全市任一街道（乡镇）窗口申请补贴，率先实现跨省通办。截至2021年6月，全市共发放"两项补贴"资金约54.68亿元，其中生活补贴约38.46亿元，占比70.3%，护理补贴约16.22亿元，占比29.7%。生活补贴月均惠及约11.9万人，护理补贴月均惠及约16.35万人。

（二）康复辅助器具产业初具规模

对于相当一部分残疾人来说，康复辅助器具是必需品，对其维持正常生活具有不可替代的作用。北京市成立了康复辅助器具产业联席会议制度，由民政部牵头，整合了28家单位参与，并印发《关于实施农村地区困难残疾儿童和老年人示范性配置康复辅助器具项目的通知》。2019~2020年，利用福彩公益金为特困供养、低收入人员等民政保障对象和其他扩展对象配置辅具。2019年，石景山区获得全国康复辅助器具社区租赁服务试点资格，建立了北京市首个康复辅助器具科技产业示范园区，并出台了石景山康复辅助器具社区租赁服务管理办法（试行）、供应商管理办法、产品目录、产品价格指导目录、产品回收目录等"两办法、三目录"。截至2020年底，共建成旗舰店2家、店中店90家，提供租赁服务约18500人次，完成辅具租赁1179人次，租赁产品2124件次，财政补贴资金241万余元。

（三）精神残疾人服务水平日益提升

北京市现有在册的患有严重精神障碍残疾人为81304人。统计显示，在全市持证精神残疾人中，有康复需求的约占 87.22%，有托养需求的约占 12.78%。社区康复方面，由民政部门牵头，依托市卫生健康委的社区精防站，市残联的温馨家园、职业康复站等相关机构和组织开展服务。"十三五"期间，北京市 85% 以上的区提供相关服务，覆盖 60% 以上的居家患者。托养方面，以政府购买服务为主要手段，以 2 家市属福利机构为主要载体。民政部门重点保障城乡特困群体、低保群体、低收入群体、流浪乞讨人员中的特殊困难精神障碍患者，目前纳入社会救助系统的上述群体数量为 3609 人，其中严重精神障碍的残疾人 1095 人，智力残疾人 2514 人。截至目前，北京市民政部门负责托养的机构共 14 家，拥有床位 2830 张，已入住精神残疾人员 1175 人、智力残疾人员 573 人。

（四）无障碍环境建设有序展开

2021 年，《北京市无障碍环境建设条例》正式颁布施行，从法律层面对相关工作加以规范和指导。2021 年北京市整治整改点位 17.8 万个，14 万人参与无障碍满意度调查，好评率达 88.57%，比 2020 年提高 4 个百分点。无障碍精品示范街区、"一刻钟无障碍便民服务圈"和无障碍示范工程建设初具规模。城区近八成共 1.2 万辆公交车升级为"无障碍车辆"，地铁也进行了无障碍升级，无障碍出租车达到 500 余辆。在老旧小区改造进程中，加入了加装电梯等无障碍设施的建设改造。

（五）关爱服务体系逐步建立

残疾人事业是首都"十四五"规划的重要内容，《北京市"十四五"时期残疾人事业发展规划》对"十四五"期间残疾人事业的目标和发展做出了顶层设计。2020 年以来，扎实落实"六稳"工作和"六保"任务，建立残疾人就业监测机制，残疾人就业率达 66%，位居全国前列。实施残疾人职业技能培训专项行动，8000 余人次获"菜单式"免费培训。北京市不断在优化残疾人服务方面做出努力，包括服务内容的丰富与细化、服务方式与途径的多样化等，从而更好地做到按需服务，提高服务质量。截至 2021 年 10 月中旬，19.5 万名残疾人享受康复服务，目标人群覆盖率达 91.7%，街乡级温馨家园服务残疾人 227.9 万人次。

四 存在的主要问题

（一）协同联动工作有待打破壁垒

残疾人服务是一项全方位的工作，需要民政、卫健、残联等多个部门协同配合。目前各部门职能既有分工，也存在交叉重叠，特别是基础数据、机构管理、服务体系建设等方面缺乏有效统筹。存在诸如底数不清、各部门各行其是等问题，缺乏联动，统一管理力度不够。

（二）"两项补贴"动态调整制度尚不完备

制度实施以来，尚未进行过实质性的动态调整，一定程度上影响了残疾人的获得感。一方面由于判定补贴条件复杂，动态调整的标准设定、浮动标的等方面设计难度较高；另一方面动态调整机制的建立对数据衔接的及时性要求更高。与残疾人群众日益增长的美好生活需求相比，现行的部分政策又面临着新的挑战，亟待修订完善。

（三）政策的创新性有待加强

北京市的社会福利工作起步早，对困难群体的兜底保障较为全面，但在政府和市场如何形成合力方面，思考得还不够深入，创新性还不够强。例如，在将石景山区康复辅助器具社区租赁试点经验进行推广的过程中，部分区由于对康复辅助器具产业发展的认识不足、重视程度不够，对现有政策认识不全面、不清晰，工作开展动力不足。又如，对于有托养需求的精神残疾人和智力残疾人群体，政府应优先保障、兜底保障群体的托养需求，需要对基本保障群体的托养需求尽快形成长远的规划。

（四）公办机构兜底保障能力与现实需求存在差距

机构设施方面，现有市属精神卫生福利机构均建设于 20 世纪 80 年代，设计理念相对陈旧，存在较为严重的设施设备老化问题，运营方式与社会发展需求也不匹配，难以提供高质量的服务。人才资源方面，由于收入水平较低、职业晋升渠道不畅等问题，人才流失严重，精神卫生高级人才引进困难。同时，市区两级公办机构亟须改造提升，强化服务保障能力。

（五）机构运营扶持力度有待加大

从机构性质看，大部分残疾人服务机构属于民办非企业单位，按照现行规定，机构本身的非营利属性限制了其融资筹资渠道，导致社会资本不愿介入。从投资收益看，投入大、成本高、周期长、收益少等问题长期存在。从发展前景看，由于缺乏融资渠道，投资收益低，社会机构难以形成品牌化规模化经营，实力不强，抗风险力不足。新冠肺炎疫情的多点反弹和突发反复，使不少企业受到了极大冲击。此外，政府在土地出让、减免税费、财政补贴等方面优惠力度不够，对社会资本的吸引力不足，可持续发展乏力。

五　对策建议

针对以上问题，要从制度、设施等各方面做更为深入细致的工作，从而推动首都残疾人事业的健康发展。一方面，将兜底保障和适度普惠相结合，同时加大对残疾人服务设施和残疾人帮扶产业的投入；另一方面，从制度层面入手，加强体制机制建设，建立健全残疾人福利保障体系。

（一）加强总体统筹与规划

深化改革，创新服务方式，立足全局规划整体性的发展方案。理顺政府与社会各方力量关系，明确相关管理部门的主体责任，重视相关制度的建立和完善。加强全市残疾人服务机构行业管理和业务管理部门的责任，督促引导各类服务机构发挥作用。福利保障体系方面，做好纵向分层、横向分类工作，整合各部门的数据台账，建立贯通市、区、街（乡镇）各层级，覆盖特困、低保、低收入等不同类型兜底保障群体，精确分类、互联互通、动态更新的精神残疾障碍患者台账。根据残疾等级、贫困情况、年龄情况等因素，分类设定机构设施保障对象、服务标准、精准施策、兜牢底线。强化精神残疾人福利机构建设在全市残疾人服务体系"三个全覆盖"（制度、人群、设施）和"四级设施"（市—区—街乡镇—社区村）中的基础性地位。推动将兜底性精神卫生福利机构设施建设布局和指标任务，纳入全市残疾人福利事业"十四五"规划，形成刚性约束。

（二）做好精神残疾人的社区康复和帮扶工作

从经济补贴和心理疏导两个方面研究制定保障政策，从经济层面讨论提高补贴金额的可行性，同时注重对家庭照料者的心理辅导，疏导负面情绪。改进康复培训形式较为单一地以制作简单的手工制品为主的现状，更加重视对服务对象职业能力的培养，从培训内容和形式入手，大力创新，探索增强残疾人群体参与感和归属感的新模式。积极落实相关政策规定，加大政府购买服务力度，吸引各类机构、社会力量参与服务，丰富服务形式和内容。在保证服务质量的前提下，鼓励服务创新，形成一套可复制、可借鉴、可推广的社区康复北京经验。

（三）提高残疾人群体收入水平

一方面，在基本补贴等福利保障方面加强管理服务，保证相关工作的实施运行。不断加强残疾人"两项补贴"工作数据和政策的衔接，制度上不断创新创制，增加补贴额度，切实做好困难残疾人的民生基本保障。另一方面，完善残疾人就业保障政策。坚持就业优先的政策导向，加强相关制度建设，激发残疾人的就业意愿，保障就业补贴，理清残疾人就业与相关社会保障政策的关系，确保残疾人实质增收。推动研究制定重度残疾人亲属照护补贴制度，帮助支持残疾人家庭走出因照料负担重导致无法外出就业的生活困境。发挥残疾人福利性单位吸纳残疾人集中就业重要的渠道作用，推动出台对符合条件用人单位的支持政策，增加残疾人的就业机会，营造利于残疾人群体融入社会、获取职业发展空间的社会氛围，使得残疾人群体进入中等收入群体的可能性增加。

（四）推动康复辅助器具产业规模化

一方面，依托石景山区康复辅助器具科技产业示范园区的模式，利用首都优势，整合产业链条，培育相关企业，创造更多的工作岗位，发挥集群效应。另一方面，加强整体规划，加强科技创新能力，拓展市场渠道，在支付手段上探索多险种与个人支付相结合的多元系统。同时，主动对接京津冀构建区域合作新格局，发挥市场、政府和社会合力，进一步放大政策、资金、技术、人才等综合优势，助力行业企业蓬勃发展。

（五）强化设施机构兜底保障能力

一是强化示范引领。市级层面，依托市级残疾人福利机构，创建"北京市残障人福利示范基地""北京市福利机构精神病人康复示范中心"等示范性服务机构；区级层面，以高标准、严要求加强优质机构建设，争取发展出具有示范作用的领头机构。二是改善设施条件。到 2025 年，北京市所有精神卫生福利机构建筑设计和设施设备升级改造更新，达到相关标准，增强兜底保障功能，提升应急保障水平。三是加大人才队伍建设力度。完善职业发展机制，增强以医护人才为重点的专业人才队伍的职业认同感，扩大人才队伍总量，保持人才队伍稳定。

（六）促进社会机构的可持续发展

一是加大政策支持力度。加强土地供应支持保障，参照养老机构标准提高社会福利机构补贴水平，在税费减免方面加大优惠力度，多渠道降低社会机构运营成本，大力引导社会力量兴办精神障碍患者托养和社区康复机构。二是制定统一、完善的精神残疾人机构设置配置和康复服务标准体系，推动社会机构规范有序发展。三是通过财政支持、社会募集资金等渠道，建设一批公建民营机构，探索形成经验模式，发挥引领带动作用。

参考文献

国务院：《"十四五"残疾人保障和发展规划》，2021年7月8日。

北京市民政局：《北京市"十四五"时期民政事业发展规划》，2021年10月25日。

北京市人民政府：《关于全面建立困难残疾人生活补贴和重度残疾人护理补贴制度的实施意见》（京政发〔2016〕46号），2016年9月29日。

北京市民政局、北京市发展和改革委员会、北京市财政局、北京市人力资源和社会保障局、北京市残疾人联合会：《北京市困难残疾人生活补贴和重度残疾人护理补贴制度实施办法》（京民福发〔2016〕434号），2016年10月24日。

王晓慧：《促进残疾人实现共同富裕》，《华夏时报》2021年10月11日。

杨伟民：《社会政策导论》，中国人民大学出版社，2019。

杨伟民：《论公民福利权利之基础》，北京大学出版社，2017。

B.10
2021年北京市学前教育发展报告

赵一盟　杨胜慧*

摘　要： 没人照看子女成为影响生育的主要因素之一，大力发展学前教育是缓解家庭照料困难的主要途径。根据北京市教育事业发展数据分析发现，随着首都经济社会的全面进步，近年来北京市幼儿园数量、规模、师资等都处于稳步发展状态。为响应群众托育服务需求，北京市政府采取多种措施推动托育服务发展，但3岁以下幼儿托位数仍旧有很大缺口。对此，建议从大力支持幼儿园招收2~3岁幼儿、客观评估托育服务需求、与高职/师范院校联合加强托育服务人才队伍建设、合理布局托育机构、建设家庭托育点等角度推动北京市托育服务发展，解决群众婴幼儿照料难题。

关键词： 学前教育　幼儿园　托育服务

以往生育调查均显示，婴幼儿照料是影响育龄人群生育的主要因素。幼儿的教育和照料引起广泛关注，尤其是在生育政策调整过程中，政府将服务作为关键的生育支持配套政策，切实解决群众生育养育困难。近年来，北京市学前教育事业发展成效显著，幼儿园的发展较为迅速，同时，托育服务的发展目标和方向也不断明确。

---

* 赵一盟，中国人口与发展研究中心助理研究员，主要研究方向为生育与托育服务、人口调查方法；杨胜慧，人口学博士，中国人口与发展研究中心副研究员，主要研究方向为人口与社会发展、人口流动与城镇化、调查研究方法。

一 北京市幼儿园发展状况

近年来，随着首都经济社会发展的全面进步，北京市民对于学前教育的需求呈现前所未有的增长态势，北京市政府对学前教育问题的重视程度越来越高，幼儿园建设及师资等处于稳步发展状态。

（一）幼儿园数量逐年增长

近年来，北京市幼儿园数量和在园幼儿数量呈持续增加趋势。根据北京市教委发布的最新的教育事业发展数据统计，2020~2021 学年北京市共有 1899 所幼儿园，共计 18770 个班级，在园人数 52.6 万。

从历年《北京教育事业发展统计概况》数据可以看出，北京市学前教育规模持续扩大。北京市幼儿园数量在 2015~2020 学年逐年增加，从 2015~2016 学年的 1487 所增长到 2020~2021 学年的 1899 所，增加了 412 所，平均每年增加 82 所；相应地，幼儿园班级数增加了 4672 个，平均每年增加 934 个（见图 1）；随着幼儿园数量和班级数量增加，北京市幼儿园在园人数从 2015~2016 学年的 39.4 万人增长到 2020~2021 学年的 52.6 万人，幼儿园在园幼儿数增加了 13.2 万人，年均增加 2.64 万人。

北京市学前教育中公共预算投入高，在幼儿园规模不断扩大的同时，幼儿园生均一般公共预算教育事业费支出逐年提高。2020 年北京市学前教育生均一般公共预算教育事业费支出接近 4 万元（39094 元），比 2019 年的 37465.30 元增长 4.35%。

（二）幼儿园分布基本均衡

北京市幼儿园的区域分布较为合理，各区幼儿园数基本与区规模成正比。2020~2021 学年北京市中心城区（东城区、西城区、朝阳区、海淀区、丰台区和石景山区）幼儿园数量达 839 所，占北京市幼儿园总数（1899 所）的 44.2%，其中又以朝阳区和海淀区最多，两个区共 493 所幼儿园，占北京

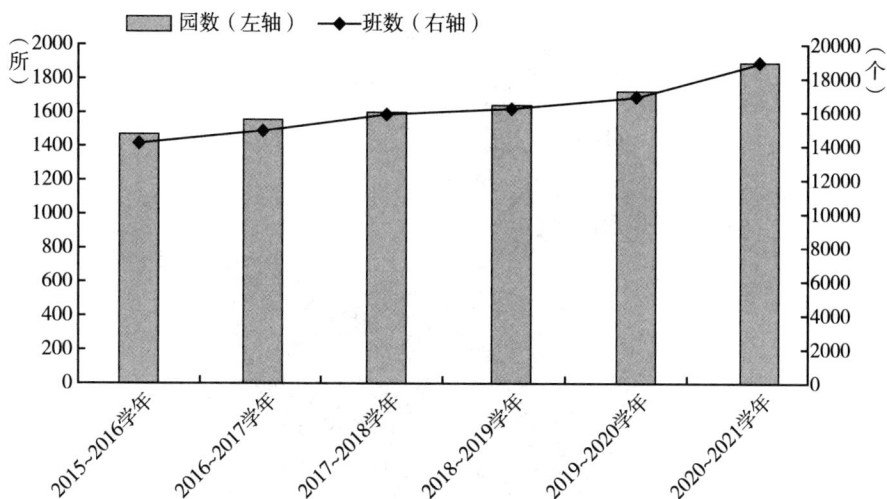

图1 2015~2021学年北京市幼儿园数和班级数

资料来源：北京市教育委员会，《北京教育事业发展统计概况》（2015~2016学年至2020~2021学年）。

市幼儿园总量的26.0%。除中心城区外，紧邻中心城区的通州区、昌平区、房山区等城区人口比较密集，尤其是一些年轻人在这几个区购房较多。统计数据显示，这几个区的幼儿园数量也相对较多，与人口规模成正比（见图2），可见北京市幼儿园空间分布较为合理。

从增长情况来看，2015~2020年的五年间，除石景山区和延庆区之外，北京市其余十几个区的幼儿园数呈现不同程度的增长。2015~2020年的五年间，通州区的幼儿园数量增加了89所，是增长最快的；相应地，这五年间，通州区幼儿园在园幼儿数增加了22736人。可见，通州区在承担疏解北京非首都功能转移过程中，学前教育的配套设施建设也非常好。此外，朝阳区、昌平区、海淀区幼儿园数量也增长很快，五年间分别增长了78所、48所和41所（见图3），在园人数分别增加了22408人、18384人和11997人。

从幼儿园数量与乡镇街道数量的关系来看，北京市平均每个乡镇街道有5.5所幼儿园，平均约4个村（居）委会有1所幼儿园。东城区和西城区面积小、人口密度大，每个乡镇街道分别平均有4.0所、5.8所幼儿园，平均约

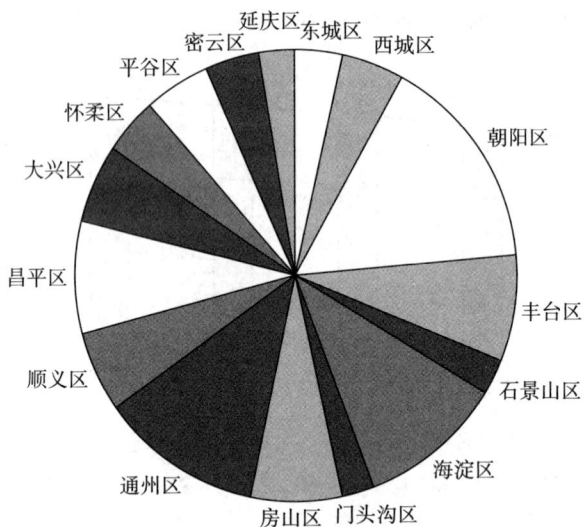

图 2　2020~2021 学年北京市各区幼儿园数

资料来源：北京市教育委员会，《北京教育事业发展统计概况》（2020~2021 学年）。

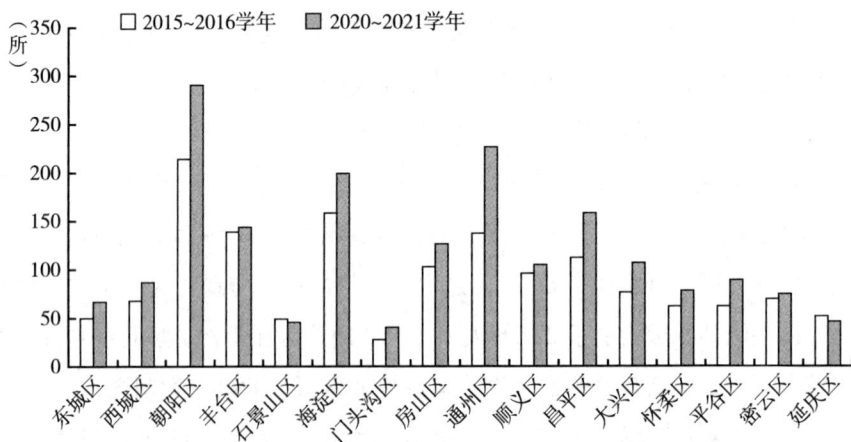

图 3　2015~2016 学年和 2020~2021 学年北京市各区幼儿园数

资料来源：北京市教育委员会，《北京教育事业发展统计概况》（2015~2016 学年至 2020~2021 学年）。

3 个村（居）委会有 1 所幼儿园。通州区、昌平区、海淀区、朝阳区每个街道的面积更大，相应地平均每个乡镇街道拥有的幼儿园数就更多，从统计数据来看，2020~2021 学年这 4 个区平均每个乡镇街道分别有 10.3 所、7.3 所、6.9 所和 6.8 所幼儿园。远郊区中的延庆区、门头沟区、密云区幼儿园辐射距离更远，平均每个乡镇街道拥有的幼儿园数分别为 2.6 所、3.2 所和 3.8 所（见表 1）。

表 1　2020~2021 学年北京市各区幼儿园数及分布

单位：个，所

地区	幼儿园数	乡镇街道数	村（居）委会数	幼儿园数/乡镇街道数	村（居）委会数/幼儿园数
全市	1899	343	7122	5.5	3.8
东城区	68	17	177	4.0	2.6
西城区	87	15	259	5.8	3.0
朝阳区	292	43	636	6.8	2.2
丰台区	145	26	395	5.6	2.7
石景山区	46	9	148	5.1	3.2
海淀区	201	29	647	6.9	3.2
门头沟区	42	13	301	3.2	7.2
房山区	127	28	619	4.5	4.9
通州区	227	22	593	10.3	2.6
顺义区	106	25	565	4.2	5.3
昌平区	160	22	541	7.3	3.4
大兴区	108	22	760	4.9	7.0
怀柔区	78	16	319	4.9	4.1
平谷区	90	18	314	5.0	3.5
密云区	75	20	423	3.8	5.6
延庆区	47	18	425	2.6	9.0

注：幼儿园数/乡镇街道数，表示的是平均每个乡镇街道有几所幼儿园；村（居）委会数/幼儿园数，表示的是平均几个村（居）委会拥有 1 所幼儿园。

资料来源：幼儿园数来自北京市教育委员会发布的《北京教育事业发展统计概况》（2020~2021 学年），为 2020 年数据；乡镇街道、村（居）委会数据来自《北京统计年鉴 2021》，为 2020 年数据。

（三）幼儿园班级规模在30人以内

教育部颁布的《幼儿园教职工配备标准（暂行）》[1] 中，对班级规模做了相应的规定，不同年龄班和混龄班的班级规模略有差异。其中，小班班级规模为20~25人，中班为25~30人，大班为30~35人，混龄班不超过30人。

根据北京市教育委员会数据，近几年来北京市幼儿园平均班级规模为28人[2]，符合《幼儿园教职工配备标准（暂行）》规定的标准。分区来看，2020~2021学年除顺义区之外，北京市其余15个区幼儿园平均班级规模均在30人以内。纵向比较2015年以来变化情况可以发现，各区幼儿园班级规模变化不大，密云区、房山区、门头沟区、朝阳区、昌平区、怀柔区班级规模略有提高，海淀区、大兴区、延庆区、平谷区等变化不大，其他区略有减少（见图4和表2）。

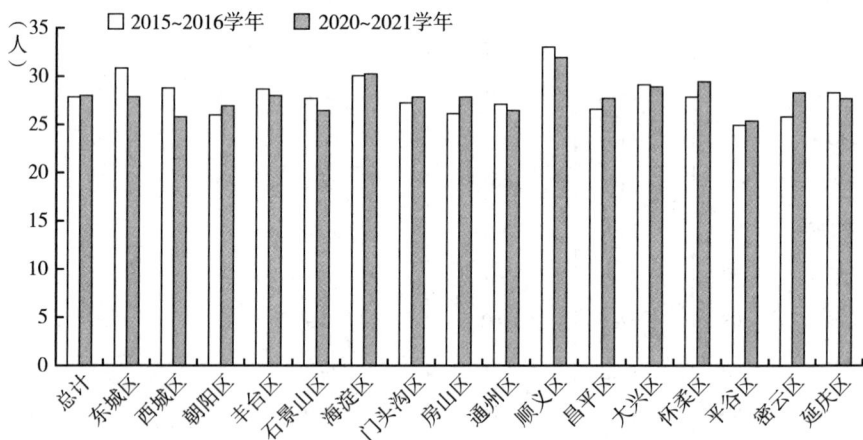

图4　2015~2016学年和2020~2021学年北京市各区幼儿园平均班级规模

资料来源：北京市教育委员会，《北京教育事业发展统计概况》（2015~2016学年至2020~2021学年）。

---

[1] 2013年1月8日教育部颁布《幼儿园教职工配备标准（暂行）》（教师〔2013〕1号）。

[2] 受数据限制，无法获取各个年龄班的班数、在园人数等，故无法计算各个年龄班的班级规模，只能将其混合在一起计算，因此我们按照30人/班的标准进行比较。

表2　历年北京市各区幼儿园平均班级规模

单位：人

区域	2015~2016学年	2016~2017学年	2017~2018学年	2018~2019学年	2019~2020学年	2020~2021学年
东城区	31	31	30	30	29	28
西城区	29	29	28	27	26	26
朝阳区	26	25	26	26	26	27
丰台区	29	28	28	27	27	28
石景山区	28	27	28	27	26	26
海淀区	30	30	31	30	30	30
门头沟区	27	27	27	27	28	28
房山区	26	27	29	28	28	28
通州区	27	27	28	27	28	26
顺义区	33	34	34	33	31	32
昌平区	27	26	27	27	27	28
大兴区	29	29	29	28	28	29
怀柔区	28	28	27	27	28	29
平谷区	25	26	25	26	25	25
密云县	26	26	28	28	27	28
延庆县	28	28	28	27	27	28
全市	28	28	28	28	28	28

资料来源：北京市教育委员会，《北京教育事业发展统计概况》（2015~2016学年至2020~2021学年）。

（四）中心城区师资配备水平较高

《幼儿园教职工配备标准（暂行）》中明确规定了幼儿园师生比，要求全日制幼儿园中，每个班配备2名专任教师和1名保育员，或配备3名专任教师；要求半日制幼儿园中，每个班配备2名专任教师，有条件的每个班可配备1名保育员。

《北京教育事业发展统计概况》中对各区幼儿园教职工数和专任教师数进行了统计，从统计数据来看，北京市2020~2021学年平均每个班级配备4.7名教职工，比2015~2016学年增加了0.3名；平均每个班级配备的专任教师数在五年间均保持在2.4名。从各区比较来看，中心城区师资配备相对较高；此外，怀柔区师资配备较高，2020~2021学年平均每个班级配备5.6名教职工，其中专任教师3.4名（见表3和表4）。

表3 历年北京市各区幼儿园平均每个班配备教职工数

单位：人

区域	2015~2016学年	2016~2017学年	2017~2018学年	2018~2019学年	2019~2020学年	2020~2021学年
全市	4.4	4.4	4.4	4.4	4.7	4.7
东城区	5.2	5.2	5.4	5.2	5.2	5.1
西城区	5.2	5.3	5.0	4.9	4.9	4.7
朝阳区	4.8	4.7	4.6	4.7	4.9	5.1
丰台区	4.4	4.5	4.5	4.5	4.7	4.7
石景山区	4.2	4.2	4.3	4.5	4.8	4.7
海淀区	4.9	5.1	5.3	5.3	5.5	5.5
门头沟区	4.2	4.4	4.2	4.5	4.5	4.6
房山区	3.8	4.0	4.0	4.0	4.4	4.5
通州区	4.0	4.1	3.9	4.1	4.1	4.3
顺义区	3.9	3.4	3.4	3.2	5.1	5.1
昌平区	4.8	4.8	4.7	4.7	4.8	4.6
大兴区	3.1	3.2	3.1	3.2	3.4	3.3
怀柔区	3.9	4.0	4.0	4.6	5.2	5.6
平谷区	3.4	3.6	3.7	3.5	3.8	4.0
密云区	4.2	4.3	3.8	4.2	4.7	4.5
延庆区	3.6	3.6	3.7	3.9	4.2	4.3

资料来源：北京市教育委员会，《北京教育事业发展统计概况》（2015~2016学年至2020~2021学年）。

表4 历年北京市各区幼儿园平均每个班配备专任教师数

单位：人

区域	2015~2016学年	2016~2017学年	2017~2018学年	2018~2019学年	2019~2020学年	2020~2021学年
全市	2.4	2.4	2.4	2.4	2.4	2.4
东城区	3.1	3.1	3.7	3.6	3.5	3.4
西城区	3.1	3.1	3.0	3.0	2.9	2.9
朝阳区	2.6	2.5	2.4	2.4	2.5	2.5
丰台区	2.4	2.4	2.4	2.3	2.3	2.3
石景山区	2.2	2.2	2.2	2.3	2.3	2.2
海淀区	2.4	2.5	2.6	2.5	2.5	2.5
门头沟区	2.4	2.6	2.7	2.9	2.9	2.9
房山区	2.4	2.4	2.3	2.3	2.5	2.4
通州区	2.4	2.4	2.3	2.3	2.2	2.0
顺义区	2.1	1.9	1.8	1.7	2.1	2.2
昌平区	2.6	2.5	2.4	2.4	2.3	2.2
大兴区	1.8	1.9	1.9	1.9	1.8	1.8

续表

区域	2015~2016 学年	2016~2017 学年	2017~2018 学年	2018~2019 学年	2019~2020 学年	2020~2021 学年
怀柔区	2.2	2.5	2.6	2.9	3.2	3.4
平谷区	1.8	1.8	1.9	1.8	1.6	1.7
密云区	2.3	2.5	2.3	2.5	2.8	2.6
延庆区	2.5	2.5	2.6	2.8	3.0	3.1

资料来源：北京市教育委员会，《北京教育事业发展统计概况》（2015~2016 学年至 2020~2021 学年）。

按照《幼儿园教职工配备标准（暂行）》要求，全日制幼儿园中，教职工与幼儿比应在 1∶5~1∶7。根据北京市教育委员会数据，2020~2021 学年北京市幼儿园全园教职工与幼儿比为 1∶5.9，而且 2015~2021 学年教职工与幼儿比在 1∶5.9~1∶6.4，均符合规定的 1∶5~1∶7（见表5）。分区来看，除大兴区外，北京市各区幼儿园教职工与幼儿比基本都在标准要求范围内，中心城区相对较高。

表5　2015~2021 学年北京市各区教职工与幼儿比（教职工）

区域	2015~2016 学年	2016~2017 学年	2017~2018 学年	2018~2019 学年	2019~2020 学年	2020~2021 学年
全市	1∶6.4	1∶6.3	1∶6.4	1∶6.3	1∶5.9	1∶5.9
东城区	1∶5.9	1∶6.0	1∶5.7	1∶5.7	1∶5.5	1∶5.4
西城区	1∶5.5	1∶5.4	1∶5.5	1∶5.5	1∶5.4	1∶5.6
朝阳区	1∶5.4	1∶5.4	1∶5.6	1∶5.5	1∶5.3	1∶5.3
丰台区	1∶6.4	1∶6.3	1∶6.3	1∶6.1	1∶5.8	1∶6.0
石景山区	1∶6.6	1∶6.6	1∶6.5	1∶5.9	1∶5.5	1∶5.7
海淀区	1∶6.1	1∶5.9	1∶5.8	1∶5.7	1∶5.4	1∶5.5
门头沟区	1∶6.4	1∶6.2	1∶6.5	1∶5.9	1∶6.1	1∶6.1
房山区	1∶6.9	1∶6.7	1∶7.2	1∶7.0	1∶6.3	1∶6.2
通州区	1∶6.7	1∶6.6	1∶7.1	1∶6.8	1∶6.8	1∶6.2
顺义区	1∶8.5	1∶9.9	1∶9.9	1∶10	1∶6.2	1∶6.3
昌平区	1∶5.5	1∶5.5	1∶5.7	1∶5.9	1∶5.7	1∶6.0
大兴区	1∶9.4	1∶9.1	1∶9.3	1∶8.7	1∶8.3	1∶8.8
怀柔区	1∶7.1	1∶6.9	1∶6.8	1∶5.9	1∶5.4	1∶5.3
平谷区	1∶7.2	1∶7.1	1∶6.8	1∶7.3	1∶6.6	1∶6.4
密云区	1∶6.2	1∶6.0	1∶7.3	1∶6.7	1∶5.8	1∶6.3
延庆区	1∶7.8	1∶7.7	1∶7.5	1∶6.9	1∶6.5	1∶6.4

资料来源：北京市教育委员会，《北京教育事业发展统计概况》（2015~2016 学年至 2020~2021 学年）。

综上所述，近年来北京市学前教育持续发展，幼儿园数量、在园儿童数量、教职工数量均有所增加，生均经费支出也有所提高，且人口较多的通州区、朝阳区、海淀区、丰台区幼儿园数量明显较多，幼儿园分布较为合理。为更好地解决群众的照料难题，满足群众就近入园的需求，解决入园贵难题，北京市仍然需要不断普及普惠性学前教育，扩大学前教育学位数量，并且需要结合适龄幼儿规模及分布精准布局。

二 3岁以下幼儿托育服务发展状况

当前我国的普惠托育服务发展处于重构和探索阶段。2019年5月国务院办公厅印发了《关于促进3岁以下婴幼儿照护服务发展的指导意见》（国办发〔2019〕15号）（以下简称《指导意见》），2019年10月国家发展改革委和国家卫生健康委联合印发了《支持社会力量发展普惠托育服务专项行动实施方案（试行）》，这一系列政策的出台，明确了托育服务的牵头部门和合作部门责任，标志着托育服务政策制定的真正开始。

《指导意见》出台后，北京市于2019年9月制定了《北京市人民政府办公厅关于促进3岁以下婴幼儿照护服务发展的实施意见》（京政办发〔2019〕26号），极大地推动了托育行业的发展。2021年中央提出发展普惠型服务体系后，北京市婴幼儿照护服务的政策体系、管理规范、托育机构等正在建设和完善过程中。

（一）推动建立普惠托育服务体系，引导社会力量参与提供托育服务

2021年11月26日北京市十五届人大常委会第三十五次会议表决通过了《北京市人口与计划生育条例》。条例中明确：要将托育服务纳入国民经济和社会发展规划，研究完善规划、土地、住房、财政、金融、人才等支持政策，引导社会力量参与提供多样化的托育服务，对提供普惠托育服务的机构给予补助。鼓励有条件的幼儿园延伸托班，支持用人单位、社区等提供托

育服务，推动普惠托育服务体系建设，规范家庭托育服务发展。

2021年北京市出台了《北京市积极应对人口老龄化实施方案（2021年—2025年）》，方案立足促进人口均衡发展，指出"需努力为年轻父母减轻养育孩子的压力"。提出要建立健全支持生育的配套政策措施，增加普惠托育服务有效供给。为实现该目标，北京将重点补充三类设施，包括鼓励和支持有条件的幼儿园托幼一体化发展；加强社区托育服务设施建设；鼓励有条件的用人单位为职工提供托育服务、增加普惠托育服务有效供给，比如恢复设立很多"80后""90后"小时候去过的"托儿所"。

（二）建设示范性托育服务机构，推动婴幼儿照护服务示范城市创建

2020年12月，北京市发布了《北京市卫生健康委员会关于开展示范性托育机构创建工作的通知》（京卫家庭〔2020〕10号）。同月发布的《北京市积极应对人口老龄化实施方案（2021年—2025年）》中也提到"要建设一批示范性托育服务机构"。2021年，北京市开展了示范性托育机构创建工作，评选出第一批"北京市托育服务示范单位"，共45家；同时，为了提高学前教育质量，逐步缩小园所间办园质量差异，北京市开展了系列提升工作，例如开展幼儿园教育活动优秀案例征集活动，组织"手拉手"帮扶活动。2022年北京市将继续创建50家示范性托育机构，积极引导示范托育机构发挥作用。

为更好地推动婴幼儿照护服务高质量发展，不断完善相关政策法规、标准规范和服务供给体系，北京市积极推动婴幼儿照护服务示范城市创建活动，并制定了《北京市全国婴幼儿照护服务示范城市创建活动实施方案》。方案中提出，将婴幼儿照护纳入城乡社区服务范围，加强社区婴幼儿照护服务设施与社区卫生等设施的功能衔接，鼓励开展家庭互助式服务。要求新建住宅小区与配套婴幼儿照护服务设施同步规划、同步建设、同步验收、同步交付。提出要推进"互联网+托育服务"，支持优质托育机构平台化发展。

（三）支持幼儿园招收2~3岁幼儿

3岁以下婴幼儿无人照护、托育机构费用高造成的"养不起"等是许多年轻人不敢生的主要原因。以往多项调查显示，母亲是家庭育儿的主要角色，幼儿到1岁之后，母亲产假结束，爷爷奶奶、外公外婆担负起3岁以下婴幼儿家庭照护的重担。普惠性托育机构处于起步阶段，当前市面上多为私立、营利性质的托育机构，收费标准超过了普通家庭的承受范围。

2021年《中共中央 国务院关于优化生育政策促进人口长期均衡发展的决定》公布，明确鼓励和支持有条件的幼儿园招收2~3岁幼儿。2022年北京市第十五届人民代表大会第五次会议提出要积极发展普惠性托育服务，并出台相关政策支持幼儿园招生年龄提前到2~3岁幼儿。这将解决托育机构不足和营利性托育机构费用高的问题，在很大程度上缓解家庭3岁以下婴幼儿的照料难题。

《北京市全国婴幼儿照护服务示范城市创建活动实施方案》中提出"争取到2025年，实现婴幼儿照护服务的政策法规和标准规范体系基本健全"，并明确了托育服务发展目标，即"到2025年实现每千人口拥有3岁以下婴幼儿托位数达到4.5个的目标"。按照2025年北京市2300万常住人口规模计算，每千人4.5个托位数意味着2025年要建成103500个3岁以下婴幼儿托位数。

三　北京市学前教育发展建议

北京市女性就业参与率高、家庭照料资源更为紧张，托育服务和幼儿园教育是缓解家庭照料压力的主要途径之一。但相关调查数据显示，北京市幼儿园和3岁以下幼儿托位数缺口都很大，为更好地满足群众的托育需求，北京市还需要进一步推动幼儿园发展，大力支持托育服务发展，缓解家庭照料压力。

（一）全面支持幼儿园招收2~3岁幼儿，实现2025年千人4.5个婴幼儿托位数的目标

2021 年 4 月，根据相关部门对北京市托育机构的摸底调查结果①，北京市实际运营的各类托育机构 351 家，托位数 19972 个，即每千人口 0.91 个 3 岁以下婴幼儿托位，与"十四五"目标提出的"千人 4.5 个托位"要求相比缺口较大。考虑支持幼儿园招收 2~3 岁幼儿的决议，假定当前北京市所有幼儿园都增加一个 25 人规模的小小班②，接收 2~3 岁幼儿，1899 所幼儿园可以招收 47475 名 2~3 岁幼儿，可以解决"2025 年每千人口拥有 3 岁以下婴幼儿托位数达到 4.5 个的目标"45.9%的任务。由此可见推动幼儿园招收 2~3 岁幼儿工作的重要性与关键性。对此，将托育服务与学前教育同规划、同部署、同推进，积极推动有条件的幼儿园开设托班，招收 2~3 岁婴幼儿，以此降低家庭托育服务费用并缓解家庭照料难题。

（二）客观评估托育需求，避免过度规划浪费

在托育服务发展中，需要客观评估入托需求量，防止一时兴起的"过度发展"，合理布局分布，以更好地满足群众需求。以 2~3 岁为有效需求群体进行规划，在政策实施过程中应该抓住主要矛盾，优先解决 2~3 岁婴幼儿家庭的托育服务需求。在规划中避免将全部 3 岁以下婴幼儿纳入"服务对象"目标群体，避免造成过度规划浪费。

（三）多种形式加强托育服务人才队伍建设

考虑到托育服务专业人才队伍紧缺的实际情况，加之托育服务照看对象为 3 岁以下婴幼儿的特殊性，加强人才队伍建设是托育服务发展中不可或缺

---

① 资料来源：《北京两会代表委员为托育难建言献策：发展普惠性托育服务合理布局托育机构》，《劳动午报》2022 年 1 月 10 日。
② 按照教育部颁布的《幼儿园教职工配备标准（暂行）》的规定，小班班级规模为 20~25 人。

的关键内容。首先，应鼓励和支持中高职业院校、普通高校建立托育相关专业，加快培育相关人才。其次，在托育人才的培养上，一定要提前谋划。建议北京市教委与高职院校、师范院校联合开展人才培养，按照新发布的保育员、引导员的标准加以培养，就可以做到真正的"需求"与"供给"相吻合。最后，从职前、职中、职后全链条人才培育的角度考虑，建立培训考核机制。

（四）合理布局新建幼儿园/托儿所，重视社区家庭托育点建设，满足群众就近入园/托需求

相关调查显示，群众最希望托育机构在自己居住的社区附近，方便自己和家人接送子女，同时也避免幼儿入园途中的长途奔波。因此，在新建幼儿园/托儿所的规划中，要充分考虑周围服务半径内的群众需求，新建社区要配套建设相应的托育服务机构；不能规划大型幼儿园、托儿所的小区中，重视家庭托育点的建设，给予相应的技术支持与安全设施建设指导，并且在税收等方面出台相关的财政补贴机制，满足周边群众的托育服务需求。

参考文献

贺丹、庄亚儿、杨胜慧：《婴幼儿托育：家庭需求与机构供给》，《人口与社会》2021 年第 4 期。

洪秀敏、朱文婷、张明珠：《推动托育机构规范优质发展》，中国社会科学网，2020年 2 月 26 日。

北京市统计局、国家统计局北京调查总队编《北京统计年鉴 2021》，中国统计出版社，2021。

北京市教育委员会：《北京教育事业发展统计概况》，2015~2016 学年至 2020~2021学年。

《北京两会代表委员为托育难建言献策：发展普惠性托育服务 合理布局托育机构》，《劳动午报》2022 年 1 月 10 日。

教育部：《幼儿园教职工配备标准（暂行）》（教师〔2013〕1 号），2013 年 1 月。

《国务院办公厅关于促进3岁以下婴幼儿照护服务发展的指导意见》（国办发〔2019〕15号），2019年5月。

国家发展改革委、国家卫生健康委：《支持社会力量发展普惠托育服务专项行动实施方案（试行）》，2019年10月。

《北京市人民政府办公厅关于促进3岁以下婴幼儿照护服务发展的实施意见》（京政办发〔2019〕26号），2019年9月。

《北京市卫生健康委员会关于开展示范性托育机构创建工作的通知》（京卫家庭〔2020〕10号），2020年12月。

《北京市积极应对人口老龄化实施方案（2021年—2025年）》，http：//fgw.beijing.gov.cn/gzdt/fgzs/gzdt/202112/t20211223_2570810.htm。

《中共中央 国务院关于优化生育政策促进人口长期均衡发展的决定》，http：//cpc.people.com.cn/n1/2021/0721/c64387-32164206.html。

北京市卫健委：《北京市全国婴幼儿照护服务示范城市创建活动实施方案》，http：//wjw.beijing.gov.cn/zwgk_20040/qt/202110/t20211020_2516724.html。

B.11
北京市职工教育培训研究报告

刘程程　张莉丽　邢若兰　薛璐婕*

摘　要： 职工教育培训是国家实施创新驱动战略、人才发展战略和推动经济社会转型升级的内在需求，是提高产业能力与核心竞争力的基础性工作。本报告以2020年北京市总工会组织开展的北京市职工教育培训示范点项目为研究对象，分析项目推出的政策背景、实施开展情况、项目模式及效果。研究发现，该项目在一定程度上形成了资源配置、专业统筹、发展支持的职工教育培训平台，在多元参与、需求导向及供需对接等方面做出了有益探索，对首都职工教育培训整体层面的发展起到了推动作用，但在供需匹配、课程设置、专业统筹等方面仍存改进空间。

关键词： 多主体协同　职工教育培训　示范点

职工教育培训是国家实施创新驱动战略、人才发展战略和推动经济社会转型升级的内在需求，是提高产业能力与核心竞争力的基础性工作，是企业生产力生成的重要形式，是继续教育的重要组成部分和现代职业教育的重要内容。

---

* 刘程程，管理学博士，北京市工会干部学院讲师，主要研究方向为职工教育、公共管理；张莉丽，教育学硕士，北京市工会干部学院讲师，主要研究方向为职工教育；邢若兰，管理学硕士，北京市工会干部学院讲师，主要研究方向为职工教育、组织发展、人力资源管理；薛璐婕，管理学硕士，北京市工会干部学院项目主管，主要研究方向为教育管理、职工教育。

一　政策背景

（一）推动职工技术技能提升

党的十八大以来，习近平总书记多次就推进产业工人队伍建设改革发表讲话，将提高劳动者素质放到一个重要的高度，强调要引导广大产业工人勤于钻研技术，练就过硬本领，并提出"加快建设一支宏大的知识型、技能型、创新型产业工人大军"的重要目标。《新时期产业工人队伍建设改革方案》《职业技能提升行动方案（2019-2021 年）》指出，要大规模开展职业技能培训，推行终身职业技能培训制度，造就一支有理想守信念、懂技术会创新、敢担当讲奉献的宏大的产业工人队伍。

首都职工技术技能提升是支撑首都发展的需要。北京市委、市政府出台《首都教育现代化 2035》《关于全面加强新时代首都技能人才队伍建设的实施意见》等文件，强调了产业工人队伍建设在我国实施科教兴国战略、人才强国战略、创新驱动发展战略等背景下的重要作用和重大意义，指出应将其纳入整体的经济社会发展规划，构建终身职业技能培训体系。

2021 年底，中共北京市委十二届委员会第十八次会议通过了《中共北京市委关于认真学习贯彻党的十九届六中全会精神更加奋发有为推动新时代首都发展的意见》，明确要求"在持续提升公共服务水平"中做到"职业教育实用高效"。从当下职工教育的参与主体来看，企业内设机构（企业大学）、高等院校、中等职业院校、教育系统成人学校、社会培训机构、行业协会进行了不同的实践探索，形成了不同的载体模式，构成了职工教育培训的宏大体系。但对于如何形成合力，落实相关政策，推动职工技术技能提升，还需要进一步探索。

（二）推动劳模、工匠在职工教育培训中发挥作用

2020 年 11 月的全国劳动模范和先进工作者表彰大会上，习近平总书

记对三种精神做出了深度总结，"劳模精神、劳动精神、工匠精神是以爱国主义为核心的民族精神和以改革创新为核心的时代精神的生动体现，是鼓舞全党全国各族人民风雨无阻、勇敢前进的强大精神动力"。同年12月，习近平总书记致信祝贺首届全国职业技能大赛举办，再次强调要大力弘扬三种精神，从而激励更多劳动者特别是青年一代走技能成才、技能报国之路。明确要求充分发挥劳动模范和工匠人才的示范带动作用，并为他们搭建平台、提供舞台，为技术技能的传授与传承创造条件，从而培养造就更多劳动模范、大国工匠，从整体上提升产业工人技术技能素质。

（三）工会组织在职工教育中的作用发挥

习近平总书记多次强调，在全面加强新时代劳动教育中，要充分发挥工会组织作用，不断彰显工会组织的宣传引导优势、资源阵地优势、理论研究优势、机构体系优势，围绕推动强化劳动育人功能，搭建体现工会特色的劳动实践平台，将劳动教育融入工会院校教育培训全过程，构建完整完善的劳动教育体系。

2019年，全国推进产业工人队伍建设改革工作电视电话会议指出，工会组织要高度重视产业工人队伍建设工作，健全机制抓落实，加强组织领导，完善协调联动，形成齐抓共推改革的整体合力，强化政策集成，示范引领，以推动改革成效的最大化。北京市总工会《关于加强首都职工技能人才技能培训的实施意见》要求，整合社会培训资源，构建具有工会特色的职工教育培训体系，建成健康有序的氛围格局。

在这一系列政策推动下，北京市总工会于2020年开展首都职工教育培训示范点工作（以下简称"示范点项目"），首批创建示范点98个，试图以搭建平台的形式激发企业动力，推动职工职业技能培训工作开展，并开辟一条劳模、工匠参与职工教育培训的途径。本研究针对这一实践工作展开，分析其运作模式，对成效与问题进行总结，提出建议，以期对工会组织开展职工教育培训工作起到积极的推动作用。

二 示范点项目的基本情况

（一）示范点项目的缘起

围绕建设知识型、技能型、创新型劳动力大军，企业内设机构、高等院校、中等职业院校、教育系统成人学校、社会培训机构、行业协会进行了不同的实践探索，形成了不同的载体模式，构成职工教育培训的宏大体系。北京工会作为职工教育培训的重要一级，通过设立职工发展平台，建设首都职工高技能人才培养示范基地，搭建首都职工素质建设工程、职工职业技能大赛、职工（劳模）创新工作室、北京大工匠评选等项目载体，引导企业广泛开展职工教育培训，培养和汇聚了一大批高素质、高层次、高技能人才。

2018年，围绕北京"四个中心"建设需要、强化北京工会"三性"作用发挥、提升首都职工整体素质、提升职工职业技能等多个维度，结合市总工会的组织优势和资源优势，北京市总工会职工大学从促进产教融合和满足职工多样性需求出发，构建了"一基础、一菜单、两目标、双任务"职工教育培训服务体系和运行机制，并制定了《北京市总工会职工大学加强职工教育培训的工作方案》，建立首都职工教育培训示范点便是其中之一。

首都职工教育培训示范点是基于服务职工需要，在企业、院校和优质社会培训机构围绕其培训特色设立的职工教育培训基础平台。以"首都职工教育培训示范点"为基点，遴选素质过硬、业务精湛的劳模、工匠、行业领军人才为北京市总工会职工大学外聘教师，通过教学方法培训、课酬资助、师资（高技能领军人才）研修和特色专业领域的教育培训项目购买等方式，重点支持他们在所在企业、地区和行业开展职工教育培训，传授职业技能，传承职业精神，提升职工职业技能，发挥劳动模范、大工匠等高技能领军人才服务职工、服务企业、服务社会的引领示范作用。

（二）工作内容

示范点以特色培训项目为载体开展，共同推进师资建设、课程建设、模式创新和资源共享。

1. 师资建设

要求示范点参与北京市总工会职工讲师（匠师）队伍建设计划。发挥扎根生产教学一线优势，根据行业企业发展和职工岗位技能需要，把所联系到的具有教学潜力的劳模、工匠、技术能手、企业首席技师、创新工作室领军人和热爱职工教育培训的教师专家推荐到北京市总工会职工大学担任职工讲师。组织师资参与教学方法培训，以及师资（高技能人才）研修班、培训经验交流会等，不断提升职工讲师的教学教研水平，共同打造优秀教学团队。

2. 课程建设

强调示范点要参与北京市总工会职工教育培训课程体系建设。要紧密结合特色教育培训项目的实施，制订专门的课程开发方案，对接职业标准或岗位要求，在充分吸收新知识、新技术、新技能的基础上，将生产一线真实情境引入课程，开发面向工作过程的特色培训课程。并在教学实践基础上，及时对教学内容进行发掘、研究和总结，固化为教材（讲义）或操作规程及实训指导，形成工学结合的教材。

3. 模式创新

鼓励示范点参与北京市总工会职工教育培训模式研究探索工作。结合行业特点和教育培训规律，聚焦教学过程与生产过程对接，紧密结合特色教育培训项目的实施，探索案例式、体验式、研讨式教学方法和问题解决工作坊等先进教育形式，对课程结构、课程开发、教学方式、培训管理及培训保障机制等进行前沿探究，形成研究成果，汇聚优秀做法，形成职工教育培训的典型案例，以提升职工教育培训工作的专业性与有效性，构建符合企业职工技能培训需求的人才培养方式。

4. 资源共享

邀请示范点共同参与首都职工教育培训平台建设，共享课程、师资和特色培训项目等资源。实现多方在教学科研、教育培训、课程开发、教师培育、人才交流等方面的资源共享，促进各主体间的深入合作，构建一个专业探索、研究和持续输出的统筹平台，整体上提升首都职工教育培训工作的专业性、实用性和有效性。

三　2020年示范点项目的运作情况

（一）2020年示范点建设情况

2020年，北京市共有310家单位申报创建首都职工教育培训示范点，申报示范点数量393个。经专家评审、公示和签署合作框架协议等流程，北京市总工会认定并正式挂牌建立首都职工教育培训示范点98个。

1. 示范点建设单位的类型

示范点的建设面向全市单位，各法人性质单位均可参与。2020年98个示范点建设情况显示，示范点单位涵盖企业、事业单位和社会团体等多种法人性质单位。其中，事业单位34家，占比34.69%，以研究院所和职业院校为主，主要聚焦于装备制造、计算机信息和生态环境保护等领域的专业技术技能培训。国有企业23家，占比23.47%，以文化创意创新、装备制造和现代服务业为主。私营企业和社会团体分别有17家，各占比17.35%，社会团体以行业协会、学会、联合会为主，聚合行业专业技术资源，培训辐射面较广。中外合资企业、外资企业等其他类型单位共7家，占比7.14%（见图1）。

2. 示范点所属的行业领域

从所涉及的行业领域来看，示范点侧重技术含量高、通用性广、服务民生和产业急需的专业或工种，共涵盖12个行业领域，包括装备制造、计算机信息、生物医药、生态环境保护、现代服务业、能源交通、文化创意创

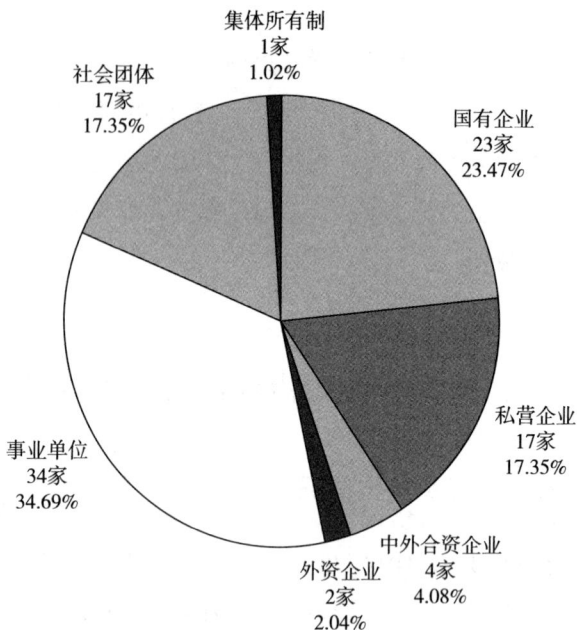

图 1 2020 年示范点所在单位的类型

新、社会工作、教育培训、冬残奥会、公共安全和建筑业，为首都城市发展的重点领域，强调各领域专业技术技能和创造力提升。

其中，文化创意创新领域数量最多，共设立北京国首珠宝首饰检测有限公司、北京文旺阁木作博物馆、中国传媒大学、北京市建设教育协会等18个示范点，占整体的18.37%，包含国有企业、私营企业、事业单位和社会团体等多种法人性质单位。装备制造和计算机信息两个专业方向分别设立示范点14个，数量次之，各占14.29%；现代服务业和教育培训领域分别设立示范点10个；生态环境保护和能源交通两个领域各设立示范点8个（见图2）。

（二）2020年职工特色教育培训项目开展情况

1.培训规模

培训项目资金规模方面，2020 年北京市总工会拨付培训经费

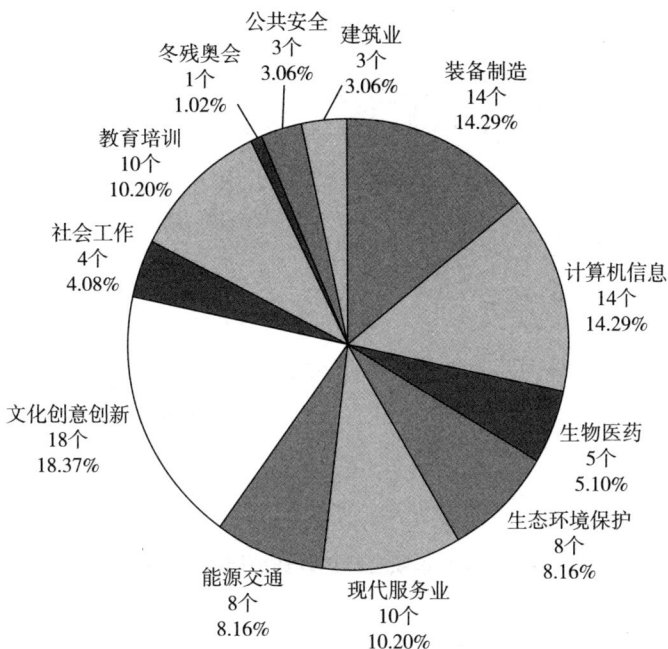

图 2　2020 年示范点行业领域分布

7697959 元，支持 98 个示范点共开展职工特色教育培训项目 98 个。平均单个项目金额约 7.86 万元，其中购买资金规模最小的项目为 3.45 万元，最大的为 14.79 万元。5 万～10 万元（不含）的培训项目数量最多，共计 72 个，占比 73.47%；10 万～15 万元的项目 20 个，占比 20.41%；5 万元以下的项目 6 个，占 6.12%（见图 3）。55 家示范点单位在支持资金之外，投入培训经费共 5615623 元，整体培训资金投入规模为 13313582 元。

　　培训人数规模方面，98 个职工特色教育培训项目中，50 人以下规模的培训班有 64 个，占 65.31%，其中 30 人规模的培训班有 20 个；50～99 人的培训班 25 个，占比 25.51%；100 人及以上规模有 9 个，占比 9.18%（见图 4）。2020 年培训学员共 5240 人，累计培训 43322 人次。

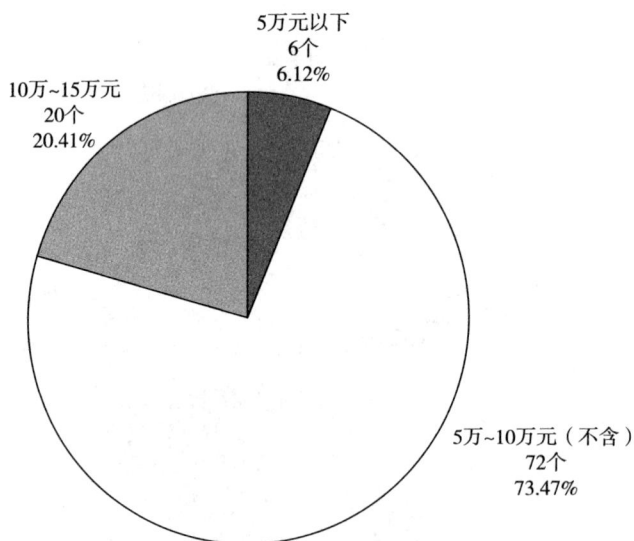

图3　2020年职工特色教育培训项目金额

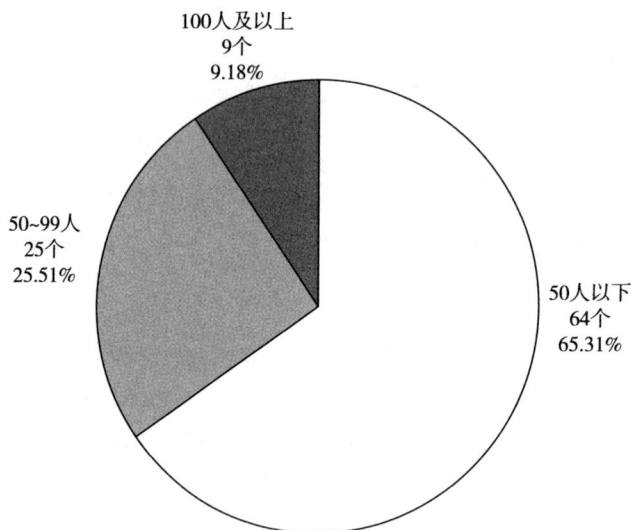

图4　2020年职工特色教育培训项目培训人数

2. 培训实施

2020年首都职工特色教育培训项目鼓励探索让职工深度、持续参与培训，以更好地激发职工的学习兴趣、满足职工的学习需求以及解决工作中面临的实际问题。各示范点培训设计遵照深度、持续和系统化的原则，一般来讲，单个培训项目不少于 48 学时，其中实操培训不少于 8 学时，学员不少于 30 人。

培训形式方面，各项目包括专家讲授、实训演练、案例教学、情境教学、工作坊及路演等培训方式。

培训项目内容基于职工和行业需求，涵盖 10 个产业领域，其中文化创意创新领域项目数量和获得支持经费最高，教育培训领域培训学员人数最多，为培训覆盖面较高的两个领域（见表 1）。

表 1　2020 年职工特色教育培训项目分领域实施情况

产业领域	培训项目数量（个）	学员总数（人）	培训人次（人次）	培训经费支持（万元）
文化创意创新	18	671	5848	138.9162
装备制造	14	688	4012	104.939
计算机信息	14	586	6882	113.6795
现代服务业	10	580	6262	82.84
教育培训	10	1100	7757	74.96
生态环境保护	8	409	3921	59.18
能源交通	8	413	3390	71.4462
生物医药	5	301	2071	41.975
社会工作	4	179	950	28.6
其他	7	313	2229	53.26
合计	98	5240	43322	769.7959

四　项目模式及效果分析

（一）平台模式的搭建

示范点项目通过针对企事业单位、院校、培训机构和行业协会等的职工开展培训服务，将高质量的师资、课程沉淀下来，建立职工教育培训的课程菜单和师资库，逐步形成资源体系，再去与企业进行供需匹配。在这一过程中，北京市总工会起到的主要作用，一是资源配置，汇聚和整合不同职工教育培训供需主体；二是专业统筹，建立一个筛选和沉淀的机制，对培训内容进行把关，引导示范点开展小规模、深度、持续的培训班，强调对技术技能提升的实质作用；三是发展支持，从资金、师资课程资源和教学管理等方面，为示范点提供帮助和支持，推动各机构教育培训工作的顺利开展。最终通过资源的汇集、沉淀和加工，反哺北京市职工教育培训的提供者，形成资源共享、专业互通、优势互补的发展体系。

这一模式，发挥了工会组织在资源和组织上的核心优势，弥补工会组织在具体的培训供给能力和专业性上的不足，搭建了一个真正意义上的平台，对职工教育培训工作形成了整体上的推动作用。

（二）多元参与，资源共享

具体来看，示范点的建设单位涵盖了企事业单位、院校、培训机构和行业协会等各类职工教育培训参与主体（见图5），在实际运作过程中，企业有技术、有场地、有劳模工匠，但缺乏教学培训技术；院校有师资课程、授课及实训场地，但很多时候接触不到需求人群，在课程讲授与企业需求之间经常会出现断层；培训机构在课程开发、师资培养和教学管理上有明显优势，但对于技术、实训场地等基础资源掌握不足；行业协会等社团组织掌握丰富的社会资源，可以为培训链接高端师资、行业资源等，但也可能存在远离一线职工、不接地气的问题。

几类主体在开展职工教育培训时有明显的差异性，而示范点项目搭建了一个相对开放的平台，让师资、课程可以流动，并通过参访、观摩等形式，促进多主体的沟通与合作，提供一个资源共享的可行路径。

（三）需求导向，产教融合

在开展职工特色教育培训项目时，强调从一线职工需求出发，遵循职工成长规律和教育培训规律，注重教学过程和生产过程的对接。项目鼓励技术

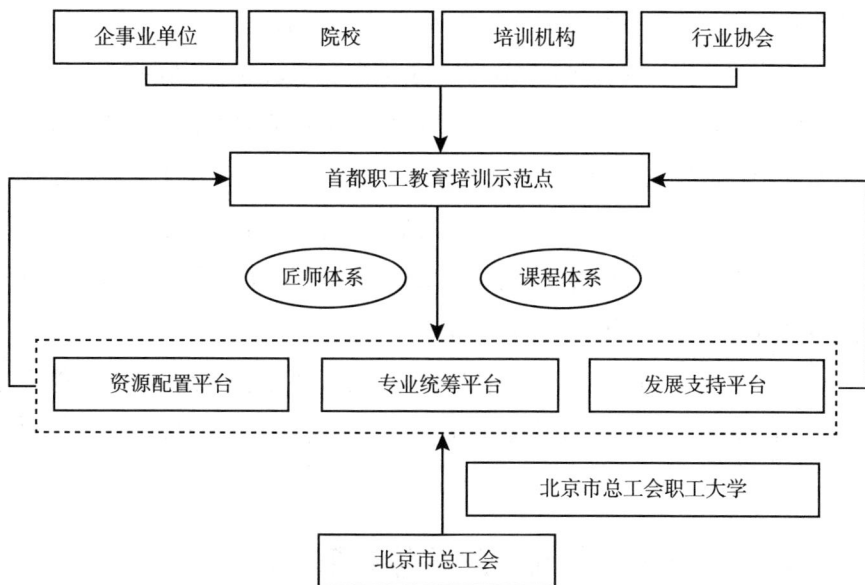

图 5　北京市职工教育培训示范点项目模式

人员上讲台，鼓励包含实训、情境教学等在内的多种培训方式的探索，一切以培训效果为核心，不断摸索有针对性、实效性和吸引力、感染力的职工教育培训模式。

在针对 98 个培训项目的效果评价中，主要关注课程体系设置的专业性、合理性（占 20%），授课教师的专业性及现场表现（占 20%），现场的授课效果（占 30%），培训的组织管理情况（占 10%），以及学员意见反馈（占 20%）。结果 91 个培训项目获评 90 分及以上，为优秀；4 个项目获评 80 分及以上，为良好；所有项目平均得分 94.14 分，为优秀。

（四）师课沉淀，供需对接

2020 年，基于首都职工教育培训示范点特色教育培训项目的开展，建设师资信息库，包含 655 名理论研究及实操运作方面的专业人士，覆盖丰富的行业领域及专业方向。在此基础上，通过双向沟通，筛选出 169 名优秀技术技能人才作为职工教育培训匠师队伍①后备人才。通过直播讲堂、线下授课、定制培训和实训交流等形式为高技能人才提供教育培训服务。

组织开展职工匠师研修班1期，经过遴选的30名职工匠师参加培训。培训内容授课呈现技巧训练，促进劳模、大工匠、技术领军人等一线技术技能人才向匠师转化。邀请示范点师资团队中的劳模、工匠、创新工作室领军人以及行业专家、学者等，在全总"技能强国"平台开设匠师讲堂栏目，通过30场在线直播，为职工传授知识、传播技能。

这一系列做法，让一批具有精湛技术技能、过硬思想素质的高技能人才沉淀下来，为建立一支深谙产教融合需求的职工教育培训师资队伍奠定基础。

五　问题与对策

（一）项目运作中的问题

1. 供需匹配问题

职工教育培训工作中，企业作为主要的需求端，面临的难题是找不到能够深度匹配需求的培训提供者；而院校和培训机构往往手持完善的课程体系和师资队伍，但很难找到合作企业。这一方面是信息不对称的问题，另一方面则是课程在实质上不能回应实际需求的问题。这一矛盾映射到示范点项目这一具体的场景中仍然较为突出，企业需要工会帮忙找师资找课程，院校和培训机构则需要工会来对接企业。而这种临时性的供需对接在既有资源条件下并不容易做到。

2. 课程设置专业化不足

示范点项目开展的初期，部分特色培训项目的课程设置较为随意，以资源为导向进行拼盘，而不系统、缺乏深度，不成体系，例如邀请一位劳模、

---

① 职工匠师是北京市总工会建立的以劳模、工匠和创新工作室领军人为主要群体的职工教育培训师资。

一位高校教授、一位企业管理者、一位培训师，拼凑出几天的课程，浅尝辄止。由此产生的培训效果与示范点项目所倡导的深度、体系化、实用性等存在一定差距。

3. 专业统筹能力不足

平台的搭建不仅需要机制上的设计与运作，还需要特定专业能力的供给，是一项非常具有挑战性的探索。从目前的项目运作来看，北京市总工会职工大学作为平台的具体搭建者，在专业技术支持层面尚显不足，例如难以为示范点提供课程开发设置方面的支持、缺乏对职工教育培训整体内容结构的基础性研究等，这些问题的解决对于深度推动职工教育培训工作来讲至关重要。

（二）发展建议

1. 建立资源库，实现供需对接

倘若工会平台能够通过逐年运作，在供给端形成课程菜单和师资库，掌握北京市当前职工教育培训的供给格局，在需求端进一步清晰掌握企业及职工需求，并通过平台实现供需对接，则能够在一定程度上解决这一问题。因此，在示范点项目开展的过程中，培训实践是基础，但在此基础之上的积累、沉淀和后续的供需匹配机制的设立才是解决问题的重点。

2. 聚焦师与课，引入专业力量

建议在后续的项目开展中，给予专门的经费或资源支持，鼓励劳模、工匠等高技术领军人才开发关于精神传承、技术传承的深度课程，或是针对实际问题解决的工作坊等。此外，可以考虑引入外部的专业资源，就课程开发、课程评价、师资培育等方面，对示范点进行专业技术指导。

3. 分层管理，发挥示范作用

随着示范点项目的持续开展，需要进一步凸显"示范"作用。存在几个关键节点，一是甄别机制，即对既有示范点进行深度评估，提炼出好的教育培训模式、具有培训供给特长的示范点。二是分层管理，对于那些表现优秀并有持续发展趋势的示范点加大支持力度，给予更大的探索与成长空间；

而部分成长性不足或因特定原因难以继续发挥示范作用的示范点，则应有序退出。三是深度合作，利用工会组织的资源优势，推动那些优秀的或是具有发展潜力的示范点深度开发其培训项目，建立更加专业、完善的技术技能培训体系；对于优秀、典型的示范点，应纳入专业研究力量，深度开发其职工教育培训的模式，形成案例，进行推广学习。

养老服务篇

Elderly Care

B.12

北京市养老服务体系发展报告

邱维伟　钱世鑫*

摘　要： 本报告从完善养老服务制度体系、推进养老机构设施规范化建设、强化基本养老服务对象保障体系等方面分析了北京市养老服务体系建设现状。北京市尚存在养老机构床位布局不均衡、养老服务的公共投入相对不足、机构收费标准与老年人收入不匹配、社区养老驿站可持续发展能力不足等问题。据此，本报告从优化养老资源布局补齐设施短板、解决多层次养老服务供给问题、加大养老服务公共投入力度、推动社区养老驿站可持续发展等方面提出对策建议。

关键词： 养老服务体系　社区养老驿站　共同富裕　北京

---

* 邱维伟，北京市委社会工委市民政局研究室副主任，主要研究方向为基层社会治理、社会福利；钱世鑫，北京市社会组织管理中心干部，主要研究方向为基层社会治理、养老服务。

共同富裕涉及社会各阶层、各年龄群体，规模庞大的老年人是全体人民实现共同富裕进程中不可忽视的群体。党的十九届五中全会以来尤其是十九届六中全会上，党中央就如何建设养老服务体系等关系国计民生的问题高瞻远瞩优化顶层设计，充分体现了我们党始终坚持人民至上的理念，也为首都养老服务体系建设的未来发展方向提供了指引和遵循。北京市养老服务在超大城市老龄化发展中具有独特性，着力加强养老服务体系建设，加强老年人生活、照护等方面的服务保障，对于增强广大老年人晚年生活获得感、幸福感，促进经济社会高质量发展，推动共同富裕建设大有裨益。

一　北京市养老服务体系建设现状

北京市在 1990 年进入老龄化社会以来，经过 30 余年的发展，人口结构进一步呈现向老龄化纵深发展的特征。北京市老年人口总量大且增速较快，2020 年第七次全国人口普查数据显示，北京 60 岁及以上常住人口 429.9 万，占常住总人口的 19.6%，与 2010 年相比，上升 7.1 个百分点；65 岁及以上常住人口 291.2 万，占常住总人口的 13.3%，与 2010 年相比，上升 4.6 个百分点，老龄化程度呈进一步加深态势，已迈入中度老龄化社会。[①]

从北京市 1953 年以来关于老年人口的统计数据看，北京市 60 岁及以上和 65 岁及以上老年人在北京常住总人口中的比例连续数十年上升，老龄化程度逐年加深。依照当前北京市人口老龄化发展速度，未来几年内老龄化程度还将继续加深，并且有加速趋势（见表 1）。针对如何应对人口老龄化、促进首都经济社会发展，北京市近年来积极尝试和努力，业已形成具有首都城市特征的养老服务格局。

---

① 一般认为，60 岁及以上人口占比达 14%～20% 即属于中度老龄化社会。

表1　不同年份北京市老年人口占常住人口的比例

单位：%

项目	1953年	1964年	1982年	1990年	2000年	2010年	2020年
60岁及以上人口比例	5.6	6.6	8.5	10.1	12.5	12.5	19.6
65岁及以上人口比例	3.3	4.1	5.6	6.3	8.4	8.7	13.3

资料来源：《北京统计年鉴2021》。

（一）完善养老服务制度体系

以应对人口老龄化的国家战略为指引，北京市立足首都人口老龄化发展形势与经济社会发展新特征，基于老年人养老服务需求和意愿，发展"9064"服务格局，初步建立"三边四级"就近精准服务体系。积极发挥政府主导作用，实现老年人在其周边、身边和床边就近享受养老服务，实现社区、居家及机构等不同层面养老服务一体推进、融合发展。

2013年以来，国家层面陆续出台一系列养老服务政策。在此基础上，2015年以来，北京累计制定出台80余项政策法规，涵盖了养老机构建设管理扶持、养老服务驿站管理、居家和社区养老、老年人分类保障、养老家庭床位建设、养老护理人员队伍、医养结合、服务监管、京津冀养老服务协同发展等各个方面及各个层次的供给元素和环节，为北京市应对人口老龄化提供了有效的制度支撑。尤其是2020年以来，北京市制定出台了一系列文件（见表2），在老年人能力评估、机构运营补贴、社区养老驿站管理和运营扶持、养老家庭照护床位建设管理等方面进行了细化，以建成完善的首都养老服务体系并确保每名困难老年人都能得到应有保障，经济状况较好的老年人能够享受到期望的养老照护服务，使老年人参与共享经济社会发展的各项成果。

表2 2020～2021年北京市出台的部分养老服务政策

序号	文件名	发文机关/主管部门	发布时间
1	《关于进一步做好养老机构运营补贴工作的通知》	北京市民政局	2020年2月
2	《北京市老年人能力综合评估工作指引》	北京市民政局	2020年2月
3	《关于加快推进养老服务发展的实施方案》	北京市人民政府办公厅	2020年5月
4	《北京市养老护理员职业技能培训实施方案》	北京市民政局、北京市财政局、北京市人力资源和社会保障局	2020年8月
5	《北京市困境家庭服务对象入住养老机构补助实施办法》	北京市民政局、北京市财政局、北京市卫生健康委员会、北京市医疗保障局、北京市残疾人联合会	2020年10月
6	《北京市社区养老服务驿站管理办法(试行)》	北京市民政局、北京市财政局、北京市卫生健康委员会、北京市市场监督管理局、北京市消防救援总队	2020年12月
7	《老年人能力综合评估规范》	北京市市场监督管理局	2020年9月发布,2021年1月实施
8	《北京市养老家庭照护床位建设管理办法(试行)》	中共北京市委社会工作委员会、北京市民政局、北京市财政局、北京市卫生健康委员会、北京市医疗保障局、北京市残疾人联合会	2021年3月
9	《北京市社区养老服务驿站运营扶持办法》	北京市民政局、北京市发展和改革委员会、北京市财政局、北京市卫生健康委员会、北京市市场监督管理局、北京市医疗保障局	2021年9月

(二)推进养老机构设施规范化建设

近年来,北京养老服务机构设施迅速发展、快速布局。市—区层面两级养老服务指导中心形成并发挥枢纽及指挥平台作用,直接面向老年群体的城乡社区养老服务驿站和街乡养老照料中心均有较大发展,呈现发展新风貌。同时,在推进养老机构规范化建设基础上,持续开展机构星级评定。截至2021年底,全市有星级养老机构458家,五星级至一星级养老机构数量分别达 13 家、40 家、58 家、309 家和 38 家。开展社区养老驿站星级评定。市级社区养老驿站有 777 家，三星级至一星级社区驿站数量分别为 13 家、402 家和 362 家。养老机构和社区养老驿站星级评定逐步趋于规范化，通过研究制定社区养老驿站运营扶持办法，明确驿站应承担的服务功能和对驿站的多种运营扶持措施，促进驿站规范可持续发展。

（三）强化基本养老服务对象保障体系建设

2020 年以来，北京市明确了三类养老服务保障人群，并通过全面开展比对筛查和老年人能力综合评估，建立了全市基本养老服务对象信息台账。截至 2021 年底，全市在册基本养老服务对象约 30.5 万人，其中处于居家养老状态的 24.7 万人。同时，根据不同类型养老服务机构性质，明确其公益属性和重点服务人群，赋予相应保障职能。其中，公办公营类服务机构主要保障城乡特困老年人；公办民营、公建民营机构侧重于保障低保低收入家庭失能失智高龄老年人；民办非企业养老机构侧重于保障普通家庭中失能失智重残和计生特殊家庭老年人。特别注重发挥社区养老驿站公益属性，扩大社区养老驿站的福利辐射范围，在养老照顾内容方面增能扩容，例如为片区内老年人提供巡视探访、个人清洁、呼叫服务等照顾内容。

（四）提升服务保障水平

在保障养老服务基本水准和托底服务的基础上，北京市为确保老年人特别是基本养老服务对象住得进、住得起合适机构，及时享受应有服务，不断加大老年人津贴补贴力度，提升老年人福利保障水平，以解决老年人后顾之忧。主要体现在为困难老人、重度失能或残疾老人、80 岁以上老人分别发放津贴补贴，三种补贴可以同时申领，最高领取金额可达 1700 元。2021 年，北京市全年累计向困难、失能、高龄老年人发放养老服务津贴约 27.39 亿元，惠及 87.14 万人次。在入住机构补助方面，持续提升入住机构的补助标准，提升入住机构老年人生活幸福感。

（五）提高养老服务供给质量

优先保障基本养老服务对象的居家专业照护需求。北京市已完成2021年市政府"为民办实事项目"养老家庭照护床位2000张建设任务，累计建成3500张，并制定相应管理办法，明确床位建设要求、终止情况等。推进农村邻里互助服务点在怀柔等远郊区县的试点工作，让农村老年人不出村、不离乡解决就餐、医疗等难题，并积极引导有需求的老人家庭进行居家适老化改造。同时，推进智慧养老建设工作，为老年人在数字经济社会获得多样化养老资源提供便利。此外，在人才配备上落实《北京市养老服务人才培养培训实施办法》，为符合补贴条件的养老护理员发放岗位奖励津贴1746万元。推进万名养老护理员职业技能提升行动，培训1万余名养老护理人员，不断提高养老照护的专业化水平，推动养老服务专业资源的可持续发展。

（六）完善养老服务支撑体系

养老服务最终要落地在社区，让老年人就近便捷获得养老服务照护资源。针对就近养老服务，北京市出台一系列政策文件，强化街乡镇对居家养老服务的设置统筹。制定推出"物业+养老"服务的有关政策，稳步推进试点工作。针对养老助餐出台相关政策文件，加大养老助餐点建设力度，并推进数字化助餐平台建设试点，重点关注和解决基本养老服务对象、高龄老年人的助餐需求。研究制定养老服务顾问、失智老年人照护支持、老年人委托代理和监护服务实施办法等前瞻性政策，不断完善养老服务政策体系；机构养老层面，制定养老机构综合监管办法、北京市养老服务合同范本等，开展数字化监管试点工作，提升综合监管效能；志愿服务层面，探索建立养老服务时间银行机制，从试点工作开始推进发展互助养老和志愿服务。上述政策措施的出台为北京市养老服务格局的发展提供了必要的制度支撑和保障，也推动了北京市养老服务工作的实践开展，对于缓解首都人口老龄化压力具有一定的积极作用。

二 北京市养老服务体系建设存在的问题

北京市近年来在应对人口老龄化方面取得了一定成就，但也面临新时期的发展机遇和挑战。北京市养老服务体系仍然存在一些不足和问题，迫切需要得到回应和改善。

（一）养老机构床位布局不均衡

统计数据显示，远郊区千人床位数最多的为 12.6 张，核心区最少的仅 1.5 张。核心区老年人口全市占比 11%，只有全市 4.7% 的床位，千人床位数仅 3 张，养老服务供需倒挂情况严重。中心城区千人床位数除个别区有缺口外，整体相对平衡。而生态涵养区老年人口全市占比 11%，拥有全市 15% 的床位，千人床位数为 8 张，养老机构床位相对充足。从当前床位使用情况来看，核心区为 89% 以上，中心区约 75%，多点区为 46%，生态涵养区为 52%，呈现城市外围地区空置多、核心区和中心城区供不应求的现象。需要提高外围地区服务水平，通过优化供给增加设施吸引力，引导实现市域内供需平衡。

（二）养老服务的公共投入相对不足

经调研测算，养老照料中心和社区养老驿站的建设需要政府和社会力量投入资金金额较大，加上在金融、税收等方面优惠力度不够，运营压力较大，不少机构处于亏损状态。此外，土地供应方面的因素也对养老服务发展有较大影响。受限于北京市用于养老的土地存量少、增量难，北京市现有578 家运营养老机构中，半数以上的养老服务设施由企业或社会组织自行提供，这其中又有一半以上是通过场地租用的方式来运营养老服务设施。这一问题在养老需求集中的城市中心区域比较凸显。值得相关部门重视的是，一旦土地费用上涨，养老服务设施的运营成本就会相应增加，土地成本往往转嫁到在院老年人身上。因此，如何增加养老服务的公共投入是今后必须考量的问题。

（三）机构收费标准与老年人收入不匹配

养老机构收费高一直是影响老年人入住的主要因素。北京市城乡养老机构月均收费分别在5000元和2000元以上，而根据相关统计数据，全市企业退休职工257万人，月均养老金为4335元，并不足以支付每月5000元的养老机构入住费；领取城乡无社会保障居民福利养老金的40.6万人，月均标准为725元，按照郊区养老机构每月最低收费2000元估算，月收费仍相差1275元。由此可以看出，如果不考虑城乡特困老年群体，单靠老年人的养老金收入很难承受养老机构费用，往往需要家庭成员或者其他方面的经济来源支持。

（四）社区养老驿站可持续发展能力不足

社区养老驿站是距离居民最近的养老服务设施。近年来养老驿站增长速度较快，但整体运营却不理想。老人普遍倾向于选择收费较低的助餐，或文化娱乐、心理慰藉、健康讲座等免费公益项目，一方面是这些公益项目价格低、获得途径较为简单，另一方面尽管近年来社区养老驿站呼声很高，但是其自身造血能力不足，可持续运营缺乏保障，对政府扶持政策依赖性强，很多驿站一旦脱离政府补贴就难以维持。对北京市20家驿站进行的抽样调查显示，凡服务不充分、服务收入少的，大多"运而不盈"。

三　对策建议

北京市养老服务体系的发展和完善需要在不断优化顶层设计的基础上，改善各个关键节点的薄弱环节。针对当前北京市养老服务方面存在的问题，立足为老年人提供更加均等和更高质量的养老服务，建议从以下几个方面改进和提升：立足城市功能视角优化养老资源布局、立足差异化的养老需求提供多层次的养老服务、加大公共服务投入力度以及推动社区养老驿站可持续发展等。

（一）优化养老资源布局补齐设施短板

深化落实《北京市养老服务专项规划（2021年—2035年）》要求，推动各区通过现有设施挖潜改造或扩建、优质闲置资源优先补缺等多种方式，建设一处或多处400张床位以上的区属养老机构；提高乡镇敬老院建设标准和养护床位比例，加强街乡镇属公办养老机构及养老照料中心建设，补足公办养老机构设施缺口。

针对城乡养老服务供需倒挂问题，建议核心区以"疏整促"为契机，推动腾退闲置空间优先用于养老服务兜底性保障，加强"碎片化"腾退闲置空间更新利用，并按照"小规模、高密度"思路打造街乡镇养老服务联合体；生态涵养区重点健全完善农村养老服务体系，大力推进邻里互助养老服务点与农村幸福晚年驿站、乡镇养老照料中心有机融合，综合施策优化养老机构布局。

（二）解决多层次养老服务供给问题

北京市作为超大型城市，老年群体规模庞大，养老需求也体现出差异化特征。因此，养老服务供给首先要考虑不同老年群体的养老需求，基于数字社会背景下不同老年群体的需求，立足基本养老服务，发展智慧养老；聚焦社区居家养老，基于传统互助文化大力发展北京市乡村养老、城乡互助养老等新型养老服务模式，不断提升农村养老服务质量。同时，加快推进养老助餐点全覆盖，推进数字化助餐平台建设试点及护理保险推进工作。此外，在人才资源配备上实施养老服务人才队伍技能提升行动，完善养老护理员的薪酬待遇政策，加强服务人才队伍建设，为养老照护的专业化发展提供不竭资源。

（三）加大养老服务公共投入力度

基于近年来陆续发布的相关政策文件精神，推动落实养老机构优惠政策，重点扶持发展满足基本养老服务需求、服务高龄及失能失智老年人的养老机构。与此同时，通过土地、金融、财政等政策，推动养老机构服务成本、服务价格下降。

进一步优化营商环境，推进共有产权养老设施试点，释放社会资本前期投入压力。在税费优惠上加大力度，不断增强社会办养老服务机构可持续发展潜力和兜底保障能力，多方推动养老服务成本下降，为形成多样态的养老服务模式提供社会支持，确保老年人住得进、住得起养老服务机构。

（四）推动社区养老驿站可持续发展

在全市社区养老驿站建设基本完成后，要将工作重心调整到强化驿站的公益属性上，通过开展精准扶持和精细管理，推动服务升级。首先，改进优化补贴政策，探索将补贴与驿站人工、水电气暖等主要成本挂钩，与驿站的星级评定情况挂钩，与驿站的服务质量及老年人获得感挂钩，提高补贴精准度和激励性。其次，通过政府购买服务，对驿站护理人员开展专业技能培训，加快壮大服务人才队伍。最后，指导驿站与周边医疗卫生机构开展多种形式的签约合作，鼓励现有驿站增设社区护理站或者现有社区护理站增设驿站，增强驿站医护服务功能，解决好"医养结合"问题，通过强化驿站造血功能提升驿站服务水平。

参考文献

《北京市国民经济和社会发展第十四个五年规划和二〇三五年远景目标纲要》，2021年1月27日。

北京市民政局：《北京市"十四五"时期民政事业发展规划》，2021年11月28日。

郑功成：《实施积极应对人口老龄化的国家战略》，《人民论坛·学术前沿》2020年第22期。

B.13
北京社区居家养老发展报告

李金娟*

摘　要： 近年来，北京市致力于推动积极老龄化、健康老龄化，尤其是社区居家养老层面基于老龄化政策创新、社会化养老服务保障支撑等在满足老年人养老需求方面取得较大进展。面对老龄化趋势进一步凸显的形势，全面建成小康社会时期如何进一步实现"老有所养、老有所医、老有所为、老有所乐"，如何创新北京这一超大城市的养老服务仍然面临新的考验和挑战。本报告对此进行着重分析并从以下三方面提出对策建议：一是深化党建引领，做好新时代首都老龄化社会治理工作；二是协调理顺社区居家养老联合体各要素之间的关系；三是优化社区智慧养老体系，提升老年人生活品质。

关键词： 老龄化　居家养老　社区养老　健康老龄化

党的十九大尤其是十九届六中全会以来，党中央高度重视人口老龄化的发展和应对，不断优化顶层设计，从国家战略层面进行部署并出台一系列政策措施缓解人口老龄化状况。如何高质量推进养老服务发展成为一个重要的时代议题。北京市近年来围绕社区居家养老服务在政策体系创新、为老服务实践等方面进行了积极尝试，一定程度上推动了北京经济社会发展。但随着人口老龄化不断呈现新特征、新时代首都经济社会发展面临一系列挑战，如

＊ 李金娟，北京市社会科学院社会学研究所助理研究员，博士，主要研究方向为福利社会学、文化社会学等。

何优化首都养老服务体系、发展新时代具有首都风格的养老服务尤其是社区居家养老服务需要我们进一步审思。

一 北京市人口老龄化态势进一步凸显

（一）老年人口规模庞大，高龄化特征增强

随着近年来户籍人口居民平均预期寿命的增加，北京市 70 岁及以上户籍人口由 2016 年的 149.2 万人增长至 2020 年的 162.0 万人，年平均增长 3.2 万人（见表 1），增幅明显。此外，正如哈佛大学医学院终身教授大卫·辛克莱在其著作《可不可以不变老》中指出的那样，"老化是万病之源"，老年人由于身体机能退化，在现实中"带病生存"的状况比比皆是，慢性病正在成为困扰老年人健康生活不可忽略的因素。有研究者认为，高血压+心脏病+糖尿病的"多病共存"模式是大多数老年人遭遇的现实处境。[1] 一项针对北京市 1549 例失能老年人的抽样调查数据表明，约 78.1%的老年人患有不同类型的慢性病。[2] 除与慢性病相伴随的健康照护等问题不容忽视之外，由此导致的老年人心理疾病等一系列问题也需要引起重视，这也对全生命周期的健康服务体系建设提出挑战。

表 1　2016~2020 年北京市户籍老年人口高龄化状况

单位：万人，%

年龄组	2016 年		2017 年		2018 年		2019 年		2020 年	
	人数	占总人口比例	人数	占总人口比例	人数	占总人口比例	人数	占总人口比例	人数	占总人口比例
70 岁及以上	149.2	10.9	142.9	10.5	146.9	10.7	157.1	11.2	162.0	11.6

---

[1]　王佳、贾音、王慧丽：《北京市海淀区社区老年慢性病多病共存状况的调查研究》，《同济大学学报》（医学版）2021 年第 5 期。

[2]　李星明、刘涵：《我国特大城市失能老年人长期护理模式的需求现状及对策建议》，《人口与健康》2020 年第 12 期。

年龄组	2016 年		2017 年		2018 年		2019 年		2020 年	
	人数	占总人口比例	人数	占总人口比例	人数	占总人口比例	人数	占总人口比例	人数	占总人口比例
75 岁及以上	102.9	7.5	95.7	7.0	96.7	7.0	101.4	7.3	102.0	7.3
80 岁及以上	59.5	4.4	55.7	4.1	58.4	4.2	63.1	4.5	63.3	4.5

资料来源：根据相关年份《北京市老龄事业发展报告》数据统计得出。

（二）老年人口抚养比上升

一方面，由于婚育理念变迁、家庭育儿成本增加等因素，北京市户籍人口出生率近年来持续走低；另一方面，老年人家庭空巢化、小型化、少子化趋势不断加速。按 15~59 岁劳动年龄户籍人口抚养 60 岁及以上户籍人口计算，2020 年北京市老年抚养系数（46.1%）在 2016 年的基础上上升了 8 个百分点，增幅明显。人口老龄化及由此带来的一系列社会经济问题迫切需要优化改善。

（三）中心城区和远郊区老龄化程度较高

相关数据表明，北京市各个区的老龄化程度存在差异。2020 年，全市 16 个区中 60 岁及以上常住人口占总人口比例逾 20% 的达 9 个，按照老龄化程度排列依次为东城（26.5%）、西城（25.9%）、石景山（24.3%）、平谷（24.1%）、丰台（23.7%）、密云（23.1%）、延庆（23.1%）、门头沟（22.6%）、朝阳（20.5%）。[①] 由此可见，首都功能核心区及位于远郊的生态涵养区老龄化程度较高，均高于全市老龄化平均水平。在当前非首都功能疏解、城乡区域养老资源分布不平衡的背景下，对构建城乡养老服务发展模式、促进养老公共服务进一步均等化发展等提出新的挑战。

---

① 北京市老龄工作委员会办公室、北京市老龄协会、北京师范大学中国公益研究院：《北京市老龄事业发展报告（2020）》，2020，第 14 页。

二 北京社区居家养老的创新发展

近年来，北京市为应对人口老龄化，从社区居家养老模式、养老服务供给等层面进行了多维度开拓创新，具体如下。

（一）居家养老、社区养老、机构养老相协调，医养、康养相结合的养老服务体系基本成形

北京市自提出"9064"养老模式、医养结合、社区养老服务驿站等概念并付诸积极实践以来，不断取得进步，社区居家养老服务进一步提质增效，为老年人就近获取养老照顾资源、享受社区居家养老服务提供了便捷。

1. 社区居家就近养老服务模式趋于完善

设施层面，就近养老服务设施进一步发展。截至 2020 年底，"本市累计建成运营养老机构 544 家，街乡镇养老照料中心 262 家、驿站 1005 家"①，养老家庭照护床位在海淀、西城等区的试点建设取得了积极成效。尤其是随着北京农村养老设施建设力度的加大，如密云区开始试点建设 100 个农村邻里互助养老服务点，就近就便为农村老年人提供巡视探访等服务，极大地提升了北京市城乡老年人的获得感与幸福感。

服务内容层面，除基于"三边四级"养老服务体系提供的基本照顾服务外，结合新冠肺炎疫情防控背景下社区老年人养老需求，对老年人进行心理疏导、为老人提供各种智能应用的科普介绍、不断拓展老年人社会参与；与此同时，积极推动老年人居家适老化改造。截至 2020 年底，全市已完成经济困难老年人家庭入户评估 15920 户，实际改造 15801 户。②

---

① 《北京市构建完善养老服务"五大体系"，持续增强群众获得感、幸福感和安全感》，北京市民政局网站，http://mzj.beijing.gov.cn/art/2021/5/6/art_281_603106.html，2021 年 5 月 6 日。

② 北京市老龄工作委员会办公室、北京市老龄协会、北京师范大学中国公益研究院：《北京市老龄事业发展报告（2020）》，2020，第 55 页。

制度层面，开展"物业服务+养老服务"试点；建立养老服务顾问制度，为有机构入住需求的老人提供咨询服务，以提升其生活质量。针对独居空巢、失能（半失能）失智、高龄等特殊老年群体落实巡视探访和关爱制度，为其提供助餐助医助行等方面的服务。

服务方式层面，一方面近年来发展起来的"互联网+医疗""互联网+护理"使上门医疗服务成为可能；另一方面基于大数据技术的创新应用、应用场景的不断拓展，视频监护、智能睡眠仪、智能定位卡、智能音箱极大地便捷了老年人的居家生活，尤其是疫情防控背景下远程健康检测、一键下单购物极大地提升了老年人的生活满意度。

值得关注的是，在北京市委、市政府的推动下，北京市进行了"区域养老联合体"的实践探索。2021年4月以来，在北京市民政局养老工作处指导下，北京师范大学中国公益研究院联合北京泰康溢彩公益基金会，正式启动"北京市高校等单位社区养老服务需求研究"项目，推动区域养老服务联合体建设。

2. 在疫情常态化防控的基础上，面向老年人的医养服务进一步提质增效

首先，医养服务精细化。例如，稳步推进"家庭医生签约服务""百岁老人健康服务"等项目。截至2020年底，"全市组建家庭医生团队5170个，65岁及以上老年人签约213.49万人，签约率89.86%，为老年人提供上门出诊9.34万人次，为老年人上门服务121.52万人次；提供长处方332.71万人次，老年健康管理167.79万人，管理率70.63%；建立健康档案218.83万人"[①]，提升了老年居民获得感。

其次，医养服务进一步融合。全市544家养老机构实现医疗全覆盖，机构医养结合的实践通过养老机构与医院签约、养老机构内置医疗机构、医疗机构延伸服务至养老机构或社区三种不同路径得到了长足发展。值得一提的是，中医药健康养老服务体系初步搭建，2020年北京市在336个社区卫生

---

① 北京市老龄工作委员会办公室、北京市老龄协会、北京师范大学中国公益研究院：《北京市老龄事业发展报告（2020）》，2020，第37页。

服务中心（乡镇卫生院）建立中医馆（中医综合诊区），推进中医药优质资源下沉基层社区，让居民在"家门口"就能享受到优质中医药服务。

（二）社区居家就近养老服务政策体系更加完善

2013年之后尤其是2016年、2020年，北京市立足首都人口老龄化发展新阶段和新特征，制定出台了一系列政策文件，推动首都社区居家就近养老政策服务体系更加完善。

1. 涉及北京市社区居家养老服务的中长期发展规划密集出台

2016年以来，《北京市居家养老服务条例》《支持居家养老服务发展十条政策》等政策文件的颁布实施对于北京市居家养老的概念界定、内容、各责任主体应履行的职责及义务等首次从法律意义上有了明确要求。在此基础上，以"积极应对人口老龄化"的国家战略为背景，北京市委、市政府紧跟党中央步伐，加快关于首都老龄事业发展的市级部署，针对全面建设小康社会时期北京市养老服务如何发展、北京市社区居家养老格局怎么构建出台多项政策。

2021年9月，《北京市养老服务专项规划（2021年—2035年）》出台，立足首都城市发展对首都未来15年城乡养老设施空间结构布局等提出展望。2021年10月15日，《北京市"十四五"时期民政事业发展规划》基于北京作为超大城市养老服务发展的面向，从"三边四级"就近养老服务格局、基本养老服务制度、多元化养老服务主体支撑以及养老服务监督体系构建等维度，对未来5年首都养老服务发展进行了展望和规划，从而为首都养老服务工作提供方向性指引。紧随其后，2021年11月出台的《北京市"十四五"时期老龄事业发展规划》从养老服务设施、养老服务资源、养老志愿服务等层面，为北京市养老服务描绘了"十四五"时期发展蓝图。12月，《北京市积极应对人口老龄化实施方案（2021年—2025年）》发布，从"人、财、物、科技、环境、协同"六个方面为首都新时期人口结构优化、养老服务体系搭建指明了发展方向，要求不断深化养老托幼等供给侧结构性改革，形成社会多元力量参与的老龄化社会治理格局。

2.关于社区养老驿站的政策进一步细化

结合北京市老年人居家养老需求,北京市近年来针对社区养老驿站从多方位多角度出台了一系列政策,涉及运营主体的界定范围以及以何种方式怎么运营等内容,对社区养老驿站当前运营模式及未来发展方向有了更明确的规定与规范性阐释。尤其是 2021 年 9 月发布的《北京市社区养老服务驿站运营扶持办法》在基础补贴、托养补贴、连锁运营补贴等方面更加趋于细化、精准化,完善了补贴程序以及监督管理机制,而且以实际签约服务对象数量为准,对城区养老驿站和农村幸福驿站实行分级分层区别补贴;以驿站服务质量星级评定结果为依据向驿站发放补贴等,一定程度上有助于社区养老驿站的可持续运营。

三 北京社区居家养老存在的问题

北京市进入新发展阶段以来,不断创新社区居家养老服务模式并取得一定进展。与此同时,北京市人口老龄化不断呈现新的特征,且新问题、新矛盾不断涌现。为促进北京市养老服务格局的可持续发展,笔者从以下几方面针对北京市当前社区居家养老服务工作的不足和短板进行系统性分析论述。

(一)社区居家养老服务工作机制有待完善

社区居家养老工作需求侧涉及不同年龄分层的老年人群,由于年龄、性别等特征差异,其需求也呈现不同特征;供给侧则涉及不同区域和不同行政部门及市场行业领域,供需如何精准对接,区域之间、行业之间如何协调发展,如何在社区居家层面实现养老资源的统筹协调还有赖于形成一套有效的社区居家养老服务共同体。而现阶段还存在一些迫切需要解决的问题。

居家养老服务供应层面,一方面,老龄产业的下游产业还未发展起来,养老服务产业链还不完整,因而制约了养老服务市场供给能力,老年人多元化的养老需求得不到有效满足。另一方面,家庭床位数量、上门照护次数等受限于基层医疗照护资源不足、医药报销限制等因素而面临发展挑战。

社区照顾层面，以近年来发展快速的社区养老驿站为例，社区养老资源在有效辐射老年人方面与北京市总体规划要求差距仍然很大。社区养老驿站的运营能力受各种因素制约，尽管目前北京市已建成 1000 家养老驿站，但仅保障了区域覆盖面。考虑到水、电、气基础设施方面的消耗以及人才资源欠缺，政策支撑作用有限以及养老驿站自身造血功能不足等因素制约，涉及驿站提质增效的功能优化、受益人群规模扩大等方面还有待加强。例如，对于老年人需求最迫切的养老助餐问题，社区养老驿站由于营养卫生、运营资质、人员成本等的考量往往无法提供这一服务。即便有的养老驿站能够提供助餐服务，其持续化运营能力依然令人担忧。此外，考虑到收费低廉、获取资源路径简便等因素，老年人普遍倾向于选择收费较低的娱乐、健身等公益类项目，社区驿站项目一定程度上受到制约。

因而，要在基层社区养老资源整合机制的基础上构建社区居家养老的工作统筹协调机制，让老人不论是居家还是在社区都能获得较好的照料，提升老年人社区居家养老生活的幸福感。

（二）养老服务人才供应存在短板

近年来，在社会化养老服务体系已基本搭建，居家养老、社区养老、医养融合发展趋势不断增强的背景下，可以预见，养老护理员未来的工作场景不会仅局限于养老机构而会进一步向基层社区延伸。而北京市养老护理员队伍，相比需求侧急速增长的老年人群及日益多元化、个性化的养老照顾需求，其作为供给侧的重要构成无论是数量还是质量均有待提高。

一是专业养老护理员数量不足。一方面，受限于社会认可度及待遇水平等因素，养老护理专业人员大量流失到其他岗位；另一方面，存量养老护理员队伍构成参差不齐。具体表现为学历偏低，以高中及以下文化水平为主，人员流动性大以及非专业的家政工占比较高等。面对逐年增加的高龄老人及失智失能老人数量，迫切需要加强养老护理人才队伍建设。

二是社区层面的养老工作人才队伍建设有待加强。当前，随着城市治理重心的下移以及新型社区治理体系的逐步搭建，养老服务在实际工作中面临更加复杂多样的社区生态环境，社区工作者不仅要处理好与老年社区居民之间的关系，还要做好疫情防控常态化背景下与老年人家属、为社区提供养老服务的第三方组织之间的沟通互动。而事实上，随着近年来社区居家就近养老工作力度的加大，基层社区养老服务人才队伍建设却没有得到相应加强，反而由于行政部门的机构改革、条块分割等因素，呈现基层养老服务人才短缺甚至被削弱的景象，出现最需要综合性养老服务人才的基层社区人才资源难以保障的局面。

（三）社区居家智慧养老服务信息平台建设不足

一是社区智慧养老服务平台对数据监测缺乏保护机制及动态追踪分析，既未有效整合居家、社区和养老机构信息资源，在老年人健康数据的采集、存储和智能分析上也有所不足，加之社区智慧养老运营模式不清晰缺乏长期可持续发展机制，导致平台资源不对焦、难以满足老年人日益多元化的"互联网+"养老需求。

二是社区现有的智慧养老信息化平台往往依托信息技术公司搭建，一方面其对区域经济发展的依赖程度较高，城乡发展不均衡问题较为凸显，社区养老智慧平台应用的覆盖面有限；另一方面平台的适用性、功能调试等与老年人真实需求之间缺乏有效沟通互动机制，过程中对应不同社区、不同年龄层级老年人的服务规范和标准还没有建立。老年群体中不同人群如低龄老人、高龄老人、失能失智老人的服务需求和服务范围差异很大，对失能失智及孤寡老人提供智能服务的标准有待细分。

三是互联网应用适老化建设刚开始起步，老年人尤其是高龄老年人使用智能设备的触媒习惯还未养成，对于智能媒体的应用还停留在初级阶段，智能手机的配备及熟练使用还未在老年群体中普及，老年人媒介素养需要进一步提升。在此情形下，社区层面的智慧养老平台与老年人之间尚未建立起有效互动机制，容易导致平台陷入设而不用的空置浪费局面。此类问题迫切需要加以重视和有效解决。

四　相关对策建议

当前，人口老龄化社会治理是一项系统工程，涉及不同主体、不同部门各个要素的有机统一，应从以下几方面统筹推动。

（一）深化党建引领，做好新时代首都老龄化社会治理工作

人口老龄化是人口发展到一定阶段必然呈现的社会事实，以党建引领为抓手，有利于客观认识首都人口老龄化的基本形势和老龄化社会形态的演变特征，从而准确把握北京人口老龄化规律与老龄化社会形态之间的作用关系。因而，需从以下两方面着手。

一是以党的领导为核心优化养老服务工作机制，改善相关部门碎片化运作状态。一方面，以社区党委带动物业企业、社区社会组织、业主委员会等参与到为老服务过程中，在街乡、社区层面形成辖区内外资源统筹机制；另一方面，加强基层社区工作者队伍建设，在社区设置专门负责养老工作的社区工作者岗位，并建立以养老服务为内容的社区工作者岗位培训、继续教育等培训体系；做好老年人及其家属、社区、社区养老驿站、街乡养老照料中心之间的衔接互动工作，以有效发挥社区养老共同体的功能。

二是进一步优化生育政策，推动落实教育"双减"政策，为北京人口结构优化营造良好的政策保障和社会氛围。完善育龄妇女生育产假措施，消除就业性别歧视，做好积极应对人口老龄化配套工作，等等。

（二）协调理顺社区居家养老联合体各要素之间的关系

居家服务方面，在政策保障、社会多元主体协同背景下家庭责任不可缺位。与此同时，以家庭养老床位为抓手推进社区居家养老、机构养老的有机融合，重点向失能（半失能）失智老人倾斜，让有需要的老人能够在家门口享受机构的专业照护。

社区养老服务层面，进一步丰富社区养老照顾内容，例如在老年餐桌、

日间照料、短期托养、志愿互助服务等方面依托多元主体为老人提供优质多功能的社区照顾资源，结合老年人需求进一步细化助行、助洁、助餐、助购、助医等服务。

养老机构层面，不断提升自身品质及市场运营能力向社区进一步延伸服务，带促市场性养老照顾资源向社区下沉。与此同时，完善社区居家养老联合体志愿服务体系，如确定志愿服务内容、做好志愿团队管理培训评估等，利用智慧养老服务平台开展助医、助行、助餐刚需服务，发挥平台评估、监测、响应功能，对社区内养老服务企业进行监管。

（三）优化社区智慧养老体系，提升老年人生活品质

一是不断推进试点建设，以互联网信息技术为引擎不断改善老年人生活的同时，加快出台首都社区智慧养老服务规范和标准，明确互联网背景下依托智慧养老信息平台面向不同社区、不同年龄段老年人能够提供的社区居家养老服务内容及收费标准，并确立相应的监督评价机制，推动新时期首都智慧养老新产品、新业态、新模式发展，以包容性的数字化环境和有温度的数字生活提升老年人生活质量。

二是聚焦老年人需求，坚持问题导向。线上层面推动各类互联网 App 应用，为数字经济时代首都老年人提供便捷、优质的生活，在就医、购物、出行、文娱、旅游等方面提升老年人社会参与度。线下层面依托社区社会组织、社区志愿者等为老年人提供简便易行的手机操作、互联网 App 使用等实操培训，打通老年人数字生活的"最后一公里"。

参考文献

黄石松、孙书彦、郭燕：《我国"一老一小"家庭支持政策的路径优化》，《新疆师范大学学报》（哲学社会科学版）2021 年第 3 期。

崔树义、杜婷婷：《居家、社区、机构养老一体化发展研究》，《东岳论丛》2021 年第 11 期。

范玉吉、李紫繁：《从赋权到限权：老年人智能手机使用研究》，《未来传播》2021年第5期。

陈奕男：《中国长期护理保险筹资现状、局限与优化路径——基于27项试点政策文本的实证分析》，《北京航空航天大学学报》（社会科学版）2021年第12期。

吴静、于淑仪、张颖：《智媒时代中国适老APP应用现状及传播对策》，《中国老年学杂志》2019年第21期。

B.14
北京预防老年人跌倒研究报告

汪琳岚*

摘　要：　跌倒是老年人因伤就诊、因伤死亡的主要原因之一，预防老年人
跌倒成为提升老年人福祉的重要议题。近年来，北京市老年人居
家和社区中的适老化改造逐步推进，医疗机构设立了防止跌倒的
综合门诊，社工机构和街道合作为预防老年人跌倒提供专业服
务。除物理环境外，人际环境也是引发老年人跌倒的社会因素。
本报告建议强化居家适老化改造产品的供需匹配，优化公共机构
和商业机构的设施管理流程，加强涉老工作人员培训，将医疗机
构评估跌倒风险和防治跌倒的专业知识推广到更多机构，并对公
众进行预防跌倒的综合教育。

关键词：　老年人　适老化改造　无障碍环境　北京

2021 年 10 月，国家卫生健康委和中国疾控中心联合发布《预防老年人
跌倒健康教育核心信息》，其中第一条为"跌倒是我国 65 岁及以上老年人
因伤害死亡的首位原因，是导致老年人创伤性骨折的第一位原因，也是老年
人因伤到医疗机构就诊的首要原因"。跌倒可能带来骨折、头部损伤等，严
重影响老年人的健康。并且，跌倒也是引发老年人失能的危险因素之一。跌
倒的发生既与老年人自身的身体和精神状况有关，也与老年人所处的物理环
境和人际环境有关。有研究显示，老年人的年龄和性别、躯体健康状况

＊ 汪琳岚，北京市社会科学院助理研究员，博士，主要研究方向为经济社会学的理论及应用。

（视力、平衡功能、慢性疾病、足部疾病）、心理健康、药物使用、饮酒情况等均是老年人跌倒的内在风险因素。[①]

北京市人口老龄化趋势日益显著，预防老年人跌倒，不仅是提升老年人及其家庭福祉的重要方面，也是多项公共政策的交汇之处。根据《北京市老龄事业发展报告（2020）》，截至 2020 年底，北京市 60 岁及以上常住人口占比已达 19.64%，户籍老年人口的比例则达到 27%。[②] 近年来，北京市在居家适老化改造、无障碍环境建设等方面有不少新动向，通过分析老年人跌倒引起的民事法律纠纷，也可获知老年人跌倒的物理环境原因和人际环境原因。本文对上述方面进行梳理，并就进一步建设预防老年人跌倒的社会支持体系提出建议。

一　老年人居家和社区环境中的适老化改造和无障碍环境建设

（一）老年人居家和社区环境中的适老化改造

从养老模式来看，居家养老的老人占比最多，达到 90%[③]，而家庭是老年人意外跌倒最常发生的地方。在室内环境下，防止跌倒的改造要点包括：减少地面的不平整、减少地面的湿滑隐患、减少过道上的杂物堆放、各房间有充足照明、卧室内使用双照明开关、常用的椅子有扶手、马桶和淋浴区有扶手和助浴椅、减少需登高够取的物件、建立与子女和外界的预警报警系统等。

2016 年，北京市《支持居家养老服务发展十条政策》提出，免费为本

---

① 王志灼、谷莉、周谋望：《中国老年人跌倒风险因素识别及评估工具应用的研究进展》，《中国康复医学杂志》2021 年第 11 期。

② 王琪鹏：《北京老年常住人口占比达 19.64%！"十三五"增长 51 万》，《北京日报》2021年 9 月 6 日。

③ 蒋梦惟、杨卉：《累计建成"一刻钟社区服务圈"1772 个北京养老服务"十三五"成绩单出炉》，《北京商报》2021 年 1 月 24 日。

市 5000 户有需求的困难老人家庭进行家居生活场所的适老化改造，每户的改造资金约为 5000 元，优先面向有经济困难的失能老人。截至 2020 年 9 月底，北京市已为 2 万余户困难老年人家庭实施居家适老化改造。① 在改造的具体方案上，遵循一户一方案的原则。以昌平区为例，评估服务组织进入老人家中对老年人进行评估，提出个性化的改造设计方案。一位老人患有寰枢椎脱位、高血压、脊髓型颈椎病，改造时为老人安装了电动护理床和漏电保护器；另一位老人视力和听力均不佳，工作人员为其安装了助听器、小夜灯、适老椅等。② 整体而言，目前普惠性的居家适老化改造服务面向低保低收入、高龄、失能失智老人等群体。2021 年 11 月，《北京市"十四五"时期老龄事业发展规划》出台，在推进老年友好型社会建设的目标中提出，将制定居家适老化改造政策服务包等。

除在老年人家中进行适老化改造外，老年人所在的楼道、楼门等也被纳入政府支持的适老化改造范围。2021 年 9 月，海淀区学院路街道展春园社区党委使用党组织服务群众经费，对 25 栋居民楼中破损的扶手进行了维修和更换。③ 2021 年 6 月，丰台南路有三栋居民楼的老年户主占多数，楼内台阶有破损，楼梯两侧也没有无障碍设施。居民楼所在社区入户征求居民同意后，街道安排应急工程队为这几栋居民楼加装了楼梯扶手。④

（二）北京市无障碍环境建设进展及其与老年群体的关联

2021 年 11 月 1 日起，《北京市无障碍环境建设条例》开始施行，"无障碍环境建设，是指为便于残疾人、老年人等社会成员自主安全地通行道路、

---

① 孙颖：《老人意外跌倒 85% 因居家环境 适老化改造 覆盖中低龄老人》，《北京晚报》2021 年 10 月 14 日。
② 《一户一方案！昌平完成 145 户困难老人家庭适老化改造》，北京市昌平区融媒体中心，2021 年 11 月 22 日。
③ 《我为群众办实事丨让居民老有所"扶"——学院路街道展春园社区完成整修楼道内扶手工作》，"美丽学院路"微信公众号，https://mp.weixin.qq.com/s/CuJIObHekd OTPxEDsPvKog，2021 年 9 月 26 日。
④ 陈圣禹：《新村街道加装楼梯扶手，方便老人出行》，《北京日报》2021 年 6 月 25 日。

出入相关建筑物、搭乘公共交通工具、交流信息、获得社会服务所进行的建设活动"①。2021 年 11 月，北京经开区 26 个普通小区全部覆盖了无障碍设施。有 70 多岁的老年住户表示，由于年事已高加上腿部做过手术，为了防止跌倒后给儿女增加负担，平时尽量少出门。现在有了楼梯扶手和抓杆，老年人逐渐增加了外出次数，心情更加愉悦。经开区的无障碍设施改造工作是基于试点来开展的。首先在三个小区打造示范小区，装设扶手、语音报层设备、无障碍抓杆和坡道、智能照明系统等，其后在经开区内铺开。②

二 医疗机构开设跌倒门诊以及专业社工参与跌倒预防工作

对老人跌倒风险的评估包括对老人身体状况、精神状况的评估，还有对居家环境中跌倒风险的评估。目前，部分医疗机构和部分居家适老化改造产品的供应商提供了这些类型的评估，其中，医疗机构的评估与慢性病管理、跌倒预防及诊治等密切关联。例如，积水潭医院围绕本医院的骨科特色，于 2018 年开设了跌倒门诊，接诊的重点是预防和管理因慢性病引起的跌倒，包括对病人进行教育，还会对病人进行视力、肌力等测试。301 医院也于 2018 年启动了包括骨科、神经内科、老年医学科、康复医学科等在内的防跌倒联合诊治。可见，提供跌倒预防专业服务和诊治的机构主要设在几家大型医院，目前老年群体对此类跨科室综合诊治服务的知悉度有限，而老年群体中患有高血压和骨质疏松等基础慢性病的群体、高龄老人群体等对此类服务的潜在需求很高。

除医疗机构外，社工机构在预防老年人跌倒的宣传和居家适老化改造等方面也扮演了重要角色。例如，2021 年上地街道和专业社工机构合作，围绕居家生活环境中的各要素，为老年人开展预防跌倒的教育普及活动，在评

---

① 北京市人民代表大会常务委员会：《北京市无障碍环境建设条例》，http://www. beijing. gov. cn/zhengce/dfxfg/202110/t20211011_ 2509424. html，2021 年 9 月 27 日。

② 《暖心又便民！北京经开区普通居住小区实现无障碍设施全覆盖》，https://m. thepaper. cn/baijiahao_ 15488729，2021 年 11 月 21 日。

估独居、空巢老人后，对预防老人跌倒的事项进行评估，给老人们带去包含小夜灯、防滑垫、防滑防摔护角在内的爱心包，并根据老人的需要给老人安装扶手、提供助行器等。自 2021 年开展"防跌倒"居家养老服务项目以来，街道和专业社工组成的工作组将服务对象分为低风险和高风险两类，预计覆盖至少 100 户老人。① 在居家适老化改造的推进过程中，入户社工也发挥了与老年人沟通的专业优势，为确定改造方案打下了基础。

三　老年人摔伤的物理环境与人际环境因素分析

老年人跌倒的发生既与个人的身体、精神状况及用药状况有关，也与老年人所处的物理环境和人际环境有关，因此，分析以往老年人跌倒的发生场景，有利于了解外部因素的分布，为制订预防跌倒的综合方案提供基础。

依据公开的裁判文书可知，2021 年北京市因老年人摔伤引起的民事法律纠纷案例有 45 个，发生的场景分别为养老机构（包括镇福利中心）13 个，小区、邻里 7 个，商超银行 6 个，路上 5 个，居家 4 个，公园游乐场 3 个，医院 3 个，公交 2 个，旅游景点 2 个。在养老院和医院摔伤，养老机构、医院多要承担相应责任，在家中发生摔倒事故时的纠纷则多与家政人员的责任有关。在其他场所发生纠纷则有所不同，老人并未处于付费接受专门照护服务的环境中，更具突发性，导致老年人摔伤的人际环境也更加复杂，可将其分三类，第一类为小区、邻里，第二类为公交车、马路，第三类为商超银行、游乐场、旅游场所。

在小区和邻里场景下跌倒引发的纠纷案例有 7 个，大多数跌倒事件与人际环境有关。例如，有 3 个案例为邻里纠纷中老人摔倒，1 个案例为因儿童骑车碰到老人导致老人摔倒，1 个案例为因避让狗而摔倒。在这 5 个案例中，有 4 个案例的对方当事人均需承担赔偿责任。另外 2 个案例与物理环境

---

① 《［今日看点］定期巡视，专业服务跟进，上地街道倾情打造安心居家养老环境》，"e 动上地"微信公众号，https：//mp.weixin.qq.com/s/pqb0f5JWfucmuEcmn4M4jA，2021 年 12 月 14 日。

有关，其中 1 个案例为老人摔倒与电梯口地垫未固定有关，法院判决装修公司和物业公司各承担20%的责任；在另 1 个案例中，陪同老人外出的家政人员和家政公司共同承担20%的责任。在 7 个案例中，有 2 位老人摔倒后去世。其中，一位老人患有高血压、心脏病、脑梗等疾病，双方因为座椅使用问题发生争吵，后老人倒地，经抢救无效去世。法院认为，被告作为邻居对去世老人的身体状况应具有充分认知，其在未经允许擅自使用他人座椅被发现后，未能保持理性、平和的态度，而是以争吵方式激化矛盾，使去世老人因情绪激动猝死的危险系数增大，在某种程度上成为老人死亡发生的诱因。另一位 80 多岁的老人由家政人员陪同到小区附近散步，在老人于树坑旁站立期间，家政人员在附近椅子上坐着，老人踩到树坑后摔倒，被诊断为右侧股骨粗隆间粉碎性骨折、急性肺栓塞等疾病，手术后突发憋喘，因急性肺栓塞去世。法院认为，家政人员未能尽到完全的看护义务，家政公司也有一定的管理职责。

老人在公交车、路上发生摔倒的案例也有 7 个，多与物理环境有关。在 7 个案例中，有 1 个案例为老人因躲避狗追摔伤，2 个案例为在公交车上摔倒，2 个案例为与客车、三轮车等相撞摔倒，还有 2 个案例为机动车的绳子和洒水车的加水管道绊倒。在这 7 个案例中，有 2 位老人去世。其中之一，68 岁的老人乘公交车，从后门下车时倒地后去世。在另一案例中，法院认为，老人经过的取水位置前未放置安全警示标志，在取水过程中存在明显过错，铺设管道的行为与老人摔倒去世之间存在因果关系的高度盖然性。

老人在超市、银行、公园、旅游景点等地摔倒的 11 个案例中，摔倒原因多源自物理环境。其中，8 个案例的摔倒原因包括乘坐电梯、被物品砸中、被物品绊倒以及因路滑摔倒，其中一位老人在旅游景点摔倒后去世；另有 3 个案例的摔倒原因为被儿童骑车刮倒以及和保安发生纠纷摔倒。在这 11 个案例中，除一个旅游景区因为尽到合理限度的安全保障义务，且事发路段为非游客必经前往路线被法院认为无须承担赔偿责任以外，其他 10 个案例中，商超、游乐园经营者、旅行社、保安、儿童的监护人均需对老人摔倒承担赔偿责任。例如，在一名老人在戏水游乐场带孙子游玩时摔倒的案例中，法院认为，虽然游乐场的经营方在消费卡背面写明 60 岁以上老人不可办理该卡，但年满 65 岁的老人在办理季卡时并未受到阻拦，该公司为专业经营者，应尽到比普通游客更高的管理、注意及提示义务。此外，在老人在超市乘坐扶梯摔倒的案例中，法院认为，超市在人数多的时候应该加强电梯值守，避免可能产生的危险，该超市在老人摔倒时未及时关停电梯，也未能及时救助老人，应在安全保障义务的范围内承担赔偿责任。在 3 个由人际原因引起的摔倒案例中，2 个源自和保安的冲突，1 个源自儿童骑车经过时的碰撞。在 2 个和保安的冲突案例中，保安均在履行职务，其中一个因银行已停止营业，保安劝阻老人进入，引起老人倒地，法院认为保安对这样一位行动迟缓、听力不佳的老人履行职务时，未尽到审慎的注意义务，致使老人倒地的损害后果发生，该保安受雇的保安公司需承担责任。

四　预防老年人跌倒的现有措施中的不足

（一）居家适老化改造产品的消费需求有待发掘

有学者在研究特定街道的改造实践后发现，在政府财政资金支持、面向特定老年群体的居家适老化改造中，现有的室内改造大部分集中在康复辅具适配这个类别上，相比之下，智能化助老设备、建筑的硬件改造、家居家装改造的占比不高。原因是承接室内改造的企业在为老人安装和启用智能设备时收集老人个人信息的合法性问题、更改房屋结构困难、更换家具成本高等。[1]

从目前市场上提供的居家适老化改造产品和老人客户群体自发需求的对接来看，存在供需匹配尚不充分的情况。以某企业提供的居家适老化改造产品为例，产品有三类。第一类为单个的初级用品，包括一字形扶手 70 余元，

---

[1] 杨静函：《北京市困难老年人住房适老化改造政策执行研究——以 J 街道为例》，北京工业大学硕士学位论文，2020。

L形扶手146元，床边扶手248元，马桶扶手架1000余元。第二类为智能呼叫系统、无线控制的灯光照明系统以及适老家具。第三类为适老卫生间改造和全屋改造，其中适老卫生间改造的定价为2.8万元，包括拆除、水路电路改造、防水、瓷砖、安装、除去或降低地面高差、提供助浴椅等。从市场反馈来看，选择适老化改造卫生间或者全家改造的客户不占多数，原因是这类改动比较大，所需资金也较多，给老年人带来较高的经济成本和心理成本压力。相比之下，第一类产品的单价不高，更易于为老年群体接受，但老年群体及子女对这类产品的熟悉度还很有限。

可见，尽管老年群体对居家适老化改造的潜在需求很高，市场上也有各种不同梯队的产品可供选择，但由于此类产品为风险预防类产品，老年群体对此类产品的消费意识还需培养；并且，此类产品需要上门安装，商家的信誉、服务意识等也十分重要。

（二）公共机构和商家对预防老人跌倒的设施管理和人员培训还需加强

从上文对老年人跌倒引起的法律纠纷案例分析可见，老年群体在商场、超市、银行、旅游景点、公园、公交车、公路、小区等地发生跌倒，既有物理环境的原因，也有人际原因。其中，物理原因包括地面湿滑、地面有坑洼、电梯故障、过道上物品摆放多、高空置物不稳、道路上有线路经过未提示行人等；人际原因包括，工作人员履行工作职责时和老人有身体上的接触，言辞比较激烈，老人和其他不特定的行人、邻里、养宠物者之间因发生纠纷导致摔倒，等等。可见，在小区、公交车、道路、公共机构及商业楼宇中，不仅无障碍设施的建设十分重要，对设施、物品的管理以及对工作人员的培训也相当重要。

（三）老年人自身、社会公众预防跌倒的意识不够

对老年人跌倒的预防是重中之重，但不论是老年群体、老年人的子女还是社会公众，对老年人跌倒原因及后果的了解均十分有限。由于老年人跌倒涉及的原因很多元，既和老年人自身的身体状况、精神状况、用药状况等相关，又

和居家环境、小区基础设施有关，还和老人所处的人际环境有关，牵涉到多方面信息，老年人自身、老年人子女以及社会公众均需尽可能多地了解和获取更加全面的信息。此外，延伸开来，在公共场所，老年群体之外的公众在面对和老年群体的冲突以及老年公众之间发生纠纷时，对老年人跌倒的突发性和后果有提前了解、选取适宜的纠纷化解方式，对当事双方来说都十分重要。

五　预防老年人跌倒的综合方案建议

（一）推广居家适老化改造的普及型产品和专业型产品

居家适老化改造的普及型产品包括扶手、防滑垫、拐杖、照明灯等，价格不高，也不需要复杂的安装流程，但目前在普通家庭中的普及程度还比较有限。可通过多种方式宣传和推广这类基础产品。目前，街道、社区在敬老爱老活动中会给老人发放包含这类产品的礼包，老年居民普遍认为这类产品实用性强。这种以公益渠道推广基础产品的方式可以继续拓展。此外，政府可在现有的为特定困难老人提供居家适老化改造之外，探讨对基础产品进行筛选和补贴，使更多普通老人获益。对已购买此类产品的老人，还可选取由市场机构或公益机构提供的检测、维修、更换等服务。可鼓励企业与熟悉本地老人、有工作基础的专业社工机构合作，在和老人良好沟通的基础上为老人提供产品和服务。

在居家适老化改造的基础产品之外，还有硬件、软件的专业程度更高的产品，如居家护理床位，可进一步研究推动这部分服务的供给和有需要的老年群体对接。目前，上海市徐汇区有养老院将其服务职能辐射到居家场景中，在老人家中安装居家照护的床位和智能设备，在老人出现摔倒或滞留卫生间时，自动发出报警提示，养老院的工作人员接收后联系医生上门。① 可

---

① 《老人在卫生间跌倒无法动弹！超过 2 分钟，这个系统就会发出预警……》，"上海徐汇"微信公众号，https://mp.weixin.qq.com/s/9i6nnMLWGiNJg 5hi4GCOfw，2021 年 12 月 18 日。

见，专业型产品和专门化的服务运营关系十分密切，居家适老化改造虽然立足于居家场景，但提供为老服务的主体可以是多元的，其中养老院和医疗机构已有一定的组织基础，可能是目前提供专业服务的关键主体。

（二）公共机构和商家优化空间管理、加强人员培训

公园、公共交通等公共机构的管理者，银行、商场、超市、旅游景区的运营者等市场主体，需要在空间、设施管理、人员培训等多方面加强对预防老年顾客跌倒的准备。首先，有必要对管辖范围内的空间构造和设施摆放进行适老化改造，对预防老年人摔倒有专门考虑。其次，从管理流程上进行优化，对电梯检修、路面湿滑提示、过道清理等重点部分，设计清晰的专人负责机制和管理流程。

此外，公共机构和商家还需对工作人员进行系统培训，让工作人员了解老年群体的身体特征、认知特征和交流方式，对可能发生的纠纷有提前判断，并对合理的纠纷化解方式有系统了解，以降低因语言表达或肢体接触而发生意外跌倒事件的可能性。

（三）对老年群体及社会公众进行专业、系统的预防跌倒教育

在老年人及社会公众对跌倒的常见认识中，跌倒是在走路过程中因为不慎偶然发生的，对跌倒产生的身体原因、心理原因、物理环境和人际环境原因等的认识不足，对跌倒导致老年人受伤、长期卧床甚至重病的后果了解不足。需对与预防老年人跌倒相关的知识进行系统梳理，并通过各种渠道向公众传播。首先，医学类知识、信息及专业服务主要由医疗机构提供，其中积水潭医院及301医院开设的防治跌倒门诊提供的预防跌倒检测及防治服务，可向其他有条件的医院乃至社区医疗服务站、医养结合中心、老年活动中心和养老机构延伸。其次，可鼓励社会力量编制预防跌倒的手册、视频、音频材料，向社区、养老机构、涉老商业机构推介，还可编写对涉老机构工作人员的培训材料，提高老年群体及其家属、涉老工作人员以及全社会对创造预防跌倒的物理和人际环境必要性的认识。最后，在社区层面，可和专业社工

机构长期合作，常态化地开展预防老年人跌倒的公益活动，并将宣传教育、入户评估、服务有需求的老人有机结合；还可以编写社区场景发生老年人跌倒的案例，提升社区居民对创造良好人际环境、规范邻里行为的认知。

参考文献

王志灼、谷莉、周谋望：《中国老年人跌倒风险因素识别及评估工具应用的研究进展》，《中国康复医学杂志》2021年第11期。

王琪鹏：《北京老年常住人口占比达19.64%！"十三五"增长51万》，《北京日报》2021年9月6日。

蒋梦惟、杨卉：《累计建成"一刻钟社区服务圈"1772个 北京养老服务"十三五"成绩单出炉》，《北京商报》2021年1月24日。

孙颖：《老人意外跌倒85%因居家环境 适老化改造 覆盖中低龄老人》，《北京晚报》2021年10月14日。

陈圣禹：《新村街道加装楼梯扶手，方便老人出行》，《北京日报》2021年6月25日。

北京市人民代表大会常务委员会：《北京市无障碍环境建设条例》，http://www.beijing.gov.cn/zhengce/dfxfg/202110/t20211011_ 2509424.html，2021年9月27日。

社会治理篇
Social Governance

B.15
北京基层社区治理精细化智能化调查报告

袁振龙[*]

摘　要： 新冠肺炎疫情极大地改变了我们传统的生活和治理方式，现代科学技术更多地被应用到城乡社区治理的各领域。北京"西城家园"通过收集清洗社区原始数据、实现人房关联、培训使用群体、推进内容生产、提供支撑服务等，对基层社区精细化智能化治理进行了初步探索。本报告分析"西城家园"推进精细化智能化治理的动因、努力和路径，从整体政府、条块结合、场景设计等角度就广泛应用现代科学技术统筹疫情防控和基层治理提出若干思考。

关键词： 基层治理　社区治理　西城家园

---

* 袁振龙，北京市社会科学院综合治理研究所所长，研究员，社会学博士，主要研究方向为社会治理、社会治安、城市安全等。

推进"国家治理体系和治理能力现代化"① 是党的十八届三中全会提出的一个重大命题，是新时代统领我国社会建设和社会治理的重要方针。2021年3月，《中华人民共和国国民经济和社会发展第十四个五年规划和2035年远景目标纲要》明确提出，要"构建基层社会治理新格局"②，并做出具体部署。2021年4月28日，《中共中央 国务院关于加强基层治理体系和治理能力现代化建设的意见》正式发布，进一步明确提出要"建立健全基层治理体制机制，推动政府治理同社会调节、居民自治良性互动，提高基层治理社会化、法治化、智能化、专业化水平"③，为新时代推进基层社会治理指明了方向。

基层治理是国家治理的基石，全国各地围绕市域社会治理、基层社会治理现代化进行了广泛而富有成效的探索，形成了诸多经验模式。首都北京作为一个常住人口超2100万的超大型城市，社会治理工作一直是北京市委、市政府的重点中心工作。近些年来，北京市坚持以人民为中心，围绕广大市民"急难愁盼"问题，探索提出"街乡吹哨，部门报到""接诉即办""每月一题"，抓住"物业管理"和"垃圾分类"两件关键小事，推进"回天有我"大型社区治理创新、南城北城均衡发展、北京城市更新行动计划、"通州区与北三县一体化发展"等重点工作，创造了一系列崭新的社会治理经验，努力让市民生活更加美好。《中共北京市委关于制定北京市国民经济和社会发展第十四个五年规划和二〇三五年远景目标的建议》明确提出，今后5年，要实现"首都治理体系和治理能力现代化水平明显提升"④ 的目标。2020年初，新冠肺炎疫情在全球暴发。我国取得新冠肺炎疫情阻击战

---

① 《中共中央关于全面深化改革若干重大问题的决定》，2013年11月12日。
② 《中华人民共和国国民经济和社会发展第十四个五年规划和2035年远景目标纲要》，人民出版社，2021。
③ 《中共中央 国务院关于加强基层治理体系和治理能力现代化建设的意见》，2021年4月28日。
④ 《中共北京市委关于制定北京市国民经济和社会发展第十四个五年规划和二〇三五年远景目标的建议》，中国共产党北京市第十二届委员会第十五次全体会议通过，2020年11月29日。

的胜利，但疫情境外输入的压力持续存在，境内时常多点散发，给我国经济社会发展带来一定的冲击和压力。全国各地统筹经济社会发展与疫情常态化防控，保持"动态清零"策略，注重利用新理念新技术新方法推进基层社会治理，涌现出许多值得关注的智慧社会治理探索实践，北京市"西城家园"是地方政府与信息科技公司联合推进基层社区精细化智能化治理的一次初步探索。

一 北京"西城家园"推进基层社区精细化智能化治理的主要做法

保持社交距离是有效应对新冠肺炎这一新型传染病，实现疫情防控的一个基本要求。对确诊病例、密接者和次密接者进行隔离观察，是高效控制疫情传播风险的重要措施。利用大数据等技术对确诊病例、密接者和次密接者的活动轨迹进行查证，开展流行病学调查，迅速确定中高风险人群和疫情可能的传播范围，减少疫情封控措施对其他市民的影响……这极大地改变了人们的生产生活方式，也对城市基层社会治理提出了更高的要求，线上线下融合成为城市基层社会治理的努力方向。

北京"西城家园"是2021年由中共北京市西城区社会工作委员会、北京市西城区民政局负责，某科技有限公司具体承担的一个项目。该项目以社区居民和社区工作者为使用主体，意在通过平台的推广提升社区居民的认可度、参与度和活跃度，做到工作精细精准，实现社区居民会用、社区工作者好用，把社区治理工作进一步延伸到楼门院，将"西城家园"打造成街道社区开展疫情防控工作的有力抓手，从而提升西城区基层社会治理工作水平的目标。具体做法主要有以下几方面。

（一）收集清洗西城区社区原始数据

家园的基础是数据，数据是家园中最重要的因素，数据收集和清洗是"西城家园"的第一步基础工作。"西城家园"首先开展西城区15个街道

263 个社区的基础信息，包括社区、小区和楼号等基础信息的收集工作，由各社区根据实际管理需求填写区域信息，对不规范的社区、小区、楼号进行标准化处理清洗，反复校验再入库。2021 年，共形成 25000 条有效的楼号区域数据，形成"西城区—街道办事处—社区—小区—楼号"五级精准化边界，从而确保居民注册"西城家园"系统时可以选择对应的标准化准确地址，为社区工作者按小区、按楼号进行精细化管理奠定坚实的基础。

（二）通过编码实现社区居民人房关联

"西城家园"编码的正常长度为 17 位，前 6 位号码固定代表西城区，7~9 位为街道办事处编码（目前共 15 个），10~12 位为社区编码（目前共 263 个），13~14 位为小区编码（根据社区小区实际数确定），15~17 位为楼号编码（根据小区楼号数实际确定），实现现实中小区楼号的数字化虚拟化。项目组对技防平台和电子通行名单中已经采集的居民身份数据及社区提供的居民台账数据，根据数据校验规则进行有效性校验核对，确保居民信息准确无误。2021 年，共集中导入"西城家园"平台 80 万以上居民数据，将精准化处理的西城区—街道办事处—社区—小区—楼号五级边界与居民信息进行关联，实现居民人房的准确关联。

（三）通过定向培训稳定"西城家园"使用群体

"西城家园"是政府部门、运维公司、街道办事处、社区、居民等多主体共同参与的网络平台，其中街道办事处社区建设科工作人员、街道接诉即办工作人员和社区党组织、居委会、服务站领导及社区其他工作人员是最重要的使用主体。"西城家园"项目的顺利推进和高效使用，取决于多主体对项目平台设计意图的深刻领会和使用技巧的熟练掌握。为此，项目组针对街道办事处工作人员和社区工作人员，围绕如何使用"西城家园"社会治理服务平台"我的社区"核心功能，包括通知公告、邻里之间、法律直通、吹哨报到、议事协商、党员之家、服务资源等，开展了有针对性的日常工作及疫情防控相关工作的系统培训和现场演练等活动。2021 年，项目共开展

15 场街道培训，600 余人参加培训活动。目的是确保"西城家园"平台核心使用人员熟知平台功能，能够熟练使用平台发布通知公告、进行议事协商、处理居民诉求等工作；以及通过"西城家园"平台发布疫情防控相关通知、相关动态、全国高风险地区名单、居民向社区报备的通知，基于电子通行证开展社区居民出入小区无纸化管理等，提升工作人员熟练使用网络语言与居民沟通能力及线上线下协同能力。

（四）持续推进内容生产增强用户黏性

持续推进平台内容的生产，提升平台内容的吸引力以增强平台用户的黏性，是"西城家园"平台持续健康运行的关键所在。"西城家园"平台作为具有政府背景的基层社区治理服务平台，其资讯内容的生产十分关键。平台内容既要求真实、准确、权威，又要亲民、接地气，要贴近居民心理，主要包括通知公告、西城生活、西城家园、西城动态、精彩西城、美丽西城、文明西城、西城风采等，表现形式要丰富多样，适当运用表情包、短视频、漫画、H5 等多种形式，增加文章的趣味性，把懂媒体和懂网民有机地结合起来。要适当运用编辑技巧，并依托"西城家园"App、微信公众号等终端进行平台内容的发布和推送，用居民喜欢熟悉的语言把政务内容传播好。2021 年"西城家园"共推送 97 篇公众号文章，累计阅读量近 88 万人次。根据社区治理和疫情防控工作的需要，做好专题策划和页面设计，广泛收集资料，适时制作一些优秀的专题，做好专题发布工作，不断提升"西城家园"平台的吸引力，以提高"西城家园"的浏览率和知名度。2021 年，"西城家园"共做了 12 个专题 109 篇图文编辑美化及 banner 设计。同时，及时收集、整理居民群众通过"西城家园"App、微信公众号发布的意见建议，及时回复居民的诉求，形成街道社区与居民的良性互动。

（五）提供线上线下推广支撑服务

项目组分成三个工作小组，分别服务支撑西城区 15 个街道 263 个社区，目的是提高社区居民对"西城家园"的注册量和使用量，方便社区居民基于"西城家园"平台接收社区的活动通知、上报居民诉求，通过平台精准推送功能查看防疫动态、疫苗接种通知、疫苗接种预约登记等。工作方式主要是项目组通过电话沟通、社交软件沟通、邮件沟通等线上渠道提供"西城家园"使用过程中的技术咨询指导，构建长期、稳定、便捷、高效的"西城家园"用户服务体系，由专门工作人员针对街道办事处、社区、居民等在使用过程中遇到的问题提供咨询、技术指导等服务，为社区工作者和居民等提供平台使用的指导服务。

二 对北京"西城家园"统筹基层社区治理和疫情防控的几点分析

把现实社会中的西城社区搬到网络建设网上"西城家园"，运用大数据等技术提升现实社会中西城社区治理和疫情防控工作效率，通过"西城家园"平台实现现实社会与网络社会的协同治理，实现基层社区的智能治理、精细治理和疫情防控，这是北京"西城家园"建设的初衷。北京"西城家园"项目反映了当前我国各地推进基层社区精细化智能化治理的趋势，体现了当前社会治理创新的一个重要转向，值得关注和分析。当前，疫情防控常态化是基层社区的一项重要任务，需要和社区治理工作一起统筹抓好，对基层社区普遍提出了更高的要求。

（一）"西城家园"推进基层社区精细化智能化治理的动因分析

随着我国社会的深刻转型，传统的部门、企业、单位不断深化改革，越来越多的"单位人"转变为社会人，原来由单位承担的就业社保、养老托幼、扶残助残、医疗卫生、家政服务、物流商超、纠纷调处、心理援助等社会事务通过改革逐步归还给社会承担，意味着我国经济社会体制的深刻变革和资源配置的重新组织。在这个变革和重组的过程中，大量社会问题和社会事务从单位转交给社会，而社会组织总体上发育不良，既没有足够的社会组织，社会组织也没有足够的资源和能力承担这些繁重的事务。在这种情况下，本该承担基层群众性自治功能的基层社区成为当前承接这些繁重事务的"容器"，大量事务被转移给基层社区。基层社区在城市治理体系中的重要性日益增长，承担的职能任务不断增加，需要处理的事务与日俱增，需要解决的问题层出不穷，这也是当前社区减负虽然叫得响却屡屡难以奏效的深层次原因。既然社区减负之路难以走通，那么通过推进基层社会治理体制改革，推动各类人、财、物等资源向基层倾斜，加强基层社区工作人员队伍建设，通过科学技术手段等给基层社区赋能，推动基层社区治理精细化智能化，提升基层社会治理效能就成为包括"西城家园"在内基层社会治理创新的普遍选择。

（二）"西城家园"推进基层社区精细化智能化治理的努力

精细化智能化是基层社区治理的努力方向，目前已经成为社会共识。像绣花一样服务管理好城乡社区，这是新时代推进基层社会治理体系和治理能力现代化的必然要求。现代城乡社区处于直接联系服务居民群众的最前端，是党委政府联系服务群众的重要枢纽，是基层社会治理的主阵地，街道和社区工作者是基层社会治理的主力军。社区已经成为城乡居民最重要的生活场域，不同群体的不同服务需求日复一日地反复在社区出现，需要社区相关主体及时提供完善的服务。社区出现的各种问题，需要社区第一时间做出反应，迅速组织力量资源及时予以解决，这对基层街道社区提出了更高的要求，也给基层街道社区带来了一定的压力。这就需要街道社区通过党建协调会、居民小组、社区社会组织、网格、楼门院长等各种组织载体与辖区单位、居民群众等保持紧密的联系，像熟悉自己的身体一样熟悉社区的人、房、物、地、组织、设施及各种安全隐患，熟悉静态的社区、变化的社区和社区的变化，熟悉社区的需求和资源，利用传统经验和大数据分析等技术迅速做出科学合理的判断与反应，依托传统的组织优势和现代的科学技术优势，实现服务资源与需求的精准匹配对接，实现社区的精细化智能化治理。"西城家园"通过收集西城区社区基础数据，实现人房关联，让未来的基层社区治理和疫情防控朝着精细化智能化方向迈出了重要的一步。

（三）"西城家园"推进基层社区精细化智能化治理的路径

明确基层社区精细化智能化治理方向是十分关键的第一步，如何实现这一目标是更为关键的问题。这个问题的答案只能从实践中去寻找，利用5G、物联网、大数据等技术建设"城市智慧大脑"，推动城市社会治理网格化精细化智能化，这是国内目前包括北京、上海、深圳、杭州、广州等一线城市在内的普遍做法，北京"西城家园"系统是其中的一次初步探索。"西城家园"推进基层社区精细化智能化治理的路径主要是，通过政府部门与高科技企业的密切合作，从顶层进行总体设计，推动社会治理要素数据化，推进各类数据要素的互联互通，建设"城市智慧大脑"，及时回应民众诉求，及时发现城市运行和疫情防控中可能存在的风险。通过强化"城市智慧大脑"功能，增强智慧治理平台的吸引力和用户黏性，吸引越来越多的市民使用、信赖城市社会治理智慧平台，监督城市社会治理的不同主体，督促不同服务管理主体改进工作，提升治理效能，反过来推动政府政策的调整、资源的优化配置、治理流程的再造、治理格局的重塑，督促各方服务主体更好地改进服务管理，从而提升社会治理的整体效能，满足广大市民对美好生活的追求。

三　广泛应用现代科学技术统筹推进基层
社区治理和疫情防控的几点思考

处在一个科学技术及其应用日新月异的时代，这既会令人感到欣喜，也会令人感到茫然。欣喜的是，现代人类有了科学技术的加持似乎变得越来越无所不能，"上天入海"，人类的各种奇思妙想正在变成现实；茫然的是，科学技术的大发展既可能极大地解放人类，也可能让人类无处安放自身。科学技术的发展是人类社会发展至今人类力量极大增强的具体表现，但其也带来许多使用中的法律、伦理等问题，不同群体对科学技术进步和应用有不同的看法。有学者指出，"智能社会是不可逆的全球性趋势，智能社会的人机物文明模态将重新塑造国家治理模式"，我们要主动适应智能化社会对社会治理的新要求，推动"从数字社会治理向智能社会治理""从现实社会治理向全息社会治理"① 的转变，广泛应用大数据、区块链、人工智能等现代科学技术推进基层社区治理和疫情防控工作精细化智能化专业化，更好地满足人民的美好生活需求，同时，加强和完善科学技术应用中的法律规制，严密防范化解技术滥用和个人信息泄露可能带来的各种风险。

（一）通过现代科学技术推动整体政府建设形成治理合力

整体政府是 20 世纪 90 年代中后期兴起的继新公共管理运动之后的第二轮政府改革运动的新举措。整体政府旨在通过横向和纵向协调的思想与行动以实现政府改革预期目标。在基层治理复杂化、疫情防控常态化及现代科学技术发展应用的背景下，我们要充分借鉴整体政府理念，利用现代科学技术来推进整体政府建设，促进政府部门协同，将以往过于强调专业性和封闭性的政府部门通过现代科学技术整合起来，变部门分割的"碎片政府"为统一的"整体政府"，推动各部门信息数据的互联互通和畅通流动，从而更好地协调不同政府部门的规划计划、政策措施、力量资源等，与基层社会治理的需求实现更加精准的对接，避免政策的相对抵消或互相矛盾，避免资源的重复投入和铺张浪费，实现基层社会治理和疫情防控的精准高效。从目前的努力来看，"西城家园"有这方面的意图，但并不显著，在整体政府建设、整合各部门信息数据资源方面显然还存在较为明显的差距，基层社会治理的合力还有待形成，需要进一步整合和改进。必须看到，当前基层社区工作人员不得不同时运行几十个上级不同部门信息系统的现状并没有改变，基层社区究竟有哪些负担可能减轻或取消，这是值得我们思考的。

（二）通过现代科学技术推进条块结合实现基层治理扁平化

在城市治理特别是城市基层治理中，"条块分割"一直是备受舆论和学

---

① 吕鹏：《智能社会治理的核心逻辑与实现路径》，《国家治理》2021 年第 42 期。

术界批评的一个"顽症"。一些城市政府曾试图通过推进城市管理体制改革以实现"条专块统",但收效并不明显,改革遇到的阻力不小。"条不专块难统"一直是城市治理中存在的问题,导致城市治理领域问题丛生,一些地方民众投诉不断,这种状况必须有所改变。现代科学技术特别是5G、物联网、大数据、云存储等技术的出现和广泛应用,为打破"条块分割"实现"条专块统"提供了有力的技术条件。当前,推动社会治理重心下移,推动街道管理体制改革,实行街道"大部制",将执法力量下沉到基层街道乡镇,由街道乡镇组织实现联合行政执法,把人力、物力、财力等资源不断下沉基层,同时通过建设相应的"城市智慧大脑",实现市民诉求与相关责任部门、责任单位的精准快速对接。通过现代科学技术让基层社会治理工作跑赢民众诉求扩散的速度,切实缩短民众需求与责任部门之间的距离,缩短民众诉求提出与责任部门快速处置之间的时间,真正把扁平化治理要求落到实处。

（三）通过现代科学技术应对基层治理复杂场景实现治理自助化

现代社会快速发展,人们面对越来越复杂的发展景象,各种确定性和不确定性因素叠加存在,"非典"、新冠肺炎疫情是城市治理不确定性的表现。城市基层社会治理需要针对不同场景制订相应的应急预案,做出有效的安排,为街道、社区工作者应对各种复杂场景提供法律、政策、资源、技术、方法、经验等各方面的支持。日常工作中的党建引领、社区服务、社区文化、社区健康、社区环境、平安建设、物业管理、停车管理、垃圾分类、养老服务、助残工作、吹哨报到、接诉即办等,房屋安全、设施设备安全、楼道堆物堆料、线路老化及不规范用电、电梯运行、高空坠物、管道泄漏、地陷等安全隐患的查找整改,大风暴雨暴雪等极端天气、停水停电停暖停气停网等城市运行问题,重大传染病传播等疫情防控问题,大人流高度聚集等可能引发的踩踏事故等,都是我们在设计"城市智慧大脑"时必须考虑的各种场景。并根据相关法律法规、政策文件和街道社区实际,研究制订具有可操作性的应急管理预案,做好相应的人力、物资和财力储备,通过现代科学技术形成基层街道、社区工作者和居民群众可以自助取用的治理"秘籍"，共同提升社会治理能力和水平。

（四）使用现代科学技术推进基层社区治理要加强对技术应用的反思

当前，现代科学技术比如人脸识别技术等的广泛应用已经引起国内外的相关反思和讨论。我国《民法典》《个人信息保护法》已经对涉及个人信息保护的问题做出明确的规定，明确"自然人的个人信息受法律保护，任何组织或者个人需要获取他人个人信息的，应当依法取得并确保信息安全，不得非法收集、使用、加工、传输他人个人信息，不得非法买卖、提供或者公开他人个人信息"。基层政府在推进基层社区精细化智能化治理的过程中，要做遵守法律的表率，要认真对照我国法律的相关规定，与相关科技公司一起检查和反思信息系统中是否存在违反相关法律规定的内容和流程，切实落实相关法律规定，加强信息安全工作，切实防范各种可能出现的个人信息泄露等事件。

（五）使用现代科学技术加强基层社会治理要注重防范化解各类风险

现代城市是人财物高度集中的文明结晶，也是风险高度聚集的复杂系统。习近平总书记反复强调，要增强忧患意识，坚持底线思维。党的十九大报告也明确指出，要"统筹发展和安全，增强忧患意识，做到居安思危，这是我们党治国理政必须始终坚持的一个重大原则"[1]。在推进"城市智慧大脑"建设过程中，一定要牢固树立总体国家安全观，充分考虑基层实际存在和可能面临的各类风险，如房屋安全、设施设备安全、楼道堆物堆料、线路老化及不规范用电、电梯运行、高空坠物、管道泄漏、地陷等安全隐患，大风暴雨暴雪等极端天气，停水停电停暖停气停网等城市运行问题，重

---

① 转引自刘丹、何德隆主编《防范化解重大风险研究》，国家行政管理出版社，2020，第1页。

大传染病传播等疫情防控问题，大人流高度聚集等可能引发的踩踏事故等，精准识别各类风险，把防范化解各类风险作为推进基层治理和平安建设的重要工作纳入其中。

参考文献

《中共中央关于全面深化改革若干重大问题的决定》，2013 年 11 月 12 日。

《中共中央 国务院关于加强基层治理体系和治理能力现代化建设的意见》，2021 年 4 月 28 日。

《中华人民共和国国民经济和社会发展第十四个五年规划和 2035 年远景目标纲要》，人民出版社，2021。

《中共北京市委关于制定北京市国民经济和社会发展第十四个五年规划和二〇三五年远景目标的建议》，中国共产党北京市第十二届委员会第十五次全体会议通过，2020 年 11 月 29 日。

吕鹏：《智能社会治理的核心逻辑与实现路径》，《国家治理》2021 年第 42 期。

刘丹、何德隆主编《防范化解重大风险研究》，国家行政管理出版社，2020。

B.16
北京智慧社区建设路径研究报告

李　洋*

摘　要： 智慧社区建设的实践路径与社区治理价值匹配 NGT 分析法的匹
配逻辑高度契合，面对智慧社区建设中遇到的产品供给、应用场
景和资源共享等三个难点，NGT 分析法可以形成有效的解题思
路。本研究应用此方法对北京市两个社区智慧化建设的过程和效
果进行研究，将智慧社区建设作为一项系统工程，重点对智慧社
区建设中的社区基础、建设目标和建设路径的匹配程度进行分
析，期待厘清社区智慧化建设与社区治理之间的逻辑关系，并探
索破解智慧社区建设难点的新思路。

关键词： 智慧社区　社区匹配　需求导向　资源共享

一　京沪比较：当前北京智慧社区建设的特点

（一）社区作为智慧城市的载体

2020 年习近平总书记在杭州考察时指出"让城市更聪明一些、更智慧
一些是推动城市治理体系和治理能力现代化的必由之路"。[①] 智慧城市的发
展动力在于源源不断的移动通信网络与终端的创新和迭代，因此，智慧城市

---

* 李洋，北京市社会科学院助理研究员，主要研究方向为社会分层与流动、城市更新。

① 新华社：《让城市更聪明更智慧——习近平总书记浙江考察为推进城市治理体系和治理能
力现代化提供重要遵循》，2020 年 4 月 4 日。

建设的特点就在于它可以实现不同城市化阶段的技术切入，是城市经济逾越知识鸿沟、实现数字技术应用领先的重要方式，也是满足经济社会发展和人民生产生活需求的必然要求。建设智慧城市是城市化的必经阶段，在某种意义上也就是城市化本身。社区是智慧城市建设的主要场景之一，智慧社区的建设符合技术服务于人的本质，也是未来社区治理的创新手段。北京市作为超大型城市在社区治理上具有社区类型多元化、居民需求多样化和技术条件差异化等特征，只有持续推进智慧社区建设才能满足不同类型社区和居民的服务与发展需求，提高党建引领下的社区治理效率，保持北京作为全国领先的和谐宜居之都的生机和活力，为智慧城市建设奠定良好的基础并搭建高水平的应用平台。

（二）上海和北京的比较及启发

在城市化过程中，各个城市都在加快智慧城市布局，其中新一代移动互联网技术成为竞争的高点。上海市早在 2010 年就提出"创建面向未来的智慧城市"战略。[①] 到"十三五"规划末，上海要实现"基本建成以 5G 为引领的新一代信息基础设施总体架构，为创建面向未来的智慧城市奠定基础"。[②] 截至 2020 年，上海率先建成双千兆宽带城市，基本实现了城市服务等相关事务的在线办理，在此基础上，上海市已经着手开始"全力打造世界级的人工智能深度应用场景"。[③] 上海市的优势在于通过人工智能相关产业的先发优势，在产业化过程中将数字化技术与智能城市建设相结合，尤其重视通过大数据、信息化手段和人工智能在不同城市场景中的深度应用开发，实现城市整体的数字化建设。即与其他分领域、分行业和分部门的数字化发展不同，上海在全国首次提出推进城市数字化转型，以整体智慧城市的

---

① 上海市人民政府：《关于上海市国民经济和社会发展第十二个五年规划纲要的决议》，2011 年 1 月。

② 上海市人民政府：《关于印发〈上海市推进智慧城市建设"十三五"规划〉的通知》，2016 年 9 月。

③ 中国信息通信研究院：《上海"双千兆宽带城市"发展白皮书》，2020 年 11 月。

建设来带动其他领域包括智慧社区的建设，其智慧城市建设具有较强的前瞻性和整体性。

与上海不同，北京市在智慧城市建设中注重信息基础设施建设、城市智慧管理和惠民应用体系建设，力争为国际一流的和谐宜居之都提供有力支撑。当前，北京市已经建成一批以人为本的便民利民服务项目，以政务服务、交通、医疗、教育、环境、社区和安全等民生应用场景为主。2021年3月，北京市正式发布《北京市"十四五"时期智慧城市发展行动纲要》，明确到2025年要建成规范的城市感知网络体系，通过全市范围内智慧化应用场景的开发和提升，力争将北京建成"全球智慧标杆城市"，并确定了智慧城市建设要从基础设施入手，重点在城市便民服务、发展新兴产业和应用以及保障社会安全等领域形成突破的发展思路。[①] 这表明北京在智慧城市建设过程中既要保持信息基础设施、城市管理和惠民应用的传统强项，又要补齐产业生态、领域应用等短板。以政府为主导的民生建设事业长期以来一直是北京市城市发展和社区治理的基本思路，这一城市发展思路与智慧社区在为民、便民和利民等方面的技术优势一拍即合，进一步探索和厘清智慧社区建设的导向、路径和目标，能够有机衔接未来智慧城市建设的主要任务，同时为大城市社区治理拓展经验和工作方式。

二 已有相关研究和价值匹配 NGT 分析法

（一）已有应用性研究

社会学领域对智慧社区的研究存在多个视角，其中信息化与人的关系问题是主要的研究视角，相关研究发轫于曼纽尔·卡斯泰尔（Manuel Castells）。他在20世纪80年代末提出了"信息化城市"的概念，认为信

---

① 北京市大数据工作推进小组：《北京市"十四五"时期智慧城市发展行动纲要》，2021年3月。

息技术会带来社会的信息化和网络化，信息化城市是一种新型的空间形式，会对社会结构产生深远影响，包括对社会系统和经济结构的影响，并催生出新的社会空间结构，导致城市空间在扩展中分散化和虚拟化。李健将当前智慧社区建设的不足归结为过多强调硬件设施而缺乏社会管理思路，地方政府重视自上而下的投入而缺失对自下而上社区动力的关注，这体现了国家智慧设施战略和智慧社会战略的分野。此外，在智慧社区的实践路径上，当前的研究大多是从养老、青少年、环境、教育等分支领域开展的，脱离了城市社会学范畴而从属于各分支学科，大多是试图通过科技手段来解决已有的问题，比如养老领域的养老呼叫问题、环境管理中的垃圾清扫和回收问题、教育领域的在线教育问题等，方法是找到每个问题的痛点然后对接智慧化解决方式。在解决问题的思路上缺乏系统性和整体性，不符合智慧城市预测性、快速化和针对性的决策机制。

（二）智慧社区建设中的 NGT 分析法

社区治理价值匹配 NGT 分析法借助经济学和社会学的匹配理论，在社区治理中建立"社区自然禀赋特征类型"、"社区需求"和"治理方式的现实选择"三者之间的匹配关系，提高社区治理的科学化和专业化水平。这种系统化和模式化的分析方法有效契合了智慧城市的决策方式和机制，能够有效解决当前智慧社区建设中存在的供需不匹配、差异化程度低等应用问题（见图 1）。

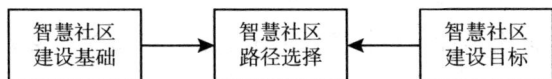

图 1　价值匹配 NGT 分析法应用于智慧社区的基本思路

其中，智慧社区建设基础是指社区现状中有助于智慧化建设的基础和条件，既包括社区信息系统、设备固件和外部网络接入等硬件设备，也包括社区人口结构、治理传统、社区自组织、在地政府和社区精英等软条件，还包括活动空间和房屋产权等其他相关条件。软条件是智慧社区建设的组织资源，硬件设备是智慧社区建设的重要支撑，活动空间和房屋产权等是智慧社区建设的限制条件，限制条件决定了智慧化项目的类别和水平。智慧社区建设目标是指从居民需求和社区发展的角度出发，实施不同种类的智慧项目，包括满足民生需求、文化需求和社区参与需求等不同层次的服务类别，以及养老服务、儿童照料、外来人口服务等不同侧重点的服务类别。在智慧社区建设中应用价值匹配 NGT 分析法就是要建立建设基础、路径选择和建设目标之间的完全匹配关系，即不同特征的社区要采用不同的智慧化建设思路，这既是社区先天条件的要求和限制，也是为了确保各自社区目标的实现。

三　案例分析：新旧社区智慧化建设的对比和启示

（一）H 社区和 D 社区的情况和研究方法

如前所述，社区软硬件水平是智慧社区建设的两个基础条件，以社区软硬件水平为标准，同时参考当前北京市新旧两类社区占比较大的情况，研究将所调研的社区类型初步分为新建小区和老旧小区两种。其中，H 社区位于海淀区，是 2016 年新建小区，地处北京市郊区，原属市郊整建村庄，目前是商品房和回迁房混合居住的小区，常住人口约 5000 人，其中出租人员占一半以上。H 社区从成立起就参与了辖区政府的智慧社区项目，其发展智慧社区的优势在于既有海淀区科技建区的组织和人才资源，又有集体经济组织的自筹资金，具备建立高水平社区智慧平台的潜力。

作为老旧小区的代表，D 社区位于北京市核心区，其所在的东城南部区域有较多成片的老式建筑，D 社区就是成片老式建筑中的一处，建成于 20世纪 90 年代，是北京市典型的老旧小区。由于建筑规格高、小区设备先进、物业管理规范等，当年 D 社区也是北京市的"明星"小区。目前该小区有多种房屋产权形式，既有转商或者出售的私房，也有少量的直管公房，缺少统一的物业管理单位，房内房外都年久失修。目前社区共有常住人口1200多户3000多人，其中有200户的房屋用于出租。出于户型等原因，住在这里的老住户大多是老人或者学龄未成年人，年轻住户大多以租户为主。

在研究方法上，分别在H社区和D社区调研中采用了访谈法和问卷调查等方法，其中，在H社区对居委会和部分居民代表进行了深度访谈；在D社区，面向全体居民进行了问卷调查，采用配比抽样的方法，共发放调查问卷425份，回收问卷406份，问卷回收率为95.5%。

（二）H社区：以需求为导向的智慧化治理

1.基本做法

一是将物业管理纳入居委会的日常职能，由居委会作为物业管理的首要负责人，居委会以居民服务为日常抓手，面向居民开展各项工作。在日常事务管理上，由社区服务站通过"一站式服务大厅"的方式开展。二是基于居民需求，自主研发"社区App"，居民需要什么栏目就设立什么栏目，包括社区帮忙、公众参与、物业管理、信息公开和发布、社区文化和传统、垃圾分类、社区商城等多个栏目，居民登录相关栏目后能够流畅地完成登记和发布等各项操作。其中一项亮点在于居民能够在平台上发布日常生活中的服务需求，而其他有相关特长的居民可以根据自己的技能和专长进行认领，在服务完成后能够获得社区币，用于社区商城购物。另一个亮点是居民广泛参与和监督，可以通过App实时将社区事务和相关信息上传到社区平台，并对社区事务进行流程化的监督和跟进。该App目前已经在征集社区居民意愿的基础上，由居委会主任亲自牵头完成三次改版。三是建立社区智慧中心，一方面居民可以通过社区App直接与中心联系，另一方面中心也能够及时对社区各项事务和相关数据进行存储和分析，用来了解社区民意、指导社区事务决策。

2.成功经验

在夯实智慧社区建设的基础上,一是充分发挥新建社区的后发优势,H社区在治理体制上大胆创新和探索,比如在党建引领下由社区党组织和居委会牵头开展物业管理和服务,充分发挥原有村庄体制下的社区动员能力。二是作为新建社区,在硬件配置上能够实现弯道超车,比如先进的控制中心、高速率的光通信网络、预留的多场景智慧设备场地等。三是作为村庄上楼社区,原有集体资产为社区智慧化建设提供了资金支持。上述经验体现了社区拥有有利于智慧化建设的组织、区位和资金等资源优势,比如在组织资源上基层政府、村党支部、居委会、村集体经济组织、社会组织等多管齐下。四是从居民需求出发提升社区智慧化建设的针对性,并注重满足居民民生、参与、文化和监督等不同层次的需求。五是注重系统性建设,实现居民与社区中心共享、社区中心与街道共享、社区服务与治理共享,以及社区服务不同板块内部共享。六是注重从应用场景出发开展智慧化建设,这就抓住了智慧社区建设的本质。社区是距离居民最近的公共场合,不同于一些社区以智慧产品带动智慧化建设的做法,H社区以应用场景为引导,而应用场景又来自生活场景,这也保证了社区App较高的下载和使用率。上述经验体现了智慧社区建设目标的有效性和确定性。

(三)D社区:智慧社区建设基础和社区目标的双向不足

1.调查发现

一是社区在智慧社区建设基础的多个维度上处于相对弱势地位。从年龄结构来看,D社区以老年人口居多,调查样本中60岁及以上的老年人口占比约为65%,其次是35~59岁的中年人口占比约为23%,青年人口的比重约为12%。样本人口年龄结构符合老旧小区的典型人口结构特征,能够反映老旧小区的人口资源禀赋。换句话说,社区人口自然禀赋相对弱势。此外,调研的老旧小区属于北京市房管局管理,已经与原有单位脱钩,加之房屋户型偏小,原有单位职工基本上卖房搬迁,而房管局由于经费问题疏于管理,也没有引入物业管理公司,物业整体养护情况较差,基本属于房管局和原产权单位弃管的状态，即社区组织资源禀赋同样相对弱势。

二是智慧社区建设目标的完成情况与居民需求存在一定脱节。当前社区改造的基本任务放在周边和小区内部环境整治上，这部分资金是由地方政府财政承担的，小区除了安装门禁外，尚未进行任何智慧化改造，按照居委会的说法，目前小区正在集中解决占道停车和楼内环境卫生等问题。但实际上，居民对智慧化社区建设的需求是强烈的（见表 1），有 75.4% 的居民表示支持小区进行智慧化改造。随着居民生活水平的提高和智能终端设备的普及，即便是以老年人为主的社区，其中大多数居民也乐于尝试新的社区生活方式，关键在于如何启动老旧小区的改造工程，以及如何让老年人参与其中。

表 1　您怎么看待在居民小区中开展智慧化建设

单位：人，%

选项	人数	比重	有效比重
挺好	306	72.0	75.4
没什么必要	69	16.2	17.0
无所谓	31	7.3	7.6
小计	406	95.5	100.0
缺失	19	4.5	
总计	425	100.0	

三是智慧社区建设基础与建设目标之间的匹配程度较高。调研发现，以老年人为主体的老旧小区，在智慧社区建设目标的选择上与社区自身的基础和条件匹配程度较高，换句话说，居民对于智慧社区建设目标的选择基本上符合社区自身的人口社会结构特征。如表 2 所示，排名前四的分别是老人医疗检测系统（92.4%）、智慧门禁（90.3%）、高空抛物检测（89.3%）和智慧社区 App（80.6%），其中第一项关系居民生计，第二项关系社区安全，第三项关系社区安全，第四项同时关系社区认同和居民生计。

表2　在社区智慧化改造中，您更倾向于优先使用哪些功能

单位：%

选项	比重	排序	社区目标
老人医疗监测系统	92.4	1	居民生计
智慧门禁	90.3	2	社区安全
高空抛物检测	89.3	3	社区安全
智慧社区 App	80.6	4	社区认同+居民生计

2.存量房屋小区进行社区智慧化建设的启示

如果新建小区的智慧化建设是增量建设的话，老旧小区进行智慧化改造属于存量改造，其面临的三个内生性基本问题是建设成本、居民需求和组织资源。一是老旧小区智慧化改造的建设成本要高于新建小区，且资金来源单一，除非是地方政府加大资金投入。二是老旧小区有特定的居民需求，比如重视养老和便于操作的民生服务设备。三是老旧小区的组织资源欠缺，大多数老旧小区缺乏完善的物业管理、有行动力的自治组织和居民，不利于居民参与社区日常运营服务，甚至在诉求表达上也有难度。

四　结论与建议

（一）价值匹配 NGT 分析法对智慧社区建设有较强的指导意义

首先，在智慧社区建设中将社区基础条件、建设目标和建设路径相匹配的思路和做法，既符合智慧化项目实施所要求的技术条件前置、数据分析居中和社区应用后置的建设逻辑，也抓住了社区治理的核心要素，能更好地利用智慧化手段为社区治理服务。其次，在实践过程中，社区治理的模式化分析有利于对智慧社区建设进行分类指导，这既能克服当前智慧社区建设不重视应用场景分析而忽略居民需求的弱点，又能加大智慧社区建设在不同类型社区比如新建商品房小区、老旧小区和单位制小区等的推进力度。

（二）以价值匹配 NGT 分析法来推动智慧社区建设的建议

一是打通智慧社区建设中的需求环节。首先，在智慧社区建设和改造之前，要对辖区的基本状况和居民需求进行专门调查，技术人员要参与调查问卷的设计，还要参与辖区居委会和居民座谈，其一是充分了解居民需求，其二是向居民普及相关技术产品的特征和开发思路。其次，居民或居民代表要参与到技术产品的开发过程中，要让产品设计和生产方充分了解客户的需求，即广大社区居民的需求而非地方政府的需求。这样既能保证产品真实有效、社区居民能得上，又能保证产品具有可推广性和转化价值，避免技术企业利益受损。

二是打通智慧社区建设中的资源环节。当前智慧社区建设大多走的是政府牵头组织、企业参与、地方财政出资等方式，其原因就在于社区智慧产品作为终端要与上级网络相兼容，是地方政府分级网络的一部分，这也间接造成很多社区智慧产品高度雷同。智慧社区需要大量的资金投入，且部分产品和服务有一定的盈利能力。为此，需要从资源环节拓宽智慧社区建设思路，按照谁投资谁受益的原则，允许企业参与投资和适度盈利。此外，要探索基金会在智慧社区建设中的资金投入，一个是专业领域基金会比如老龄基金和妇女儿童基金，再一个是专项基金比如安全基金和教育基金等。最后，面向社区的智慧化建设应该探索集体采购的形式，探索由基层政府、物业公司和社区居民共同出资等形式。

三是把社区类型分析作为重要的建设依据。在当前的城市发展阶段，无论是居民还是基层政府，对美好生活的向往是一致的，在智慧化建设上不同社区之间既有差异性也有共同性，需要把握两个度：对于不同类型社区的智慧化建设，要注意补齐社区之间的资源短板，注重上层网络和终端的建设和统筹，根据不同社区居民的需求提供个性化实施方案；对于相同类型社区的智慧化建设，要将 NGT 分析法中社区需求的不同侧重点作为智慧社区建设的起点，比如以社区安全为建设起点，或者以社区服务为建设起点。

四是打通智慧社区建设中的评估环节。与一般的社区项目不同，智慧社区因其技术门槛和专业性，相关部门和用户很难对产品进行长期有效的评估，只要是主题契合、产品上线并投入使用，就标志着项目完成。因此，类似公共的社区软硬件开发项目必须像商业项目一样，由专业的软件测评公司进行测评，尤其要将重点放在可操作性、安全性、兼容性和独立性上。

五是提升智慧社区在数字产业应用场景中的比重。在当前以及前一阶段智慧城市的建设过程中，北京市紧抓数字基础设施和多个应用终端的建设和落地，着重发挥"一网通办"等数字服务功能，在数字社会的建设上走在了全国前列。未来，需要继续提升智慧社区这一应用场景在数字产业中的地位，加强相关数字产品的差异化生产、产业化发展和科学规划，加强相关数字信息的保护、共享和二次加工，加强智慧社区设计和使用的市场运营，等等。

参考文献

Manuel Castells, *The Rise of Network Society*, Blackwell Oxford, 1996.

李健：《城市建设—社会管理：基于双重需求的智慧城市推进路径》，《上海城市管理》2017年第1期。

李洋：《避免以人为本悖论：智慧社区建设中的几个社会问题》，载《北京社会发展报告（2019~2020）》，社会科学文献出版社，2020。

马利霞：《智慧城市视角下社区居家养老综合服务平台的构建——以青岛西海岸新区为例》，《经济研究参考》2017年第32期。

张丽云：《智慧城市建设之环卫工人劳动权益保障》，《中国劳动关系学院学报》2017年第1期。

沈原、刘世定、李伟东等：《社区治理：价值匹配（NGT）分析方法》，社会科学文献出版社，2018。

B.17
北京社区社会组织参与基层治理报告

杨志伟 王 伟 赵 琼*

摘 要： 党的十八大以来，北京市社区社会组织在分级负责的登记备案模式、立体多样的培育发展措施等政策的规范和支持下，发展较为迅速，作用发挥越来越广泛，但依然面临扶持政策落实不到位、区域发展不平衡、在社区治理中作用发挥不充分、资金监管缺乏等问题。本文通过深入调研，分析了造成社区社会组织作用发挥困境的各层面原因，并从政府和社会组织自身两个层面，提出了完善法规政策体系、明确组织管理机制、强化社区联盟、提升内生发展能力、扩大组织影响力等对策建议。

关键词： 社区社会组织 基层治理 社会治理 北京

党的十九大报告提出"打造共建共治共享的社会治理格局"，社区社会组织在其中必然要扮演重要角色。民政部先后出台《关于大力培育发展社区社会组织的意见》和有关培育发展社区社会组织的专项行动方案。北京市作为首都，也是国内较早重视社区社会组织发展的城市，社区社会组织建设发展取得了一定的成就，发展水平也比较高。与此同时，首都具有庞大的基层单位体量和管理服务基数，这些也对社区社会组织的发展以及有效参与基层社会治理提出了迫切需求。近年来，北京市不断聚焦"七有""五

---

* 杨志伟，北京市委社会工委市民政局研究室主任，主要研究方向为社会治理、社会保障；王伟、赵琼，北京市委社会工委市民政局综合事务中心干部，主要研究方向为社会治理、社会保障。

性"民生发展需求，在积极引导社区社会组织参与基层社会治理方面取得了一定的成绩和经验，但与新时代基层社会治理新形势新任务相比，与国内先进城市相比，北京市社区社会组织参与基层社会治理也存在广度和深度不足的问题。本报告通过对北京市社区社会组织发展现状和问题的梳理提炼，进一步研究提出新时代首都社区社会组织参与基层社会治理的思路和对策建议。

一 社区社会组织的概念、特点和作用

（一）社区社会组织的概念与主要特点

作为扎根最基层的一种新型社会组织形式，社区社会组织是由社区居民发起成立的一种基层社会组织，其活动范围集中在城乡社区，在城市社区主要开展为民服务、公益慈善、邻里互助、文体娱乐等活动。① 社区社会组织具有三个明显特点：一是在组建方式上具有基层性。社区社会组织一般不是自上而下行政命令的产物，而是公民出于表达诉求、实现自我价值、关爱他人等目的自发成立的。大部分社区社会组织生在民间、活动在民间，规模较小、组织松散，既没注册也没备案，因此常常被称为"草根"社会组织。二是在活动内容上具有公共性。社区社会组织开展活动的场所并非私人的，而是在城乡社区的公共空间，活动内容也以社区公共服务管理为主。这一公共性的属性特征也使其能够成为政府管理公共事务的重要补充力量。三是在发展目标上不以营利为目的，具有公益性。

（二）社区社会组织在基层社会治理中的角色和作用

从实践维度看，在当前基层社会治理中，社区社会组织主要可以发挥五方面作用。

---

① 民政部：《关于大力培育发展社区社会组织的意见》（民发〔2017〕191号），2017年12月17日。

一是共同富裕促进者。社区社会组织扎根基层社会，是与群众最接近、最能代表和维护群众利益的基层组织类型，在基层社会治理过程中能够更好地承接、利用二次分配和三次分配带来的资源，从而为促进共同富裕提供基础支撑。

二是社区服务提供者。社区社会组织可以起到整合资源、提供专业服务、开展公益活动等作用，能够在社区生活中为居民提供四点半课堂、书法绘画、老饭桌小饭桌、手工制作、特定群体照护、防灾减灾训练、心理疏导等服务，从而丰富群众文化活动，形成多层次立体化的基层公共服务格局，提升社区居民生活品质。

三是社区治理参与者。组建小区自管会、居民议事厅、停车自管会、环境保护队、养犬自律协会、邻里互助队等自治组织，广泛联系群众、发动群众，动员和引导居民有序参与社区事务、有序表达利益诉求，成为社区居民自治的组织化基础。

四是平安社区协作者。部分社区成立了居民劝导队、老街坊志愿服务队、和事佬协会、治安巡逻队、治安志愿者协会等社区社会组织，广泛参与纠纷调解、信访化解、群防群治、社区矫正、社区戒毒等工作，助力源头治理和综合治理。

五是政府职能承接者。社区社会组织能够有效承接原本由政府部门负责的部分社区服务管理职能，缓解基层政府的社会治理压力，加快构建服务型政府。

二 北京社区社会组织参与基层治理的总体情况和经验做法

进入中国特色社会主义新时代，北京市不断加大对社区社会组织的支持力度，同时大力推动社区社会组织参与基层社会治理。2013 年，市民政局提出推动探索社会工作机构和备案社区社会组织结对帮扶，以便提升社区社会组织参与基层社会治理的能力和水平；2014~2019 年，市民政局及市有关部门先后印发《关于培育发展社区社会组织的实施意见》及相关政策文件，从降低准入门槛、积极扶持发展、增强服务功能，以及党建引领、支持措施、作用发挥、服务保障等方面支持和促进社区社会组织发展，并明确提出城乡社区发展社区社会组织的数量目标；2020年，市有关部门出台《关于进一步做好街道（乡镇）购买社会组织服务工作的实施意见》，鼓励社会组织联合会联合社区社会组织组团承接政府购买服务项目，开通社区社会组织承接政府购买服务项目渠道；2021年，市有关部门密集出台《北京市培育发展社区社会组织专项行动实施方案》《北京市社会组织培育孵化机构建设运营工作指引（试行）》等政策性文件，修订《北京市社区社会组织备案工作规则》，加大对社区社会组织发展的支持力度。

北京市较早开始引导和鼓励社区社会组织发展，并注重发挥其在基层社会治理中的积极作用，提出了一系列支持性政策措施，逐步形成了具有首都特色的社区社会组织参与基层治理模式。总体上看，相关工作经验可概括如下。

一是建立了分级负责的登记备案模式。在市区两级民政部门规范开展社会组织登记工作的基础上，把社区社会组织备案作为社会组织管理工作在基层的延伸，构建了各层级分工负责的备案模式，明确由各区民政部门统筹协调、综合指导相关工作，街道办事处或乡镇人民政府负责辖区内社区社会组织的规划布局和发展引导计划、设立购买社会组织服务项目、备案管理、人员培训、监督评价等，由社区居委会、村委会负责申请受理、初审和日常服务。按照适度降低准入门槛的要求，不断优化社区社会组织备案条件，适度放宽人员、资金、场所等条件，鼓励引导基层统筹各类资源，促进社区社会组织在基层社会治理过程中有效、有序、有为。

二是实施了立体多样的培育发展措施。推动成立街道（乡镇）社区社会组织联合会，作为街道联系服务管理本地区社区社会组织的桥梁和纽带。在资金项目方面，推进政府购买服务向基层延伸，支持使用社区公益事业补助资金、党组织服务群众经费购买社区社会组织提供的服务；探索设立社区发展基金，同时发挥社区主动性、积极性，积极带动社会资金投入，助力社区社会组织参与社区服务项目。建设街道（乡镇）社会组织孵化基地，提供能力培养、业务活动组织运营以及资源链接等方面的服务和支持，鼓励多形式转化和利用闲置资产，用于支持社区社会组织开展形式多样的公益活动。在人才支撑方面，重点围绕社区社会组织发展急需的专业社会工作人才，加强在人员工资、晋升和资格评审等方面的激励和保障。

三是形成了领域广泛的作用发挥机制。针对社区建设"七有""五性"要求和居民需求，紧紧围绕疫情防控、垃圾分类、回天地区社会治理等群众身边的急难问题和关键小事，发挥社区社会组织作用。截至 2020 年底，北京市共有备案社区社会组织 49807 个，较 2012 年的 11198 个增长了 3.45 倍，按活动领域分为六大类型（见图 1）：文体科教类 19570 个，占总数的比例为 39.29%；服务福利类 12414 个，占比 24.92%；治安民调类 6392 个，占比 12.83%；环境物业类 4958 个，占比 9.95%；共建发展类 4692 个，占比 9.42%；医疗计生类 1781 个，占比 3.58%。

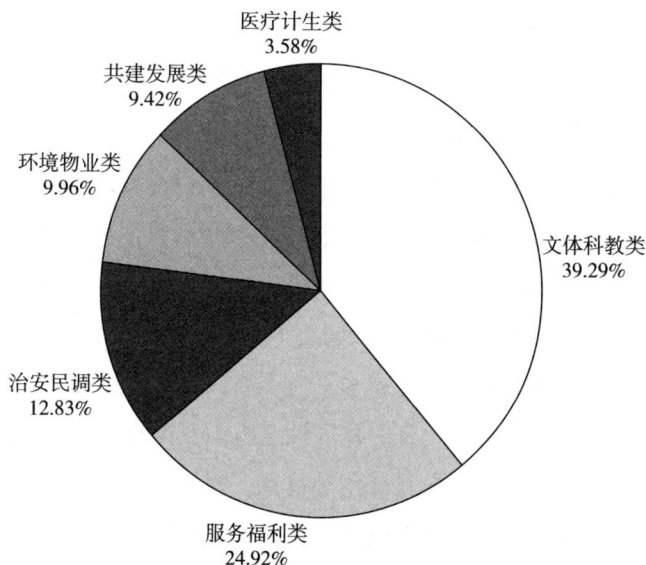

图 1　北京市社区社会组织类型分布

三 社区社会组织参与首都基层社会治理的问题及原因分析

总体上看，近年来北京市社区社会组织得到了迅速发展，在规模、类型以及活动内容等方面都取得了巨大进步，但依然面临诸多困境，存在各个层面的制约因素。

（一）面临的主要问题

具体表现可归结为三个不平衡、三个不充分。

1. 专业社会组织自身直接提供服务与培育社区社会组织提供服务之间不平衡

专业社会组织一般有专门场地，有较为固定的资金来源，有训练有素的专业社工，在规模上、专业程度上、做事效率上都超过社区社会组织。但专业社会组织也有自己的短板，在与社区居民的熟悉程度以及满足社区居民需求的程度和可持续性上不如社区社会组织。两者具有强烈的互补性。但目前专业社会组织在链接和培育社区社会组织、联合向居民提供服务方面，动力明显不足。部分承接项目的社会组织、社工机构过于注重形式，将重心放在绩效评价方面，造成项目完成质量不高，没有实现"服务基层社区社会治理、满足社区群众生活需求"的初衷。部分专业社会组织不愿意承接培育社区社会组织职能，更倾向于承接举办文化活动、扶贫济困等见效快、易出彩的政府购买服务项目。

2. 社区社会组织发展水平的区域间不平衡

北京社区社会组织的发展总体水平还不高，同时，在社区之间、社区社会组织之间也存在较大反差。有的社区社会组织发展较为迅速，甚至提前完成民政部规定的社区社会组织发展数量目标；有的则不尽如人意，数量不达标、类型单一。社区社会组织规模上，有的人数超过200人，也有几人、十几人的；活动类型上有自娱自乐的，也有深度参与社区治理的；成立时间上有成立20多年之久的，也有刚刚成立的；活动频次上，有很活跃的，也有很少开展活动的；与居委会的关系上，有很融洽的，也有经常闹矛盾的。

3. 社区社会组织的角色定位与目标任务之间不平衡

党和政府对于社区社会组织发展有着较多期待,从中央到市级层面连续出台多项政策,鼓励支持社区社会组织参与基层社会治理。但从实际情况看,当前社区社会组织对于街道办事处、社区居委会等依赖度较高,开展活动大多是配合街道社区工作。在角色定位上,社区社会组织作为基层社会治理的"配角"而存在并发挥作用,主体地位不明显。

4. 社区社会组织动员社区居民参与不充分

截至 2020 年底,北京市共有社区居委会 3235 个,社区人口规模在3000~10000 人。调研发现,每个社区参加社区社会组织的往往就几十到上百人,最多占社区居民总数的 1%,其中很多人还穿插参加不同类型的社区社会组织。这些居民通常是社区活动的活跃人员,在社区合唱团、舞蹈队、治安巡逻队等组织中往往重复参与。

5. 社区社会组织在基层社会治理中的作用发挥不充分

从备案数据和实地调研情况看,当前阶段北京市社区社会组织以较低层级的文体娱乐类组织为主。虽然部分社区社会组织发展达到一定程度,数量有所增长,人员参与也比较活跃,但大多集中在舞蹈健身等领域,参与社区议事决策的比较少,对于促进社区社会治理的作用不够明显。

6. 基层落实社区社会组织相关政策不充分

党和国家重视社区社会组织发展,特别是党的十八大以来,更是把社区社会组织发展提升到国家治理现代化的高度。事实上,近年来北京围绕社区社会组织的培育发展也出台了不少政策措施。但调研发现,基层推动社区社会组织发展与顶层设计存在一定反差,许多支持性政策落实并不到位。

(二)原因分析

主要原因包括基层政府和群众性自治组织、相关培育载体和社区社会组织自身发展三个层面。

1. 街镇与村居"两委"层面

街道办事处(乡镇政府)、社区居(村)委会等管理服务单位是基层社会治理的直接组织者，决定着社区社会组织各项政策落实效果。现阶段主要存在以下问题。①观念认识不到位。部分基层单位限于观念落后甚至偏差，难以充分认识到社区社会组织的重要性，在具体政策执行中缺乏积极性。②有心无力。北京市基层单位在安全维稳、环境治理、社会治安等方面承担的日常工作任务较重，在工作繁杂、管理服务压力大的情况下，很多街道社区实在难以分出时间和精力抓社区社会组织的发展和培育工作。③工作刚性不足。很多区和街道（乡镇）没有将培育发展社区社会组织工作纳入政府绩效考核，缺少硬性指标和可持续性政策支持。④管理碎片化。部分街道（乡镇）同时设立了社区社会组织联合会、社会动员中心，职能类似，但分属不同内设科室管理，政策之间不衔接。

2. 培育载体层面

①发展同质性过高。培育载体孵化的各个社区社会组织工作内容大致相近、专业性不强、缺少专长。②自我"造血"能力弱。培育载体更多依靠政府运作和财政资金维持，很难形成独立、可持续的工作模式，发展前景不明朗。③资金使用管理不够科学。社区社会组织培育载体往往通过组织申报政府购买服务项目获取资金支持，难度大、周期短、资金少，资金使用要求严格。部分基地将很多精力用于关注票据、财务合不合理，忽视了跟踪项目完成质量。④人才支撑不足。北京市大部分社区社会组织培育孵化基地起步较晚、规模较小，获得的政府资金支持少，引进专业社工人才的能力有限，严重制约社会组织培育载体的专业性与工作能力。⑤运营不稳定。许多孵化基地场地固定、牌子固定，但承担其管理运营的机构和人员不固定。主要是在目前的基层实践中，政府招投标服务往往合同1年一签、经费1年一拨，部分基地在1年运营合同到期后更换社工机构，影响培育孵化工作的连续性、稳定性。

3. 社区社会组织自身发展层面

社区社会组织自身在登记备案、规范化发展、专业支撑等方面不足，是制约其参与基层社会治理能力水平的重要因素。①登记社区社会组织较少。从现实来看，大部分社区社会组织因自身条件限制无法登记，只是在街道、社区进行备案，在法律身份管理、权利义务关系、资金筹集使用等方面存在一定的制约。同时，社区社会组织由于内部人员流动性大，备案信息不准确的现象较为普遍，影响街道社区精准提供支持服务。②缺乏足够稳定的资金来源。目前来看，政府资助是大部分社区社会组织的主要资金来源，社会资本与个人投入比例极少。由于政府资助的资金有限，资助时间与资助重点也可能随时变化，导致很多缺乏自我"造血"能力、创收能力弱的社会组织发展困难。③行政化色彩明显。北京市社区社会组织由于自发性不足、经费主要来源于政府等，行政化倾向较为明显，在参与基层社会治理中，容易产生服务与需求不衔接、活动积极性不足、服务质量不高、居民认可度偏低等问题。④缺少专业力量支持。北京市社区社会组织大部分工作人员缺乏专业的培训和指导，没有掌握组织动员居民的工作技巧，制约社区社会组织参与基层社会治理的深度。⑤内部自律与外部监管手段缺乏。北京市社区社会组织大多缺乏完备的组织章程、活动规范、财务制度，导致在承接政府购买服务项目时一般由街道联合会代管财务，影响运转效率和组织自主性。

四 推进社区社会组织参与首都基层社会治理的对策建议

在梳理总结北京市社区社会组织培育发展面临困境的基础上，结合发达国家和地区有益实践做法，建议从政府、社会组织两个层面出发，出台相应政策措施，推动社区社会组织更好地参与基层社会治理。

（一）政府层面

1. 深化对社区社会组织功能、价值的认识

市区两级加强对社区社会组织在基层社会治理中功能价值的案例化宣传推广；强化基层单位责任意识，推动形成培育孵化社区社会组织的常态化可持续机制。

2. 完善法规政策体系

跟进国家立法进程，结合首都实际加快推动制定或修订社区社会组织服务管理方面的法规，尤其是明确在街道备案、资金筹集、组织人员管理等方

面的规范。此外，还应细化不同类型、不同规模的社区社会组织登记备案标准，同时建立有效的退出机制。

3. 明确组织管理机制

尽快明晰相关政府职能部门对社区社会组织培育载体的领导、管理机制，细化权力和责任分工，强化主责部门的责任意识与服务精神，形成对社区社会组织培育载体强有力的组织支撑；确保支持性政策具有连续性、稳定性和长期性，进一步强化政策落实；深入推进基层减负，避免陷入不必要的形式主义、文牍主义，将更多精力用于发展社区社会组织。

4. 积极转变政府职能

一方面，政府作为社区社会组织的培育主体和管理服务主体，应积极为社区社会组织发展提供必要硬件和软件环境；另一方面，要避免让社区社会组织变成"打杂"的简单工具，影响其长远发展潜力。

5. 完善资金人才支持政策

加大财政支持力度，完善资金使用监督机制，解决资金"下沉难"问题。试点推行慈善抵税等政策，减轻社会组织税收负担，加强对受捐款项的监督，做到专款专用。改革政府购买社会组织服务制度，简化社会组织的项目申报程序和材料要求，缩短项目申报审核周期，将项目设计的周期作为审核结算周期。在资金使用上赋予社区和相关组织一定的灵活处置权，提高使用效益。鼓励支持在校大学生、社会志愿者进入社会组织培育基地，缓解孵化基地人才之忧。

6. 加大社区社会组织监管力度

政府对社区社会组织既要鼓励扶持，也要强化监管。现阶段，探索建立并完善社区社会组织星级评定制度，在活动开展、作用发挥、内部治理、制度规范等方面，建立有效可行的评估标准，积极引入专家、学者、社会工作者等构成第三方评定，并将评定结果与上级支持、政府采购资格等结合起来。

（二）社会组织层面

1. 发挥专业社工优势，壮大服务组织

发挥专业社工在社区社会组织培育孵化、人员培训、组织管理、活动策

划等方面的支持作用。应加快出台相关政策，提高社区社会组织中专业社工人才比例，同时提升社区社会组织工作人员专业化、职业化程度，加大市内高校有关社会工作相关专业人才培养力度，构建多主体参与的职业社区工作人员培养体制机制。①

2. 鼓励组织联合，强化社区联盟

借鉴我国台湾等地成立联合社区协会的做法，积极整合社区社会组织优势资源，发挥社区社会组织联合会在实现组织统一管理、人员统一培训以及信息互联互通方面的作用，② 以便弥补单一社区发展在资源、人员以及能力上的不足。③

3. 强化资源整合，提升内生发展能力

鼓励社区社会组织有效整合政府、市场、社会等多方资源，以解决社区社会组织发展过程中的资金短缺问题。例如与企业、学校、政府机关、民间团体等合作，在补充社区社会组织发展资金的同时进一步拓展社区社会组织的活动形式与内容。同时，探索政府支持与社会资本相结合的"社企互动"模式，以此拓宽资金来源渠道。此外，社区社会组织也可利用自身优势资源形成相应的产品，通过市场方式进行自我增资，④ 以提升内生发展能力。

4. 加强内部管理，提升公信力

一方面，加强组织运行的规范化建设，从组织章程、财务使用和人员管理制度等方面入手，健全社区社会组织的内部治理结构。另一方面，依托社区社会组织联合会等平台，建立健全社区社会组织参与基层社会治理的资格

---

① 马青萍：《社会工作参与社区社会组织孵化培育的实务研究——以 J 市社区为例》，《区域治理》2021 年第 12 期。
② 崔英楠、张立超：《社区社会组织的发展模式与经验启示——以香港社区社会组织的发展为考察视角》，《辽宁大学学报》（哲学社会科学版）2020 年第 6 期。
③ 黄耀明：《台湾社会组织发展经验及其对大陆社会治理的启示》，《现代台湾研究》2014 年第 Z1 期。
④ 崔英楠、张立超：《社区社会组织的发展模式与经验启示——以香港社区社会组织的发展为考察视角》，《辽宁大学学报》（哲学社会科学版）2020 年第 6 期。

评估、资源链接、绩效评价等机制，[①] 探索建立和完善社区社会组织信息公开制度，提升组织的公信力和社会认可度。

5. 参与社区治理，带动居民参与

社区社会组织数量要发展、类型要齐全，规模效应要上台阶。要达到这些目的，社区社会组织开展活动不应局限在自娱自乐和互助服务上，而应积极主动参与基层社会治理，参与社区公共管理服务。因而要积极了解居民需求、满足居民需求，通过活动宣传建立口碑，带动更多居民参与社区社会组织活动，提升居民对社区社会组织活动的参与率。

6. 积极宣传发声，扩大组织影响力

一方面，探索建立人大代表、政协委员与社区社会组织的互联互通机制，了解、参与社区社会组织的活动，帮助社区社会组织发声。另一方面，拓展宣传渠道，结合传统媒体与新媒体形式，全方位进行优秀社区社会组织及其参与基层社会治理案例的宣传报道。

参考文献

詹成付：《推进社区社会组织培育工作努力开创社区社会组织发展新局面——在全国社区社会组织改革发展经验交流暨工作推进会上的讲话》，《中国社会组织》2018年第22期。

何欣峰：《社区社会组织有效参与基层社会治理的途径分析》，《中国行政管理》2014年第12期。

辛传海、马俊彪：《中国社区社会组织培育与发展研究——以美国社区非营利组织发展为借鉴》，《学会》2015年第1期。

黄耀明：《台湾社会组织发展经验及其对大陆社会治理的启示》，《现代台湾研究》2014年第Z1期。

---

① 崔英楠、张立超：《社区社会组织的发展模式与经验启示——以香港社区社会组织的发展为考察视角》，《辽宁大学学报》（哲学社会科学版）2020年第6期。

B.18
北京群团组织参与基层治理报告

——以西城区妇联为例

王丹 赵璐 吴洁 智芳*

摘 要： 妇联作为最重要的政治性群团组织之一，具有深厚的群众基础，在参与社会活动和基层社会治理过程中具有独特的地位和作用。本报告通过实地走访调研对北京市西城区妇联参与基层社会治理的现状展开分析，研究发现：西城区妇联积极探索服务新业态，围绕家庭文化建设整合社会资源，夯实数字阵地建设等实践路径，不断提高妇联参与基层社会治理的能力；同时，西城区妇联在参与基层社会治理过程中存在工作模式、组织定位及统筹协调能力等方面的不足，继而针对新形势下妇联组织创新参与社会治理、更好地提升妇联组织的影响力和组织力提出相关建议。

关键词： 妇联 新业态 基层治理 社会治理 北京西城

当前，我国国家治理和社会治理进入新阶段。全国妇联提出"要坚持党建引领，推动妇联组织嵌入基层治理体系、工作融入基层治理各项建设、力量加入基层治理队伍，带动妇女在共治共建共享的基层治理中发挥作用"。这对妇联组织参与社会治理工作提出了基本要求、根本遵循和基础路

---

* 王丹，北京市西城区妇女联合会主席；赵璐，北京市社会科学院社会学研究所助理研究员；吴洁，北京市西城区妇女联合会副主席；智芳，北京市西城区妇女联合会干部。

径，北京市西城区妇联在投身基层社会治理实践的过程中，密切结合区域内妇女群众的特点，挖掘妇联工作的着力点与有效创新途径，引领妇女群体积极参与基层社会治理。

一　北京市西城区妇联参与基层社会治理的实践

新时代赋予妇联新的使命，需要协同社会多元力量，引领基层妇联组织共同参与公共事务治理。西城区妇联充分运用党委和政府的制度性资源，重点关注妇女群体的再就业问题，探索妇女群体再就业的新模式；以引领家庭建设为重心，打造品牌项目活动；整合社会资源带动家庭参与社区治理；优化妇联基层组织结构，不断提升参与基层社会治理的水平和能力。

（一）立足妇联职能，积极探索妇联组织服务新业态

西城区妇联为了有效贯彻落实新业态、新就业群体党建工作试点任务，坚持"党建带妇建，妇建服务党建"的原则，着力把握新业态、新就业群体规律，积极探索联结新就业群体的有效路径，进一步引领服务联系"两新"领域女性群体，将她们团结凝聚在党和政府的周围。

1. 西城区新就业女性群体基本情况

西城区妇联组织注重问题导向，加强调查研究，增强工作的针对性和实效性，在全区范围内开展寻"她"和寻"家"行动。全面了解新业态、新就业人员家庭及女性群体情况，摸清底数、建立台账。

目前，西城区新就业群体1732人，其中女性（以下称为"驿姐"）74人，占4.27%，主要集中在快递员和外卖员中。"驿家"32个，主要集中在快递员和外卖员中。已在规模较大的群体中建立1个妇女组织，覆盖妇女群众22人。建立"驿姐"微信群7个，联系服务人数74人；建立"驿家"微信群1个，联系家庭32个。权益保障、关心关爱经费有25000余元，服务覆盖人群220余人次。

2. 注重需求导向，提高新业态女性群体的社会归属感

西城区妇联注重需求导向，搭建服务平台。通过走访慰问新业态、新就业群体，开展特色化活动等方式，注重典型引领，增强新业态、新就业女性群体的归属感和认同感，使更多的妇女和家庭参与到基层社会治理工作中。

首先，西城区妇联利用微信群，推送"西城女性公众号"，宣传党的理论和妇女工作。发布活动信息，邀请她们参加妇联组织的活动。同时加强沟通，了解实际需求，认真听取意见建议，关注她们的"急难愁盼"，及时把握思想动态。

其次，按照"党建带妇建，妇建服务党建"工作原则，依托新街口快递分拣中心党支部，在分拣中心建立妇女工作委员会。设置妇工委委员 3 名，其中主任 1 名，委员 2 名。3 名委员分别为圆通、中通和申通的主管，挂牌"妇女之家"，并建设成为新业态领域妇女活动主阵地。

最后，西城区妇联为了进一步服务妇女创业就业，深化"巾帼建功"活动，建立"政策扶持+项目推动+技能培训"的促进妇女发展机制。搭建女性创业发展平台，发挥"巾帼科技汇"和女大学生实习实践基地作用，举办创业就业指导活动，积极引导扶持广大妇女创业就业、建功立业和奉献社会。针对疫情防控，区妇联发动基层"巾帼力量"，动员西城社会各界女性捐款捐物助力献爱，发挥家庭家教家风在基层治理中的重要作用，当好"守门员、宣传员、服务员、疏导员"，助力打造坚实的抗疫大后方。

（二）围绕家庭文化建设，整合社会资源，提升妇联参与基层社会治理的行动力

西城区妇联在创新参与社会治理工作中注重发挥妇女在家庭和社会生活中的独特作用，为基层社会治理积累了一定的工作经验。近几年，西城区妇联依托项目化运作，从家庭参与社会治理的角度，实施了"家庭+"项目，整合社区、教育、养老等多方资源，联动社会力量，使社区居民从封闭的小家庭走进社区开放的大家庭，形成全社会共同推进家庭建设的合力。以西四书香驿站为示范项目，围绕家庭建设与家风传承，不断探索新路径新亮点，

在构建家庭文化、发展社区文化、传承中华文化方面取得丰硕成果。项目打造家庭与亲子、儿童才艺、志愿服务、文化助老、公益知识讲堂、阅读、传统文化、互动与分享等八大类20多个主题品牌活动，吸引社区家庭和个人上万人次参与进来。同时，在"家庭+"行动项目下创立了"家庭汇客厅""童乐堂""咱家舞台""家庭教育指导中心"等一系列在百姓中形成良好口碑的精品活动品牌，让更多的家庭成员融入"家庭+"。

以党和国家高度重视和社会关切的教育问题为出发点，从家庭教育层面入手，在实施"家庭+"项目中，以家家幸福安康工程为核心开展家庭教育指导服务工作。开展"幸福家长读书季"活动，常态化输出高质量亲子活动；整合教育专家资源，系统打造家庭教育指导相关精品课程，对社区家庭开展家庭教育咨询与辅导工作。同时，培训家庭教育指导专业志愿者，发挥种子作用，将家庭教育理念推广至更多家庭，推动家庭教育科学系统规范发展。

为了满足现有社区养老需求，开展"爱心助老"巾帼志愿服务项目，为"家庭+养老"发展提供新思路。项目最主要的目的就是避免空巢老人逐渐脱离社区，将居家空巢老人作为重要的社区居民保留在社区体系之中。为了关爱居家空巢老人，更好地为老人提供服务，西城区妇联从2013年就组建起"爱心助老"巾帼志愿者团队，已有1400余名志愿者参与服务。根据"爱心助老"巾帼志愿者服务公约，巾帼志愿者与社区空巢老人结成对子，每周志愿者至少与结对老年人联系两次，服务内容有上门巡视或电话问询，确认老年人健康、生活状况；了解老人需求，提供力所能及的志愿服务，对于不能提供的服务则及时向街道妇联反映情况；精神关怀服务，陪老人聊天交流、读书读报，有针对性地进行心理抚慰和疏导，以及节假日探望老年人。"爱心助老"巾帼志愿服务项目在改善老年人的人际关系、减轻孤单感、满足老人的身心需求方面起到了一定的积极作用。

以家庭文化建设为抓手展开的"家庭+"项目，契合了新时代社会治理工作的任务要求，带动家庭树立良好家风，弘扬家庭美德，让最美家风在家庭与家庭之间传递，有效提高了家庭参与基层社会治理的行动力。

（三）夯实数字阵地建设，提高妇联参与基层社会治理的能力

1. 基层妇联组织数字化程度不断提高，组织建设更加扎实

西城区妇联在街道、社区及新领域建立"妇女之家"281个，利用现代数字卫星技术在147个社区建立"数字卫星妇女之家"，推动形成"上面千条线、下面一张网、妇女身边一个家"的生动局面。以项目化方式培育有特色有亮点的服务品牌，5年来累计实施"妇女之家"项目148个，投入经费316万元，受益84423人次。其中，58个西城区示范"妇女之家"及优秀项目、58名"妇女之家"优秀带头人受到表彰。

从传统组织架构看，西城区15个街道有263个社区妇女组织，机关、系统妇委会（妇工委）42个，事业单位妇委会（妇工委）63个，公司女职工委员会近60个，"两新"组织妇委会9个，妇女微家283个。妇联组织线上线下、多领域纵深结合，阵地网络化格局初步形成。

从人员构成看，全区共有妇联主席15名，兼职副主席47名，执委427名，平均年龄41岁，其中323名为中共党员。社区妇联主席263人，平均年龄43.5岁，大专及以上学历261人，占总人数的99.2%。兼职副主席526人；社区妇联执委3958人，执委结构涵盖妇女小组长、楼栋长、女性团体负责人、巾帼志愿者、有一定影响力的QQ群主和微信群主，各行各业代表都有参与，充分体现了典型先进性与群众广泛性；机关、系统及事业单位妇委会（妇工委）主任105名，平均年龄52岁，其中90%以上为中共党员，委员平均年龄44岁。

近些年，西城区妇联着力打造文化层次高、年轻化的干部队伍，通过对280余名基层妇联干部开展轮训，队伍建设更加有效。通过举办女领导干部、区妇联执委、机关事业单位妇委会（妇工委）主任、街道妇联主席、基层妇联干部培训班，5年累计培训4602人次。

2. 利用互联网平台效能，提升妇联工作社会影响力

面对社会治理千条万绪的复杂形势，开展"街巷小管家"及家庭参与社会治理传递最美家风的线下活动。注重开展网络传播，通过学习强国、

《中国妇女报》、北京女性、西城女性，以及各街道微信公众号等多个宣传平台的报道，如"垃圾分类引导一小时""文明餐桌、健康强国""我为绿色生活添彩""祝祖国生日快乐"等主题活动的报道，让更多"街巷小管家"及其家庭引以为豪，以更足的动力参与到社区治理中。不仅有利于提高妇联组织自身的数字化水平，也大大提升了妇联工作的社会影响力。

二 妇联组织参与基层社会治理存在的不足

随着首都功能核心区建设进入高质量发展新阶段，妇联改革不断向纵深发展。面对西城妇女发展需求的新变化和对美好生活的新期待，妇联组织的吸引力、凝聚力、影响力和基层活力还需要进一步增强，服务妇女群众的工作方法还需要进一步改进，组织覆盖面还需要进一步拓展，妇女干部的创新意识和能力水平还有待进一步提高。西城妇联组织参与社会治理存在的不足包括以下几个方面。

（一）面对妇女群体需求新变化，妇联创新服务模式仍需探索

在组织建设方面，虽然数字化程度及能力有所提高，但是联系妇女的渠道还比较传统单一，妇女群众与妇联的联系感不强，仍需拓展增强彼此情感联结的渠道与模式。例如区妇联在传统机关事业单位建立妇工委，总体来说相对容易，但是对体制之外的领域还不够熟悉，组织建立有更多难度，推进较为缓慢，而且妇女组织的覆盖面需要进一步拓展。北京作为流动人口聚居地区，新业态的劳动女性增多，妇女"单位人"身份发挥的作用越来越弱。正是这种变化，使得原来建立的妇女组织覆盖面具有狭隘性，也无法通过组织触角把妇联的工作和服务进一步扩大到更多妇女群体中。随着经济社会的发展，新兴领域不断出现，科技园区、"两新"组织如雨后春笋般大量涌现，有女性的地方就应该找到妇联组织，但妇女组织建设并没有及时跟进。这些都需要进一步深化改革，转变工作思维，在拓展组织建设上加以创新。

（二）妇联组织基层工作运转模式有待改进

街道妇联在"妇女之家"阵地建设方面存在差异性。有的是思想认识上不够重视、工作热情不高、工作不积极、主动性不强，缺乏对"妇女之家"项目工作的前瞻性思考；有的是存在畏难情绪，觉得"妇女之家"项目申请很麻烦，不愿申请；有的是不明白"妇女之家"项目的申报流程，不清楚申报标准，存在不会干的问题。

通过走访妇联执委单位，并与执委进行座谈，发现大家普遍对执委职责认识不清晰。区妇联每年只召开一次执委会和执委培训会，与各执委的联系不够紧密，执委不知道如何履行职责，应该怎样发挥执委作用，如何才能更好地参与社会治理工作；也不能充分利用自己所掌握的资源，发挥自身资源优势为妇女儿童办实事。在队伍建设方面，妇联引导执委主动履职还不到位，作用发挥不充分。有的执委工作热情高、主动履职，积极参与妇联组织的各种活动，始终与妇女群众保持密切联系。也有一部分执委在履职方面发挥作用不充分、不明显，对基层的指导还不够有力。

（三）妇联组织参与基层社会治理的功能定位仍需明确

妇联参与基层社会治理在群众心中的定位还比较模糊，还存在妇女群众了解情况不多、参与程度不够的问题。特别是对传统领域和体制内的妇女群体关注度高，开展活动较多，但在法律、金融、文化、科技创新等新领域服务还不够。这些领域的妇女群众并没有完全纳入妇联组织的工作服务范围内，妇联组织的形象在群众心中仍然跟"体制内"单位挂钩，没有认识到妇联组织在基层社会治理中应该发挥的效能。联系新业态女性群体的途径单一，妇联组织建设覆盖难度大，服务手段仍然停留在一般性的政策号召学习方面，缺乏有针对性的特色活动吸引对方参加。如果不改善对机关事业单位之外妇女群众的认知与态度，就很难拓宽妇联工作的深度与影响力。因此，妇联组织需要明晰自身的功能定位，改善在妇女群众心中的刻板印象，加强与新业态女性群体的沟通与联系。从家庭、社区出发，团结新业态女性群体，重视她们的利益诉求，从而增强妇联组织参与基层社会治理的社会信服力。

（四）统筹协调合力不足，缺乏宣传联动效能

妇联作为群团组织，是基层社会治理的主要力量，更需要发挥引导、联动的主观能动性，但妇联在"联"字上下得功夫还不够。在宣传上，妇联组织能打破传统工作方式，紧跟时代发展步伐，充分利用新媒体，依托区妇联网站、微信、微博、抖音"四位一体"宣传平台，向妇女传递党和政府的声音。但关注人群局限于体制内，如何通过线上和线下吸引妇女，把更多的妇女群众汇聚在一起，仍旧缺少延伸范围的触角和手段，缺少面向社会开展的引领性活动。

对于快速发展的信息时代，如果惯用老思维、老方法，不善于联通信息、联络情感、联合力量、联办活动，如果不学会借机发展、借台唱戏、借力打力、借势推动，就不能进一步扩大妇联的社会影响力。在维权方面，妇联没有行政执法职能，要做到把矛盾化解在基层，就必须联合公检法司，统筹协调，打破部门界限，努力整合资源，寻找合力撬点。通过联动其他社会力量，发挥矩阵效能，不断积聚妇联组织的网络化群众基础。

三　推动妇联参与基层社会治理的相关建议

（一）扩大妇女组织的覆盖面，最大限度地把广大妇女团结和凝聚起来

适应新时代妇女群众的多样化需求与期待，妇联组织要创新组织联络方式，以妇女群众的地缘、业缘、兴趣缘为抓手，精准个性化拓展与妇女群众的连接点与互动形式。在流动人口聚集地、经济合作组织、行业协会、社会组织等横向组织中建立妇联基层组织，努力使基层妇女在身边就能找到组织，参加组织的活动，把妇女群众更大限度地凝聚到妇联组织中

来。要强化对基层妇女组织的指导和服务，完善联系机制，注重挖掘和运用团体会员的行业优势、人才优势和组织优势，充分发挥妇女组织在参与社区治理、公共事务管理中的主体作用，在组织妇女儿童事业中的优势作用；根据妇女组织不同的组织特性，进行分类指导，把各组织及其所联系的妇女纳入妇联工作体系中来，既促进妇联组织覆盖、工作覆盖、服务覆盖的进一步扩大，又推动这些妇女组织规范运行、有序发展，成为促进基层社会和谐稳定和妇女儿童事业发展的积极力量。区妇联已出台《西城区妇联推动新业态、新就业群体党建工作试点实施方案》，在新街口快递分拣中心党支部成立了首家妇工委，以此为突破口，进一步扩大新形势下的组织和工作覆盖面。

（二）加强妇联阵地建设，发挥"妇女之家"在参与社会治理中的作用

"妇女之家"不仅是基层妇联与妇女群众实时联系的活动场所，也是妇联参与基层社会治理的重要阵地。"妇女之家"的制度建设要更加明确基层社会治理的工作重点和职责范围，更有针对性地指导基层妇联干部开展活动，用制度科学管理规范"妇女之家"建设项目，合法合理使用专项经费，保证每笔经费的使用都让妇女群众满意、让妇女群众受益。要加强工作指导和监督，通过加强培训，确保基层妇联主席在项目的申报流程上，做到思路清晰、流程明白，同时还要经常组织街道妇联主席开展经验交流，分享优秀典型经验成果，交流项目执行中遇到的问题，发挥"先进"的示范带动作用，由"先进"带"后进"，激发"后进"活力。

（三）充分发挥妇联执委作用，整合资源为妇女儿童办实事

要进一步明确执委职责，规范执委述职制度，层层落实抓好执委述职，充分激发她们履职的积极性、主动性，让妇联执委的融入感、参与感更加强烈。要加大对执委的培训力度，创新培训形式，引导执委不断提高履职能力。区妇联每年召开一次执委培训班，吸纳执委的意见建议，对培训的内容

和形式进行创新。根据执委的需求和党政工作大局，安排家庭建设、领导力提升、红色家风故事、北京中轴线文化等方面的课程内容。特别是邀请毛主席的后人毛新宇少将与大家面对面分享毛主席的优良家风故事，受到大家的热烈欢迎。同时，形式上也不只是关起门来进行授课，而是"走出去"，做到理论与实践相结合，围绕京津冀一体化发展赴廊坊七修书院开展传统文化现场教学，取得了较好的效果。

（四）加强网络矩阵建设，拓展妇联组织的网络影响力和号召力

要适应数字社会的新特征，创新"互联网＋妇女"工作方式，建设集工作平台、服务平台、数据平台于一体的网上"妇女之家"。完善舆情监测应对和舆论引导工作机制，推进工作上网、服务上网、活动上网，实现妇联工作线上与线下融通并进，把握网上工作主动权，弘扬网络空间巾帼正能量。全方位组织宣传，面向企业、单位、社区，做深做细做实密切联系妇女群众的各项工作，增强妇女群众对妇联组织的亲近感、信任感和归属感。

（五）坚持首善标准，发挥妇联组织先进性作用

先进性是妇联组织的重要属性。作为首都功能核心区的妇联组织，需要围绕党和政府的工作大局，坚持首善标准，在服务大局中找准能够发挥妇联优势、妇女作用的结合点、切入点和着力点，引领妇女在全力服务保障首都功能、老城整体保护与复兴、城市精细化治理中发挥创新活力，在推动西城高质量发展中贡献巾帼力量。坚持以妇女需求为导向，以工作项目为抓手，以依托活动为载体，强化协调意识，提高妇联工作社会化程度；充分利用社会资源促进妇女全面发展，时刻关注妇女生活动态，深入基层调查研究，了解家庭家教家风建设的新情况、新问题，为妇女办好事、做实事、解难事，有效维护妇女的合法权益，推动男女平等和谐发展；立足服务区域发展大局，全方位促进妇女发展迈上新台阶。围绕推动京津冀协同发展、疏解非首都功能、首都功能核心区控规实施，开展"巾帼建新功"提升行动，团结

带领广大妇女融入中心、主动作为，积极建功立业、投身社会治理，努力构建具有西城特色的妇女发展工作格局。

参考文献

杨柯、唐文玉：《"群社协同"：群团组织参与社会治理的重要路径——以 H 市妇联协同女性社会组织为例》，《思想战线》2022 年第 2 期。

林舒倩：《妇联组织参与基层社会治理的研究》，《青年与社会》2019 年第 28 期。

吴亚慧：《妇联组织参与社会治理问题研究述评》，《探求》2018 年第 4 期。

范铁中：《新时期上海市妇联组织参与社会治理的困境与对策研究》，《湖北社会科学》2017 年第 10 期。

李军：《有效发挥妇联组织参与社会治理积极作用》，《中国妇运》2014 年第 12 期。

廖敏、王晶洁：《探析妇联组织参与社会治理创新》，《湖北经济学院学报》（人文社会科学版）2016 年第 7 期。

B.19
北京市委局主管社会组织发展报告

赵小平[*]

摘　要： 委局主管社会组织应当在服务首都发展大局、助力共同富裕中起
到行业示范引领作用。数据表明，无论是规范性还是专业性，委
局主管社会组织均优于市区两级社会组织的整体情况，但实现高
质量发展要求还存在若干问题和困难，如特定领域专业示范作用
还不够、行业服务能力还不强、融入首都发展大局还不够、疫情
对机构生存发展造成较大影响等，应当在政策上加以针对性调整。

关键词： 社会组织　社会治理　高质量发展　北京

共同富裕是社会主义的本质要求。党的十九届六中全会明确提出，必须
坚持全体人民共同富裕取得更为明显的实质性进展。在实现共同富裕的征程
中，第三次分配是重要补充，而社会组织则是落地三次分配的重要组织载
体。2021年底，中共北京市委十二届十八次全会明确提出要"促进共同富
裕等重大决策措施落地见效"，社会组织将是重要的参与者之一。

北京市委局主管社会组织（以下简称"委局主管社会组织"）是首都社
会组织中的重要类型，专指业务主管单位是中共北京市委社会工作委员会北
京市民政局的社会组织。由于委局主管这一特征，市委社会工委市民政局对
此类组织要求更为严格、支持力度也更大，所以它们在某种程度上也担负着
行业示范引领的作用。于是，对其发展状况进行研究，不仅对该类组织本身

---

[*] 赵小平，北京市社会科学院社会学研究所副研究员，主要研究方向为公益慈善事业、社会组
织发展。

在尽职履责中提质增效有积极作用，而且对推动首都社会组织助力共同富裕也有重要价值。本报告使用的数据源于两个渠道：一是 2021 年委局主管社会组织的调研资料，二是 2020 年初委局主管社会组织的年检数据和 2020 年初北京市区两级社会组织的年检数据。

一　北京市委局主管社会组织的发展现状

（一）基本情况

截至 2020 年 1 月，委局主管社会组织共计 234 家，约占北京市社会组织总量的 1.8%，其发展的基本情况如下。

从成立时间看，2012 年前后是委局主管社会组织成立的高峰期。2010年、2011 年、2012 年和 2013 年，分别成立了 28 家、29 家、50 家和 36 家社会组织（见图 1）。

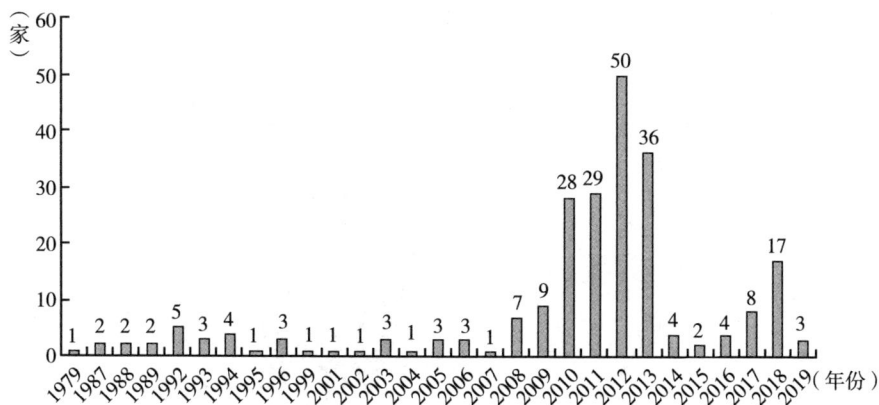

图 1　委局主管社会组织的成立年份

从地域分布看，委局主管社会组织集中分布在朝阳、东城和海淀三区。截至 2020 年初，委局主管社会组织分布数量最多的三个地区分别是朝阳区（77 家）、东城区（41 家）和海淀区（33 家）（见图 2）。

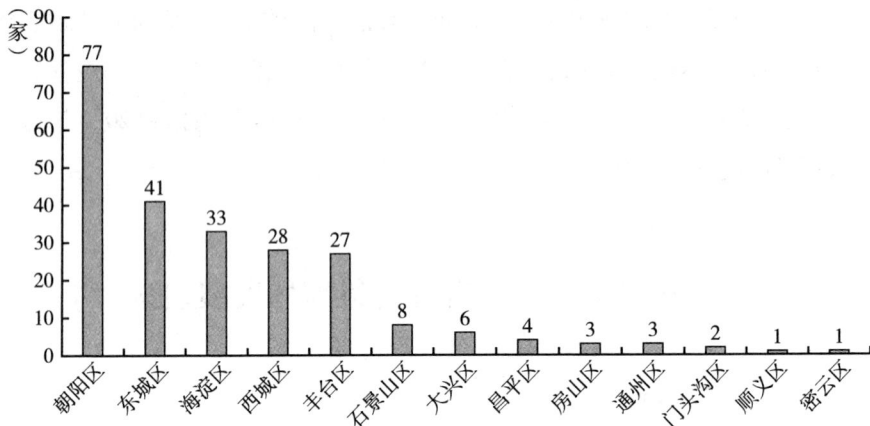

图2 委局主管社会组织的地域分布

从资产情况看，2020年初委局主管社会组织的货币资金总计22.71亿元，平均每家社会组织的资产为970.5万元，其中，社团占比最高（57.46%），其次是基金会（32.06%），最后是社会服务机构（10.48%）（见图3）。

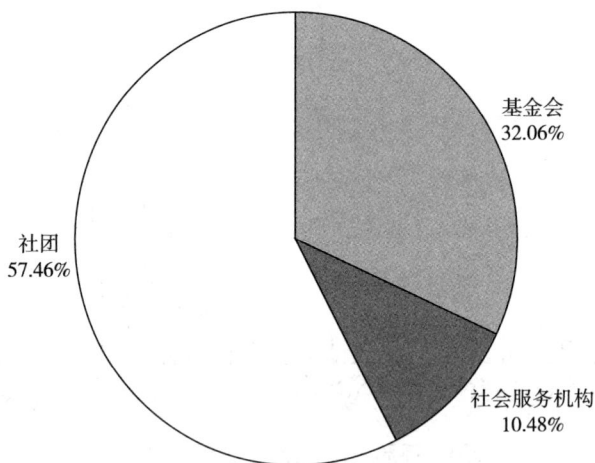

图3 委局主管社会组织总资产分布比例

按从业人员看，委局主管234家社会组织的全职工作人员总数为2251人，平均每家社会组织有9.62人。

（二）规范性

规范性是社会组织公信力的基础①，这里从参与年检和受处罚情况来呈现。

1.参与年检情况

从年检结果来看，委局主管社会组织总体优于北京市区两级社会组织的情况。截至 2020 年初，委局主管社会组织的年检参检率为 94.40%。同期，北京市区两级社会组织的年检参检率则为 80.74%，其中区级社会组织的年检参检率只有 74.30%（见图 4）。

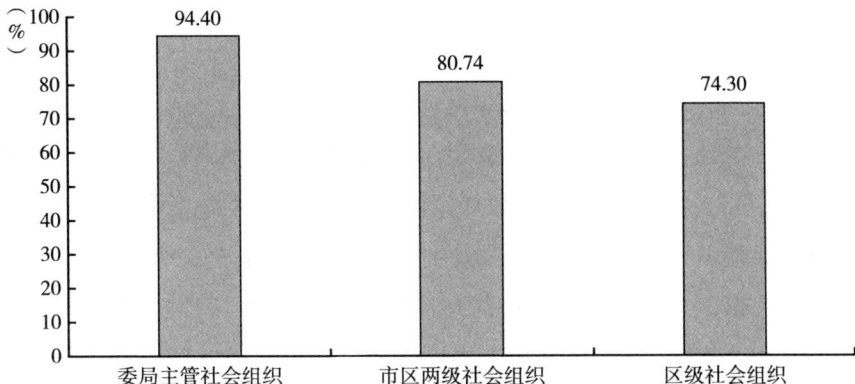

图 4　三类社会组织参检率

2.受处罚情况

从受处罚情况来看，委局主管社会组织总体优于北京市区两级社会组织的情况。2019 年初至 2020 年初，234 家委局主管社会组织中有 1 家社会组织受到警告行政处罚，占总量的 0.4%，其他 233 家社会组织均无行政处罚情况。同期，全市各类 12849 家社会组织中，处罚社会组织 376 家，约占总数的 3.0%（见图 5）。

---

① 石国亮：《通过第三方评估推动社会组织公信力建设》，《中国社会组织》2015 年第 10 期。

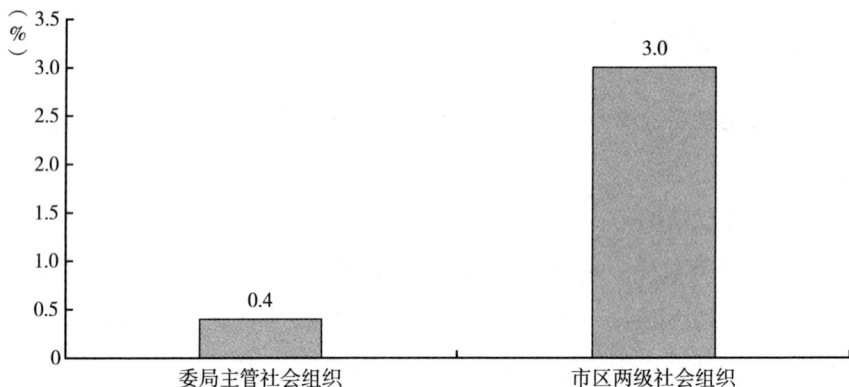

图 5　社会组织受处罚比例

（三）专业性

专业性是社会组织提供社会服务、解决社会问题、创新社会治理的核心能力[①]，这里从社会组织等级评估和工作人员学历情况两方面体现。

从社会组织等级评估来看，委局主管社会组织中有一些机构的专业服务能力比较突出，总体上优于全市的整体情况（见案例1、案例2）。以同年参评的基金会为例，委局主管基金会评估等级为5A、4A等级的机构占比分别为15%和32%。同期，北京市级全部参评基金会中，5A和4A等级机构占比分别为7%和32%（见图6）。

案例1　北京慈弘慈善基金会（基金会5A）

北京慈弘慈善基金会是一家5A级基金会，其品牌项目是乡村学校图书角，充分体现了公益机构在乡村阅读领域的专业性。截至目前，该项目已经在保证图书选择的科学性、递送过程的严谨性、学生参与的主动性的基础上，进一步激活了学校教师的参与，让老师们积极主动地带领学生参加阅读

[①] 许鹿、杨小寻：《社会组织在政府购买服务中的自我调适》，《贵州社会科学》2019年第5期。

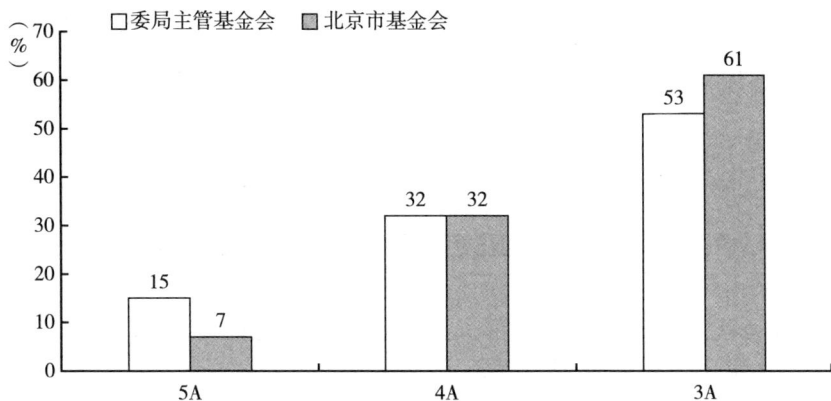

图6　两类基金会等级评估结果

活动。此外，慈弘的项目与当地教育部门也有良好的对接与嵌入，与教育系统形成优势互补、互为协同的局面，对于当地教育体制改革、教育评价体系创新以及素质教育在农村地区的落实均有较强的推动作用。

案例2　北京公益服务发展促进会（社团5A）

该会的前身是北京华育助学基金会希望旅程专项基金，是一家以志愿服务起家的公益组织。经过10多年的发展，已经成长为一个集一线服务、枢纽支持和调查研究于一体的综合性社会团体。该会的品牌项目是以支持性评估为基础的政府购买第三方评估项目，其专业亮点在于：在评估政府购买社会组织项目的过程中，用服务思维取代传统的监管思维，在评估的同时融入对社会组织的能力建设，让社会组织在实践现场中既能保证服务质量又能提升服务能力，获得政府和社会组织的一致好评。

从工作人员学历来看，委局主管社会组织的情况也优于北京市区两级社会组织的总体情况。委局主管社会组织从业人员中，本科学历人数最多，共有1131人，占总人数的50.24%，平均每家社会组织有4.83名本科生；其次是专科学历，共有479人，占总人数的21.28%；再次是硕士学历，共有436人，占总人数的19.37%；专科以下学历人数最少，共88人，占总人数的 3.91%。对比北京市区两级社会组织情况发现，北京市区两级社会组织从业人员的本科、硕士和博士三类学历占比均低于委局主管社会组织（见图 7）。

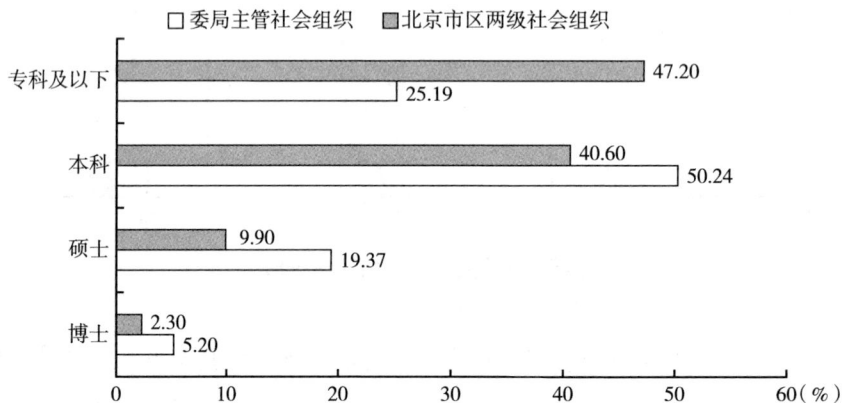

图 7　两类社会组织工作人员学历占比情况

二　北京市委局主管社会组织发展存在的问题

相比于北京市社会组织总体情况，委局主管社会组织无论是规范性还是专业性，都具有相对明显的优势。但是，从高质量发展的要求和引领行业发展的角色来看，委局主管社会组织发展依然存在一些亟待优化的方面。

（一）特定领域的专业示范作用还需强化

1. 打造"产品"的意识和能力不足

在社会服务（尤其是政府购买服务）领域，"产品化"是一个与"活动化"相对应的概念。产品化更加强调社会组织解决问题或满足人们需求的价值点，最忌讳无用动作的简单堆砌。这就像市场中的企业一样，注重的是让消费者认同产品价值并愿意埋单。当下，不少社会组织（包括委局主管社会组织）在提供服务过程中，虽然做到了规范运作，也完成了不少动作、开展了许多活动，但由于设计和提供产品的意识不强、能力不够，最终导致资源利用效率低下、解决社会问题的成效并不明显。

2. 服务实践中理论提炼和模式挖掘不够

现实中，虽然也令人欣喜地看到部分社会组织已经摸索出很好的服务产品，但是因为缺乏相应的理论提炼和模式挖掘，无法复制推广——因为如果对社会实践背后的理论逻辑缺乏清晰的认识，就不了解其运作的原理，更谈不上厘清该类实践的适用条件和作用边界，于是常出现两种令人困惑的情形：同样的问题和同样的做法，要么只有某个特定机构操作才能成功，要么只有在某个特定的地点才能成功。最终只能将某一社会组织生产出好的服务产品归结于人或者机构的特殊性。因此，对委局主管社会组织而言，要想进一步强化其在特定领域的专业示范作用，除了要着力提升其社会服务的"产品"意识和能力外，还要着力支持优秀社会组织总结服务模式、进行理论提炼。

（二）推动行业发展的功能承担有待加强

推动行业发展，是指一些社会组织为自己所在的特定领域（如教育、医疗、环保等）或社会组织行业发展（如孵化培育）提供支持性、中介性或枢纽性服务。[①] 作为委局主管社会组织，更应当也更有条件承担这样的职能，对首都社会组织的健康发展起到引领和支撑作用。

虽然也有一些委局主管社会组织在推动行业发展方面发挥了积极作用，比如首都社会组织发展促进会、北京市协作者社会工作发展中心以及一些行业协会商会，但总体而言发挥作用的组织数量还不够多，部类也不够均衡。从统计数据看，委局主管社会组织中，承担枢纽型功能的主要集中在社团中，有15家，占委局主管社会组织总数的6.4%。在基金会和社会服务机构中，虽然也有一些组织承担部分行业服务功能，但数量很少。

---

① 刘洋：《枢纽型社会组织的生成基础与发展路径——基于社会学的视角》，《学习与实践》2016年第12期。

除了数量不足、分布不均之外，当前行业服务组织发挥作用的层次也较低。一般来讲，行业服务组织的作用可分为四个层级：一是流程化公共服务，比如帮助社会组织完成注册等级、年检评估等流程化工作；二是专业性服务，比如教育领域的枢纽型组织帮助教育领域社会组织提升专业能力；三是治理性服务，比如行业自律、行业维权、矛盾化解、标准制定等；四是创新性服务，比如推动某个点位的政策优化或社会变革，或者促进政企社的跨界合作与社会创新。从目前来看，部分委局主管社会组织承担行业发展职责，还主要停留在第一和第二层级，真正能进入第三、第四层级的机构还比较稀缺。

（三）立足北京融入首都发展大局的程度不够

作为首善之区，北京经济社会的高质量发展离不开社会组织的积极参与。近年来，虽然不少委局主管社会组织参与了首都社会发展（如购买服务、社区治理）和相关重大战略（如乡村振兴、京津冀协同发展），但整体融入首都发展大局的程度还不够，体现为三个方面。

1. 参与规模尚有提升空间

尽管北京是全国社会组织规模和密度最大的城市之一，但有不少机构都是"注册在京，服务在外"，其中以基金会为甚：在委局主管的 85 家基金会中，在北京市内开展的公益项目仅占 18.5%，还有较大的提升空间。

2. 参与领域有待拓展

当前，委局主管社会组织主要参与的是与公益慈善相关的领域，在其他重要方面发挥作用还不够明显，比如助力首都打造"国际交往中心"、建立民间外交纽带的力度就远远不足。2019 年至 2020 年初，参加年检的 234 家委局主管社会组织中，仅有 12 家社会组织开展了国际交流，占比仅为 5.1%。

3. 参与质量有待提高

虽然有一些社会组织也围绕"京津冀协同发展""北京乡村振兴"等主题设计了项目，但不少只是当作主营业务之外的一项政治任务而已，将自身业务与首都发展大局融合的质量还不高。虽然北京在很早就消灭了绝对贫困，在以款物捐赠为主要形式的基础性慈善方面需求相对较小，但并不代表其对更高质量的专业社会服务没有需求，相反这一需求可能十分迫切，比如社区治理中的矛盾调解、社会特殊群体的专业服务以及民间智库发展等。

（四）新冠肺炎疫情对社会组织的生存发展造成较大影响

新冠肺炎疫情对首都社会组织生存发展的影响是巨大的，委局主管社会组织也不例外。[①] 调查表明，因为疫情有的组织无法开展服务，有的组织无处申请项目，有的组织被迫减薪裁员，还有的甚至因为难以为继而到民政部门申请注销。从北京七悦社会公益服务中心 2021 年 6 月对全市社会组织的抽样调查数据来看，大部分（约 73%）组织都受到疫情的较大影响。其中，有 46.84% 的机构表示影响较大，机构勉强维持；26.58% 的机构认为影响严重，机构运营困难，可能停业；24.68% 的机构认为影响较小，虽然服务有一些困难，但较稳定；而仅有 1.9% 的机构认为基本没有影响。在委局主管社会组织的座谈中，不少机构也谈到遭遇的困难。

案例 3　北京亚太经济合作促进会

受到疫情影响，该会无法开展组团的国际交流活动，国内商务活动也很受限制，造成协会的收入锐减。在疫情之前，该协会有 40 多名员工，但现在只剩下 6 人，因为目前的经费只能维持最低成本运行。（社会组织座谈 2021101301）

案例 4　首都慈善义工联

首都慈善义工联是一个以线下服务为主的从社会自发成长起来的志愿服务组织。疫情发生后，他们的线下服务受到很大影响，许多集体活动和上门

---

① 徐家良：《疫情防控中社会组织的优势与作用——以北京市社会组织为例》，《人民论坛》2020 年第 23 期。

服务都无法开展。虽然也有线上服务，但弊端十分明显：一是一些服务质量大打折扣，二是一些深度的、现场的服务还是需要线下才能完成。线下服务项目大幅缩水的另一个不利影响就是义工联的运作资金萎缩，给联合会的持续发展带来很大压力。（社会组织座谈 2021101301）

案例 5　北京十方缘老人心灵呵护中心

北京十方缘老人心灵呵护中心是一个专门致力于老年人服务（尤其是临终关怀）的专业服务机构。疫情发生后，很多地方的福利院不能对外开放，影响了服务项目的落地开展。此外，受疫情冲击，作为捐赠方的爱心企业也遭受损失，不得不减少对该机构的捐助。因此，如何拓展新的资源成为机构目前面临的重大挑战。（社会组织座谈 2021101301）

三　北京市委局主管社会组织的发展建议

（一）强化委局主管社会组织在特定领域的专业示范作用

1. 开展两个"专项计划"，即"培优计划"和"品牌提升计划"

"培优计划"主要是帮助那些打造"产品"意识和能力较弱、具有发展意愿及发展潜力的社会组织，以提升它们解决社会问题、满足社会需求的能力。"品牌提升计划"主要是针对那些已经探索出好的服务产品，但在理论提炼、模式挖掘方面存在不足的社会组织，帮助它们认识实践背后的理论逻辑、了解其运作原理、厘清实践的适用条件和作用边界，最终实现模式的复制和推广。

在委局主管社会组织中落实"两个计划"，可按照以下步骤进行：第一步，列出"专业第三方机构清单"。严选出领域内在评估能力、研究能力方面具有较高水平的第三方机构，将其纳入"专业第三方机构清单"。第二步，由专业第三方机构对委局主管社会组织进行综合评定，将其按照专业水平分为四个层级。一是优秀，在项目运作上展示出较高的专业水平并取得明显社会成效的机构；二是良好，虽未达到优秀级别，但有强烈的发展意愿以及发展潜力；三是一般，发展意愿及专业水平均一般；四是较差，即无发展意愿，机构处于休眠、半休眠状态。第三步，将优秀和良好类组织作为重点培养对象。将优秀类组织纳入"品牌提升计划"，将良好类组织纳入"培优计划"。第四步，两个计划都采取个案管理的方式，由专业第三方承接运作。支持领军组织向其他组织开展"手拉手"或"师徒制"帮扶。

在此过程中，个案管理、分别建档和针对性服务是重点内容。个案管理是一种针对性极强的服务方法，为每个参与计划的社会组织分别建档、开展针对性服务、实施动态管理等。分别建档指的是为每个社会组织建一个独立档案，将组织信息、层级、问题诊断、接受服务情况等内容纳入档案。针对性服务指的是针对社会组织遇到的问题开展相应的服务，做到"对症下药"，比如将第二层级（良好）的社会组织纳入"培优计划"，通过培训、参访、结对帮扶（同伴计划）等方式提升其专业性；将第一层级（优秀）的社会组织纳入"品牌提升计划"，通过优秀公益项目库、帮助其梳理项目模式等方式实现模式的复制和推广。动态管理指的是对社会组织的信息做到实时更新，对社会组织出现的问题做到及时回应。

此外，"培优计划"和"品牌提升计划"可以有机结合起来。"品牌提升计划"可以有效带动"培优计划"，"培优计划"涌现出的优秀社会组织可以进入"品牌提升计划"服务名单。

2. 创新试点社会组织信用系统的应用

建立社会组织信用体系，可以提高效率、降低成本，同时还可以实现社会组织优胜劣汰。目前，虽然北京市已经建立社会组织信用系统，但是在有效应用方面还很有限：一是数据类型还有缺项，比如政府购买服务的评估结果还未纳入信用系统；二是信用表现与社会组织生存发展关联不大，缺乏诚信奖惩机制。对此，可以将委局主管社会组织作为试点对象，创新北京市社会组织信用系统的应用工作。一是将委局主管社会组织参与政府购买服务的评估数据纳入信用系统，二是可以通过专业团队设计信用评价的指标体系并嵌入系统，三是根据评价结果建立清晰的惩罚机制和激励机制以实现社会组织的优胜劣汰，比如可以给诚信好的组织三年免年检、政购优先入围、连续购买或提升额度等优惠。

（二）鼓励委局主管社会组织更多地承担推动行业发展功能

1. 列出委局主管社会组织中可承担"行业支持性功能"的社会组织清单

"行业支持性组织"是指能够推动行业发展，提供支持性、中介性或枢纽性服务的社会组织。一是发掘"存量"。寻找到现有的"行业支持性组织"，将其列入存量清单，比如首都社会组织发展促进会。二是摸清"增量"。有些社会组织虽然还未承担起推动行业发展的功能，但是有参与的意愿和能力，应将其列入增量清单，比如纳入"品牌提升计划"的社会组织。

2. 绘制社会组织行业发展"资源地图"

一是梳理政府体系中的资源。从中央到地方均有推动社会组织行业发展的资金，比如政府购买服务资金、社会组织孵化培育资金、福彩金、专项资金等。政府除了资金扶持外，还有其他一些可利用的资源，例如场地等。二是梳理行业内的资源。有一些致力于行业发展的基金会，或者未来有可能从事推动行业发展的基金会，可以将这些基金会纳入"资源地图"。

3. 创新整合机制，将现有资源与行业支持性组织（或未来的）有机结合

一是进行资源引导。通过专项计划投入一定资金用于支持委局主管社会组织参与行业建设，尤其是鼓励它们开展专业性、治理性和创新性服务。动员各类基金会通过资金、技术和人才支持行业支持性组织的发展。二是开展能力建设。实施行业支持性组织能力提升项目，为委局主管社会组织推动行业发展提供支持。三是营造有利于"行业支持性组织"发展的制度环境，比如可将支持行业发展纳入政府购买社会组织服务的目录当中。

（三）切实增强委局主管社会组织服务首都发展大局的示范作用

1. 提高自身站位，强化示范意识

通过专题培训、典型案例材料推送等方式，提升委局主管社会组织参与首都发展大局的站位。一是要摒弃"首都社会福利条件好，不需要社会组织服务"的狭隘想法，全面理解社会组织参与社会服务事业——尤其是在促进首都教科文卫体和环保事业高质量发展中的重要作用。二是要充分意识到委局主管社会组织在带动整个行业服务首都发展大局中承担着示范引领作用，要在增强参与意识、创新参与方式、提升服务成效方面下大功夫。

2. 拓宽参与领域，建立参与机制

委局主管社会组织应当在首都发展的重点领域先行拓展。比如，在推进实现共同富裕征程中，鼓励委局主管慈善组织积极探索慈善募捐新模式、创新公益服务方式；在推进全国文化中心建设过程中，鼓励文化类组织参与老城整体保护与复兴、推动全民阅读等；在建设国际科技创新中心过程中，鼓励科技类组织促进国际科技交流、助力科技创新；在加强国际交往过程中，鼓励有国际交往项目的组织积极以民间形式展示中国形象、讲好北京故事；在推进京津冀协同发展过程中，鼓励部分有能力的组织带动天津、河北公益事业发展；在优化首都基层治理过程中，鼓励专业组织参与社区矛盾化解、议事协商和社区垃圾分类等议题；在推动城乡融合过程中，引导部分组织关注农村发展，服务乡村振兴战略。

围绕上述重点领域，建立委局主管社会组织参与首都发展大局的"两目录一机制"，即重点领域需求目录和社会组织供给目录，通过首都社会组织促进会等枢纽平台实现双向对接、动态管理。

3. 整合多方资源，建立考评机制

一是整合多方资源。市委社会工委市民政局向财政部门申请专项资金支持委局主管社会组织高质量参与首都建设，政府购买服务应进一步加大对社会组织参与首都发展的倾斜力度，鼓励企业和基金会设立专项资金支持委局主管社会组织深度参与首都发展大局并发挥示范作用，鼓励委局主管社会组织依法吸纳国际慈善资源参与首都建设。二是建立科学考评体系。市委社会工委市民政局牵头开发社会组织参与首都发展、助力共同富裕评估指标体系，将社会组织参与慈善事业服务首都发展纳入政府考核指标；针对各区瓶颈，组织专家提供全过程、个性化督导。

（四）开展疫情期间社会组织发展帮扶的政策试点

1. 切实为处于特殊困难时期的社会组织提供必要支援

一是精准支援，在摸清社会组织现实困难的基础上，优先支援重点领域、在一线开展服务、公信力较好或有专业发展潜力的组织；二是借鉴疫情中帮扶中小微企业经验，试点社会组织的扶持政策；三是试点疫情期间的社会组织专项行动，为社会组织提供帮助，例如用工补贴、办公场地租金补贴，将政府闲置资源（如场地等）免费或低价供社会组织使用等；四是简化年检、评估等事务的程序，减少社会组织的工作负担；五是鼓励社会组织抱团取暖，让那些实力雄厚的基金会尽量多购买一线服务机构的公益项目。

2. 利用疫情这个"空当期"为社会组织练好"内功"提供支持

疫情期间，社会组织遭遇了很大的困难，也有了一段平常难有的"空当期"，可以用于回顾过去、总结经验、提升能力和展望未来。对此，市委社会工委市民政局可以通过首都社会组织发展促进会等枢纽型组织对委局主管社会组织予以支持：一是安排专家针对试点机构提供各类能力建设和品牌梳理服务，二是按照专业领域组织开展社会组织之间的交流互动活动。

参考文献

石国亮：《通过第三方评估推动社会组织公信力建设》，《中国社会组织》2015 年第10 期。

许鹿、杨小寻：《社会组织在政府购买服务中的自我调适》，《贵州社会科学》2019年第5 期。

刘洋：《枢纽型社会组织的生成基础与发展路径——基于社会学的视角》，《学习与实践》2016 年第12 期。

徐家良：《疫情防控中社会组织的优势与作用——以北京市社会组织为例》，《人民论坛》2020 年第23 期。

B.20
北京社区服务体系发展报告

曹婷婷*

摘　要： 随着现代社会的演进，社区越来越成为民生服务的重要场所，成为社会治理创新的重要载体。社区服务作为社区治理的主要内容和重要基础，需要不断加强体制机制建设。当前，我国正处于社会主义现代化建设迈向新的百年征程的重要历史阶段，社区治理面临许多新的挑战。近年来，新冠肺炎疫情席卷全球，给社会生活带来巨大影响，社区服务在社区治理中扮演了越来越重要的角色，承担了越来越多的责任。社区服务体系建设成为社会发展的必然要求，当前社区服务体系建设存在一些结构性和可操作性方面的不足。本报告试图从社区治理系统化、协同化发展等角度，分析北京市社区服务体系建设状况，剖析问题，探求符合新阶段发展要求的社区服务体系建设路径。

关键词： 社区治理　社区服务体系　北京

一　社区服务体系建设的发展

（一）社区服务体系建设的概念及意义

学界关于社区服务有各种理论和观点，涉及对服务目标、服务原则、服

---

* 曹婷婷，博士，北京市社会科学院社会学研究所助理研究员，主要研究方向为性别研究和社区治理。

务模式等的不同理解和价值判断。大体而言，社区服务是社区为满足社区成员的物质生活和精神生活需要而进行的社会性服务活动，主要内容包括便民服务、社会救助、社会福利、社会保障等，具有群众性、服务性、区域性、福利性①等特征。随着我国城乡社会发展，社区作为服务人民生活的基本单元的作用日益显著，社区服务的体系化建构成为社区治理和社会化服务的必然路径，从社区服务体系概念的发展看，其内涵和外延经历了不断充实和发展的过程。

社区服务体系是由政府引导、多元主体共同参与的运行机制，基层社区是其主要场域和载体，社区居民是其面对的主要对象。社区服务体系直接对接不同社会群体的多元化、个性化需求，涉及经济、文化、法律、社会交往、社会心理等方方面面。随着我国经济社会发展，城乡社会经历深远变革，我国社会主要矛盾发生根本改变，社会结构变动，单位人进入社区转变为社会人，基层社会治理面临新的挑战，社区服务也由原来以福利性、救助性、公益性为主的行为发展为一个综合性概念。政府、市场、社会各尽其力，社区发挥平台与枢纽的作用，整合资源、形成合力，构建规范、完善、灵活、高效的社区服务体系和网络。社会服务的公益性和产业化等问题都有待进一步摸索与厘清，但社区服务体系建设则是社会发展的必然与方向。

（二）发展历程

社区服务是一个外来概念，起源于西方，以社区为单位提供慈善服务、公共服务等。到20世纪，逐渐与公共福利相融合。在我国，社区服务从20世纪80年代开始被重视，最初由民政部提出，以提倡社区互助服务为发端，号召以社区力量解决社区问题。随后，相关部门先后出台相关法律法规推动和规范社区服务发展，不断丰富社会服务的意涵，拓展其精神、文化内容，将社区服务体系建设作为社会建设的重要工作加以引导，号召改进政府服务方式，推动社会管理创新。2020年，"十三五"规划成功收官，精细化、专

---

① 民政部、国家计委等：《关于加快发展社区服务业的意见》，1993年8月27日。

业化、标准化社区服务体系建设成绩斐然。2021 年，中共中央、国务院发布相关文件①，其要旨是推动基层治理体系和能力建设，促进体制机制创新。

北京市作为首都，较早开始社区工作，经过多年发展成绩斐然。根据以往研究，大致将北京社区服务的发展分为以下几个阶段。

1. 初始阶段（1985～1994年）

社区服务建设起步，机构和理念开始建立，以政府引导和推动为主走向规范化。从以福利服务为主扩展为"立足民政、面向社会的服务"②。1985年，建国门街道首先响应号召，开始探索社区福利网络建设。随后北京市陆续制定相关政策文件③，健全社区管理体系，加强社区服务中心、便民服务网点等基础设施建设，发展志愿服务和邻里互助服务。④

2. 发展阶段（1995～2000年）

这一阶段，社区服务体系化发展加强，形成综合性、多层次服务格局。⑤ 相关法律法规逐渐颁布，北京市政府对社区服务事业发展给予政策性支持。⑥ 社区服务在目标、原则等方面有了制度化、标准化的规定和指引。产业化、社会化成为发展方向，社区服务体系建设有了牢靠的基础与后盾。

3. 全面推进阶段（2001～2017年）

这个阶段为社区服务体系建设的进一步完善奠定了基础，社区自主权加大，自我治理能力提升。相关部门出台了各类政策细则⑦，全市积极推进96156 社区服务平台、幸福社区行动方案、六型社区、社区三社联动机制、

---

① 《中共中央 国务院关于加强基层治理体系和治理能力现代化建设的意见》，2021 年 4 月 28 日。
② 高俊良：《北京市社区建设的发展过程及思考》，民政部政策研究中心网站，2007。
③ 如《北京市发展社区福利网络三年规划》《北京市社区服务三年发展规划（1989 年—1991 年）》《北京市社区服务设施管理若干规定》等。
④ 唐钧：《北京市城市社区服务发展的特点及发展趋势》，《北京社会科学》1992 年第 2 期。
⑤ 高俊良：《北京市社区建设的发展过程及思考》，民政部政策研究中心网站，2007。
⑥ 如《市民政局关于加快发展社区服务事业的意见》等。
⑦ 如《北京市社区基本公共服务指导目录（试行）》《北京市"十二五"时期城乡社区服务工作行动方案》等。

"一刻钟服务圈"等建设，丰富服务内容、完善服务设施、培育服务队伍，社区服务体系逐渐专业化。

4. 创新阶段（2017年至今）

党的十九大对社会主要矛盾的转变做出了精准判断，时代的发展呼唤社会治理模式的转变与创新。社区服务工作的专业化、智能化、现代化成为发展的主要方向，信息化手段的普及也给社区服务的供给和需求关系带来新的刺激，智慧社区建设在智慧城市建设框架下成为新的焦点。2020年，"十三五"规划完美收官，社区服务质量上了新的台阶，社区设施升级完善，"信息共享、响应迅速"① 的社区网络不断扩展。然而机遇与挑战并存，新冠肺炎疫情突如其来，作为社会基体的社区成为保护居民的基本屏障，社区服务和治理面临新的考验。后疫情时代，社区服务需要更高的准确性和效率。社区服务体系建设关系到下一个百年目标的实现，关系到人民生活水平的提高和幸福程度的提升，关系到社会公平、社会和谐，是老百姓切身利益之所在。如何建设适应新的社会发展形势和发展要求的社区服务体系是这一阶段和未来需要继续探索和解决的问题。

（三）发展现状

从服务的提供手段看，社区服务大致可以分为福利性、经营性和互助性三类。从提供的服务属性看，社区服务大致可以分为一般的公共服务和个性化服务。近年来，北京市在加强社区公共空间和公益服务设施建设的基础上，大力发展个性化服务，通过社区多元主体，挖掘社区资源，探索"市场+公益"的双轮驱动机制② ，以项目化运营为主导，在保障福利性、基础性服务的基础上创新服务意识、拓展服务内容、开发服务渠道、革新服务运行机制。

目前，党建工作协调委员会建设在全市社区完成；城市社区议事厅

---

① 民政部等：《城乡社区服务体系建设规划（2016—2020年）》，2016年10月。
② 蒋军营：《资源整合、机制创新与流程再造：社区服务协同模式的创新与突破——以D市S区"帮万家"服务体系为例》，《领导科学》2021年第16期。

100%覆盖①，农村议事厅覆盖率达到80%以上；社区卫生服务中心和服务站建设方面，实现基本医疗与基本公共卫生服务全覆盖；社区养老服务驿站建设持续推进，全市实现运营的养老驿站千余家；推进社区儿童之家建设，数量已达数千家，基本完成90%覆盖率的要求；"一刻钟服务圈"基本实现城区全覆盖；搭建四级服务体系框架，明确社区服务中心职能，推进运营模式社会化转型。② 社会救助方面，建立困难家庭"一户一策一档"帮扶台账；社区养老实行因地制宜，机构养老、日间照料、居家养老相结合的综合性养老服务理念不断发展；设立"七有""五性"指标体系，推进社区服务均等化③；完善"党建引领、吹哨报到""接诉即办"等基层治理模式。人才队伍方面，"志愿北京"实名注册志愿者约448.9万人，志愿服务团体8万个④，社会工作者7万多人，其中注册社会工作者3万多人，社会工作机构800多个（2020年底数据）⑤，社区工作者约4万人，大专以上学历占比超过90%，1.8万人获得全国社会工作职业资格证书。⑥ 2017年，北京开始推行"1+4+N"北京市责任规划师工作体系，目前约有15个区域完成聘任签约，覆盖率达到95%以上。⑦

北京还积极探索品牌化和示范性的服务项目，例如社区之家、社区青年汇、生活性服务业示范街区等。社区之家整合辖区单位力量，提供活动场地和设施，开发社区资源，形成社区共享空间，增强社区服务能力，目前全市已建设社区之家近千家。社区青年汇则为年轻人服务，依托社区，通过培

---

① 《市委社会工委市民政局晒出"我为群众办实事"年度清单31项重点任务解决群众"急难愁盼"》，《北京日报》2021年6月12日。
② 《"十三五"期间北京基层政权和社区建设工作取得这七大成果》，《北京青年报》2020年12月25日。
③ 《市委社会工委市民政局晒出"我为群众办实事"年度清单31项重点任务解决群众"急难愁盼"》，《北京日报》2021年6月12日。
④ 杜燕：《北京实名注册志愿者人数突破448.9万人》，中国新闻网，2021年12月5日。
⑤ 《市民政局：截至去年底北京有7.5万名社会工作者》，《北京商报》2021年3月16日。
⑥ 《"十三五"期间北京基层政权和社区建设工作取得这七大成果》，《北京青年报》2020年12月25日。
⑦ 北京市城市规划研究院：《看过这篇文章，你对北京市责任规划师的了解就超过了身边99%的朋友》，2021年5月17日。

训、联谊、咨询等活动吸引年轻人，为青年提供参与平台，提高年轻人的参与意识。社区商业不断探索，在全市范围试点推行便民商业体系，服务业"六化"① 不断发展。而生活服务性示范街区是对生活性服务业进行业态升级和商业模式创新的有益尝试。2016 年，生活性服务业示范街区成为社区商业新的发展模式。北京市商务局牵头，以连锁经营门店等具有较好经营基础的商业体为培育点和增长点，在政策、资金、技术等方面给予支持，发展商业街形式的区域便民服务，在规模化、集约化基础上实现服务的全覆盖。② 目前，全市范围内已基本建成 12 个示范街区。

二　北京社区服务体系的短板

（一）发展水平参差不齐，全局规划不足

北京辖区广、面积大，社区服务体系建设水平存在区域性不平衡，尤其是城市社区和农村社区之间、城区和郊区之间。因为各区地理环境、经济实力、文化传统、政策扶持力度、社区建置和社区服务半径等方面发展程度的差异，社区服务水平也参差不齐。城市发展内部的结构性差异又造成各社区个体之间发展不平衡，北京的社区种类构成比较复杂，每个小区的地理位置、周边环境、人口结构、物业管理水平、社区公共空间和公共设施发展程度、服务配套、信息化覆盖程度以及居民需求等都存在差异，社区服务水平也存在差距。

（二）服务碎片化，系统性有待加强

社区服务面临千丝万缕的头绪，相应地，服务碎片化、零散化趋向一直存在，这也是社区服务体系建设需要解决的重要问题。服务碎片化涉及许多

---

① 六化指规范化、连锁化、便利化、品牌化、特色化、智能化。
② 北京市商务委员会：《关于开展生活性服务业示范街区征集培育工作的通知》，2016 年 7 月 22 日。

方面，包括服务内容、服务方式、服务流程、服务组织以及服务结构等。具体而言，就是在服务需求和服务供给之间存在割裂，这种割裂主要是过程和关系的割裂，行为者之间、行为过程之间缺乏整体性的逻辑脉络。而这背后主要的问题是体制机制障碍，例如政府主体、市场主体和社会主体之间的定位不清、权责混杂；政府职能部门的职责交叉、业务重叠、断裂甚至冲突；服务信息的不共享，各个独立信息统计系统各行其是等。这些割裂在社区服务上的直接表现就是居民享受服务的过程不流畅，比如特殊人群享受的各种福利政策需要经过各个环节的申请、审核和办理；不同群体需要的个性化服务找不到具体对接的对象，只能统一找社区居委会或社区服务站等。这种缺乏整体设计的社区服务不利于社区的统筹管理，也影响居民享受服务的便捷性和满意度。

（三）专业化水平不足，现代化程度较低

社区服务水平对社区居委会和社区工作人员素质的依赖程度较高，缺乏制度性活力和技术性动力。在服务供给方面，专业性社会组织和专业社会工作者依旧存在参与不足和参与持续性难以保障等问题。尤其是在一些老旧小区和偏远小区，居民自治程度、对服务的需求意识和权利意识不符合社会发展需要。目前，智慧城市和智慧社区处于起步阶段，信息化手段的利用程度不高，规范化和标准化也基本缺位。社区服务体系的现代化建设是一项系统工程，法制建设、智能化建设等各方面都需要不断加强。

（四）社区参与意识淡薄，缺乏凝聚力

社区服务体系的良性运行需要一个双向努力的过程，从社区来讲，要不断加强自身建设，增强社区凝聚力和号召力；从社区成员来讲，要有社区归属感和参与意愿。这两个方面相辅相成、缺一不可，共同创造社区公共价值理念，营造社区和谐氛围。而目前的服务体系还是以被动服务为主，主动服务不够，服务意识和权利意识都存在发展不充分的情况。社会的转型和以现代交通、互

联网等技术为代表的科技进步，使得人的活动与社区之间的脱域现象①愈发严重，社会生活领域不断扩大，生活方式日益丰富，人们更加愿意参与到网络等不在场时空活动中，对现实的社区空间和社区活动关注不足，从而"使得城市社区缺乏共同意志和场所精神"②。这种对社区的疏离客观上导致社区成员对社区缺乏认同感和参与感，这也造成社区服务体系建设缺乏整体性动力。

三 北京社区服务体系建设的建议

（一）增强系统意识，整合社区资源

党的十九届六中全会强调"社会治理社会化、法治化、智能化、专业化水平要大幅度提升"。社区服务体系的搭建和完善需要有整体意识和全局观念。一方面要有大局意识，将社区服务体系建设纳入"五位一体"总体布局，坚持党的领导，坚持共治共享，加强社区对全社会的融入，加强社区与社会之间、社区与社区之间的联动与合作，努力打造高效能、集约化、多主体、可持续的生态社区服务体系，与国家治理体系和城市治理体系有机结合；另一方面要解决社区服务碎片化问题，打造系统化的有机社区服务体系，明确各方责任，搭建统一平台，精准对接需求与服务。例如引入企业统筹提供社区服务的产业化尝试，包括物业协同、个性化商业服务链等。

（二）以人民为中心，坚持需求导向

以人民为中心，实现好、维护好、发展好最广大人民的根本利益是我国社会主义事业的本质追求和胜利保障。社区服务直接面向人民群众的生活日常，对接的是不同群体的差异化需求，因此要提高社区服务质量，坚持以社

---

① 邓代江、杜春兰：《脱域化视角下的城市社区更新优化策略探究》，《面向高质量发展的空间治理——2020中国城市规划年会论文集》，2021。
② 邓代江、杜春兰：《脱域化视角下的城市社区更新优化策略探究》，《面向高质量发展的空间治理——2020中国城市规划年会论文集》，2021。

区居民的利益和需求为导向。北京市对于社区个性化服务的重视程度越来越高，服务意识和方式也越来越多元，但服务能力和水平与政府职能转变、家庭结构复杂化、人口老龄化、消费结构多元化、社会心理健康问题增多、社会服务需求激长等现实状况相比依旧存在较大缺口。以需求为导向，开发需求与供给直接对接的具有开放性、灵活性、共享性的信息平台，设立动态化的社区需求菜单，建立长期的专业化服务项目、制度性的服务模式和服务链条。

（三）创新服务模式，搭建多层次服务体系

习近平总书记提出要"贯彻新发展理念、构建新发展格局、推动高质量发展"。[①] 北京市的社区服务体系建设经过几十年发展，经验和教训都很多。要提升服务层次，需要做好两个创新。

一是整体结构性创新。具体而言，就是要准确把握社会发展态势，积极引入、培育现代化社区服务意识和服务手段，促进多元主体合作，搭建和谐高效的社区服务体系。这个体系应该是一个具有统一目标和原则、统一运行逻辑的多层次、多维度的完整系统。从内部结构看，包括"治理主体体系、服务供给体系、政策制度体系三大主要构成部分"[②]，理顺这三大构成部分的内部关系和相互关系，发挥各种力量之间的合力，是社区服务体系建设的关键。

二是细节性创新，也就是细化到各个服务环节的创新。这种细化的基础是对社区的因地制宜，根据社区的具体情况，加强分类引导，复制推广成功经验，将品牌项目做大做强。同时，运用信息化平台、区块链等新的技术手段发展社区商业、社区 O2O、社区共享互助等创新社区服务模式，例如志愿服务的时间银行、社区互助养老、末端配送的北京模式等。[③]

---

① 《习近平：在庆祝中国共产党成立 100 周年大会上的讲话》，2021 年 7 月 1 日。
② 卢磊：《"十四五"期间社区治理体系建设构想》，《社区》2021 年第 16 期。
③ 北京市商务局：《关于申报北京市末端共同配送创新试点点位的通知》，2021 年 12 月 16 日。社区末端配送主要是利用疏解腾退空间和闲置空间设立创新试点，引导企业通过开发使用通用收发件系统，设立末端共同配送综合服务中心、智能自提柜等末端配送服务设施，开展末端共享配送模式，构建集约高效的末端配送服务体系。

参考文献

《习近平：在庆祝改革开放 40 周年大会上的讲话》，2018 年 12 月 18 日。

《习近平：在庆祝中国共产党成立 100 周年大会上的讲话》，2021 年 7 月 1 日。

中国共产党第十九届中央委员会第六次全体会议通过《中国共产党第十九届中央委员会第六次全体会议公报》，2021 年 11 月 11 日。

蒋军营：《资源整合、机制创新与流程再造：社区服务协同模式的创新与突破——以 D 市 S 区"帮万家"服务体系为例》，《领导科学》2021 年第 16 期。

卢磊：《"十四五"期间社区治理体系建设构想》，《社区》2021 年第 16 期。

袁凤香：《城乡社区服务体系建设研究》，《长沙民政职业技术学院学报》2014 年第 1 期。

高俊良：《北京市社区建设的发展过程及思考》，民政部政策研究中心网站，2007。

赵君慧：《社区服务产业经营模式研究——以 SMX 城市服务公司为例》，西安石油大学硕士学位论文，2015。

邓代江、杜春兰：《脱域化视角下的城市社区更新优化策略探究》，《面向高质量发展的空间治理——2020 中国城市规划年会论文集》，2021。

乡村振兴篇

Rural Revitalization

B.21
北京乡村振兴研究报告

刘 欣*

摘 要： 实施乡村振兴战略，推进农业农村现代化，是当前我国农村发展
进程中的重要议题。北京准确把握首都乡村发展的规律以及新时
期城市战略定位，开启了全面推进乡村振兴的政策议程和实践行
动，逐步探索出一条具有首都特点的发达地区乡村振兴之路。即
在城乡融合发展进程中推进乡村振兴、在绿色发展和科技创新中
引领乡村振兴以及发展壮大农村集体经济助推乡村振兴。同时，
全面推进乡村振兴进程中也面临城乡收入差距扩大、农村人力人
才资源短缺、基础设施和公共服务落后以及资源利用率低等困境
和难题。对此，本报告从提升农村居民收入、促进乡村人才振
兴、完善农村基础设施以及深化农村体制机制改革等方面提出进
一步推进北京乡村振兴的相关对策建议。

* 刘欣，博士，北京市社会科学院社会学研究所助理研究员，主要研究方向为农村社会学。

283

关键词： 乡村振兴　城乡融合发展　绿色发展　农村集体经济

2017 年，党的十九大报告首次提出实施乡村振兴战略，走中国特色社会主义乡村振兴道路的战略部署。随后中共中央、国务院连续发布"中央一号文件"，对新发展阶段如何进一步实施乡村振兴战略作出全面部署。2021 年，"中央一号文件"提出把全面推进乡村振兴作为实现中华民族伟大复兴的一项重大任务①，发起了全面推进乡村振兴的总动员。党的十八大以来，北京市以习近平新时代中国特色社会主义思想特别是关于"三农"工作的重要论述以及对北京重要讲话精神为根本遵循，走城乡融合和农业高质量发展道路，推动农业农村发展呈现良好局面，奠定了实施乡村振兴的坚实基础。党的十九大以来，北京市先后出台一系列政策文件，围绕建设美丽乡村、改善农村人居环境，推动农业高质量发展，促进农民增收、改善农村民生、深化农村改革、促进城乡要素流动以及加强农村基层党建、完善乡村治理等方面对实施乡村振兴战略进行动员和部署，并取得一定的成就和经验，逐步探索出一条具有首都特色的乡村振兴道路，即在城乡融合发展中推动乡村振兴，坚持科技创新引领乡村振兴以及发展壮大农村集体经济助推乡村振兴。

一　北京推进乡村振兴的政策进程

乡村振兴战略是新发展阶段党和国家对"三农"工作作出的重大决策部署，也是一项长期性、系统性、历史性任务。在此进程中，北京准确把握首都乡村发展规律以及新时期城市战略定位，积极构建首都乡村振兴的战略规划和政策架构。

2018 年 3 月 28 日，北京召开农村工作电视电话会议，指出首都乡村振

---

① 姜长云：《全面推进农业农村经济高质量发展落地见效》，《中国发展观察》2021 年第 3 期。

兴要"把握北京'大城市小农业''大京郊小城区'的特征,推动'大城市'和'大京郊'互为促进,融合发展"①,明确了首都乡村振兴的重要意义和发展定位。同年5月,北京市委、市政府印发《关于实施乡村振兴战略的措施》,进一步部署首都推动乡村振兴战略的主要工作任务和实现目标。2019年初,北京市出台乡村振兴战略的五年规划,进一步提出首都全面推进乡村振兴战略的具体实施举措。同年6月,有关首都推进乡村振兴战略的工作方案出台,进一步结合国家有关农村各项改革发展的目标任务和北京市的发展实际,提出首都推进乡村振兴战略实施的具体工作。随后,有关科技创新驱动、美丽乡村建设等一系列乡村振兴配套文件陆续出台,为推进北京乡村振兴政策行动提供了具体方案和实施举措。

2021年4月25日,为全面推进乡村振兴,加快农业农村现代化,北京市印发相关具体实施方案,提出加快补齐农业农村发展短板,推动解决城乡区域间发展不平衡不充分问题,推进率先基本实现农业农村现代化,以及"探索走出一条具有首都特点的乡村振兴之路"等目标和要求。随后,在首都有关"十四五"时期乡村振兴战略实施规划当中,再次明确了"北京要走在全国前列、率先基本实现社会主义现代化的远景目标",为进一步加快农业农村现代化发展提供了政策遵循。

总之,北京在国家一系列有关乡村振兴的战略规划和部署基础上,结合首都农业农村发展的实际情况,制定出台了一系列政策文件,明确了全面实施乡村振兴战略的时间进度、路线目标,以及全面推进乡村振兴的工作任务和重点领域,构建起实施乡村振兴战略的政策体系,为推动首都乡村振兴奠定了制度和政策基础。

二 推进乡村振兴的实践路径和基本成效

作为全国的首都,同时也是一个超大城市,北京具有特殊的市情农情。

---

① 王皓:《走出一条具有首都特点的乡村振兴路子》,《北京日报》2018年3月29日。

因此，北京全面推进乡村振兴既要密切结合首都发展的功能特点和城市发展战略，又得益于首都发展的优势条件，因而在实践路径上凸显出北京作为超大城市和首都功能的显著特征。

（一）坚持在城乡融合发展中推进乡村振兴

统筹农村与城市均衡发展，促进城乡融合，是乡村振兴的目标和任务之一。同时，城乡融合发展也是推动乡村振兴的现实路径①，实现乡村振兴必然依赖城乡之间各类资源要素、发展成果的互通和共享。

作为全国的首都，北京城乡融合发展程度处于全国前列。统计资料显示，早在 2018 年，这一指标已经达到 86.6%。② 与此同时，北京市具有"大城市小农业、大京郊小城区"的发展现状，郊区面积 1.53 万平方公里，约占全市总面积的 93%。2020 年，全市约 12.5% 的常住人口居住在乡村，然而农业增加值仅占全市地区生产总值的 0.4% 左右。因此，这一特殊的市情农情成为北京新发展阶段推进乡村振兴工作的重要前提，也决定北京必须在城乡融合发展进程中推进乡村振兴。

一方面，北京将乡村振兴战略与新型城镇化战略相结合，不断优化城乡格局，同时积极推进美丽乡村建设，建设宜居宜业宜游的示范乡村。首都域内存在城镇与农村、平原与山区、远郊区与近郊区等不同形态，具有不同的资源和优势。因此，北京充分挖掘不同地区优势，依托新市镇、特色小镇、小城镇等新型城镇建设形态，提升城镇承载能力。③ 特别是伴随乡村振兴的全面推进，北京积极建立健全城乡融合发展体制机制，出台了相应的政策文件，提出深化城乡之间在功能、要素、服务、产业四个方面融合发展，即在城乡空间上注重差异化融合发展、在城乡规划上一体化管理，以及建立城乡

---

① 王吉平：《城乡融合发展：乡村振兴的实践路径》，《陕西理工大学学报》（社会科学版）2021 年第 5 期。
② 北京市统计局：《中国成立 70 年北京"三农"发展综述》，http：//tjj.beijing.gov.cn/bwtt_31461/202002/t20200216_1632445.html，2019 年 9 月 2 日。
③ 《中共北京市委 北京市人民政府关于印发〈北京市乡村振兴战略规划（2018—2022 年）〉的通知》。

产业协同发展平台和协作机制，实现城乡功能的互补发展；畅通城乡之间诸要素的流通渠道，破解乡村发展的人才困境、政策困境、资金困境和技术困境；优化城乡公共资源配置、提升农村基础设施建设和公共服务供给水平；从农业科技支撑、品牌建设、新业态培育等方面提升农村产业发展的内生动力。

另一方面，北京立足城市特殊的市情农情，注重提升首都乡村产业发展的质量和效益，积极发展都市型现代农业。京郊农村具有独特的空间优势以及城乡融合发展的基础和条件，为发展都市型现代农业提供了便利条件。2021年，全市在大兴、通州、昌平等地共建成4个大型智能温室蔬菜工厂化生产车间，总面积达到30公顷，单体规模达到2公顷以上。[1] 同时，结合创建国家全域旅游示范区的契机，北京积极发展休闲观光农业和乡村旅游，平谷、延庆等一批生态涵养区先后获批成为全国休闲农业和乡村旅游示范区。乡村旅游在域内得到进一步发展，截至2020年10月，北京累计创建38个中国美丽休闲乡村、32个全国乡村旅游重点村，精品民宿品牌699个、星级民俗接待户6000余个。[2]

（二）坚持绿色发展推动乡村振兴

伴随我国经济社会发展进程，绿色发展理念逐渐成为经济社会发展的重要理念之一。北京作为首善之区，构建绿色发展新格局也成为城市发展的战略重点。在全面推进乡村振兴过程中，北京坚持以美丽乡村建设为抓手，探索绿色发展引领推动乡村产业发展、生态建设的新模式、新路径。

2014年，北京就已经开始推进美丽乡村建设。国家部署乡村振兴战略以来，北京出台有关美丽乡村建设的三年专项行动计划，旨在加快补齐农村人居环境短板，打造干净、整洁、有序的农村人居环境。随后，北京进一步启动了"百村示范、千村整治"工程，围绕"清脏、治乱、增绿、控污"，

---

[1] 王斌：《北京开展高效设施农业用地试点》，《北京青年报》2021年5月25日。

[2] 鲍聪颖：《北京推进乡村民宿发展23个村获颁"全国乡村旅游重点村"》，人民网，http://m.people.cn/n4/2020/1017/c1453-14493594.html，2020年10月17日。

实施村庄清洁行动，部署开展农村厕所革命、生活垃圾治理、生活污水治理、绿化美化、"四好农村路"建设等一系列专项行动，推动全市农村村容村貌得到明显改善，纳入整治范围的 3254 个村庄基本达到"干净整洁有序"的目标。①

与此同时，将首都生态资源、生态价值转化为经济价值，在乡村产业发展中践行新发展理念，将绿水青山转化为带动农民增收致富的"金山银山"，这也是北京乡村振兴探索实践的重要方面。在推进乡村振兴过程中，北京结合生态涵养区富集生态资源、绿色资源优势，大力发展康养产业、有机农业、生态旅游等特色产业。特别是结合非首都功能疏解和京津冀协同发展工作，推进农业产业结构调整，深化农村改革发展，促进农业实现高质量发展。据统计，2021 年 1～3 季度，北京全市休闲农业和乡村旅游接待1790.4 万人次，实现收入 24.0 亿元②，不仅实现了提升全市休闲农业与乡村旅游发展质量的目标任务，也极大地带动了农民收入增长。当前，北京生态文明示范创建工作已经覆盖平谷、延庆、密云等生态涵养区，并呈现从远郊区向中心城区辐射的良好趋势。北京生态文明建设和绿色发展取得长足进步，有效创新了农业绿色发展模式，对于全国其他地区发展绿色生态农业和乡村旅游都具有借鉴意义。

（三）坚持科技创新引领推动乡村振兴

在推动乡村振兴进程中，如何提升农业科技进步的贡献率，发挥科技在促进产业发展和提升农民素养中的重要作用，建立和完善农业科技创新体系，具有非常重要的意义。北京作为全国科技创新中心、国家科技产业核心区，具有丰富的科技创新资源和科技创新优势。因此，北京推动乡村振兴过程中，充分结合这一优势特征，形成了科技创新引领推动乡村振兴的首都模式。

---

① 资料来源：市委农工委市农业农村局相关材料。
② 资料来源：北京市统计局、国家统计局北京调查总队，http：//www.beijing.gov.cn/gongkai/gkzt/sjdjjyxqk/jj/202110/t20211020_ 2516620.html，2021 年 10 月 20 日。

为满足农村对科技创新的迫切需求，发挥首都高校院所、科技企业、科技特派员等主体在创新方面的优势，促进在广大农村开展农业技术推广、成果转化、科普培训等工作，北京积极探索科创主体扎根郊区农村的新型科技服务模式。即以科技特派员队伍为主体，发挥他们以及"星创天地"、高新技术企业等主体的引领示范作用，引导科技创新要素向乡村转移，强化技术创新成果在农业农村领域的转化应用，形成目标集中、多方参与、协同推进、合作共赢的科技支撑乡村振兴新局面。① 以政府、高校合作开展的"科技小院"帮扶项目为代表，其有力促进了农业科技下乡，实现了科技"入村入户"。截至 2021 年底，大兴、通州等京郊 10 个区已经复制推广科技小院数量达到 60 家，管理联盟成员单位也由 10 个变为 14 个，惠及包括低收入村、少数民族村在内的周边 302 个村，累计开展农民技术培训 2 万余人次，影响带动 1900 多户低收入户，帮助 2000 多人解决了就业难题。② 可以说，以科技小院为代表的科技力量下乡形式，为广大农村打造了一支"带不走的帮扶工作队"，在促进农业科技创新、成果推广以及农业技术人才培养等方面做出了积极贡献，进一步增强了京郊农村造血能力。

科技引领推动乡村振兴，有效发挥了首都科技创新中心的资源和平台优势，也进一步促进了人才、技术等创新因素向农村有效流动，不仅成为北京乡村振兴的有效实现路径，也成为一项具有首都特点的经验模式。

（四）坚持发展壮大集体经济推动实现乡村振兴

发展农村集体经济，对于提高农民收入、完善农村公共服务供给以及促进农村经济社会可持续发展具有重要意义。北京作为首都和经济发达地区，城乡融合发展程度较高，在发展集体经济方面具有显著优势。在推进乡村振兴战略过程中，北京不断发展镇域集体经济、扶持壮大薄弱村集体经济，以此推动实现乡村振兴。

---

① 刘晴、金琰：《北京市乡村振兴科技引领示范村建设的路径与模式》，《中国农村科技》2021 年第 8 期。

② 《北京："统"字牌科技小院再升级 打造科技帮扶北京样板》，2020 年 10 月 28 日。

北京农村集体经济发展具有明显的城郊型特征，同时由于地理区位、城乡融合发展程度以及城市产业布局差异，在发展过程中又产生了不同程度的分化。例如位于海淀区东部的东升镇，处在中心城区规划范围，具有特殊的地理区位优势。2009年以来，东升镇从最初以股份经济合作社为主体经营的科技园区，逐步转变为国家正式批复成立的中关村东升科技园。园区主要面向高科技企业，以租赁为主，收入来源包括物业租金以及为企业提供科技服务，并纳入总社经营，再根据全年经营情况确定分配方案。截至2020年底，园区内共有1178家高科技企业、54家上市公司、15家独角兽企业，总产值达到1095亿元。[①] 总的来看，东升镇以集体产权开办集体经济的发展实践，有效实现了农民可持续增收与产业结构转型升级的双重目标。

在远郊区农村，集体经济主要以整合利用耕地、林地资源为基础，通过发展特色种植、养殖来带动集体增收。如平谷区峪口镇西营村，自20世纪90年代开始发展桃树种植产业，已经形成一定的种植规模。为应对传统分散种植方式带来的技术粗放、管理落后、土地碎片化等问题，以及农村老龄化影响下土地"撂荒"现象严重、青壮年劳动力不足等困境，2012年以来，西营村开始探索通过发展集体经济解决乡村面临的一系列困境和难题。通过将土地流转回村集体，建立土地股份合作模式，形成党支部、合作社和农户共同参与的经营机制，西营村桃树种植产业迈上了新台阶，逐步向大规模、高标准和高端果品种植发展。在此过程中，农户在获得土地流转费以及分红收入的同时，也可以选择在合作社打工获取工资收益，收入得到有效提升。同时，在开展规模化果品种植过程中，西营村高度重视利用农业科技提升产品质量、打造果品品牌、促进桃产业不断升级。截至2020年底，全村1050亩耕地中97.14%流向了村集体，并且在产业结构上形成了多种有机果品种植相结合的现代农业产业发展格局，村民人均年收入也得到大幅度提升。[②]

---

① 乡村振兴研究中心：《民生智库 | 北京市农村集体经济发展模式研究》，https://mp.weixin.qq.com/s/K28PdwPLuSYSUaUNwTxuWQ?，2021年9月26日。

② 李佳霖：《北京平谷区峪口镇西营村：集约化发展做大"桃经济"》，《农民日报》2020年12月25日。

截至 2020 年末，北京市农村集体经济资产总额达到 9633 亿元，占到全国总量的 1/10 以上。全市有 1433 个村集体经济组织实现股份分红，占改制村集体经济组织的 36.5%，较 2019 年提高 2 个百分点。① 同时，北京农村集体经济也存在空间分布不均、发展程度差异大、集体经济总收入下滑等问题。全市集体资产 2/3 集中分布在朝阳、海淀、丰台、石景山地区，全市近 70%的行政村无经营性资产，尚存在 590 个集体经济薄弱村。② 且人口老龄化、土地碎片化以及生态发展政策的刚性约束等因素，也制约了农村集体经济进一步可持续发展。

三　推进乡村振兴进程中存在的问题和不足

2020 年，北京农村居民人均可支配收入达到 3.01 万元，全年粮食总产量、蔬菜及食用菌产量分别增长 6.2% 和 23.7%。③ 同时，北京也面临"大京郊大而不强""小农业小而不精"的突出矛盾。城乡收入差距扩大、农村人力人才资源短缺、农村基础设施和公共服务落后以及农地碎片化、资源闲置和农业生产效益低等问题依然突出，这些是北京推进乡村振兴进程中亟待补齐的短板和解决的问题，也是进一步推进实现农业农村现代化目标的主要制约因素。

（一）城乡居民收入差距大

从北京"十三五"期间的发展实际来看，农村居民收入虽然保持着一定的增长，但城乡居民人均可支配收入之间的绝对差值逐渐扩大，城乡居民收入绝对差从 3.2 万元扩大到 4.5 万元，农村居民收入的增长幅度出现趋缓特点。从地区间的横向对比来看，北京城乡居民人均可支配收入差距也持续处于高位，按照人均 GDP 来看，2020 年北京达到 164889 元，上海为

① 《市政协主席会建言农村集体经济》，《北京日报》2021 年 8 月 21 日。
② 数据基于北京市农村经济研究中心关于京郊 100 个集体经济薄弱村现状的调查。
③ 资料来源：《北京市 2020 年国民经济和社会发展统计公报》。

155768 元，江苏为 121231 元，浙江为 100620 元，天津为 101614 元。而在城乡居民人均可支配收入比上，与同等经济发展水平的地区相比，浙江为 1.96，江苏和上海为 2.19，天津为 1.86，北京则达到 2.51，在全国仅排到第 22 位。首都城乡发展差距扩大的同时，农村内部发展的不平衡问题也比较突出，有学者提出，"首都农村"不是一个整体概念，已经分化为城镇化的村（如海淀区东升镇）、半城镇化的村（如大兴区黄村镇）、未城镇化的村（如生态涵养区乡镇）三种富裕程度递减形态。而后两种形态占据面积最大、农村人口最多、农户增收致富也最为困难。

（二）人力资源匮乏

长期以来，城乡在基础设施、就业岗位、收入以及公共服务等方面存在明显的发展差距，造成农村人力资源的外溢和单向流动。就北京而言，由于首都中心城区和核心区的城市虹吸效应明显，农村人力资源匮乏状况也显得尤为严重。与此同时，人口老龄化也影响农村人力资源状况，"386199"部队成为农村人力资源现状的生动写照。根据北京市第七次人口普查数据，2020 年全市常住人口中，居住在城镇的人口占比达到 87.5%，居住在乡村的人口仅占 12.5%。[①] 根据北京市农村经济研究中心针对全市 100 个集体经济薄弱村开展的调查，集体经济薄弱村实际就业劳动力中，大于 60 岁的男劳动力和大于 55 岁的女劳动力占 21.47%，第一产业劳动力中，50 岁以上的占 59.32%，40 岁以下的仅占 11.29%。[②] 特别是在生态涵养区，农村空巢化、老龄化现象尤为明显。据笔者调查某镇户籍人口 2.3 万人中，60 岁以上占比 28.2%，接近重度老龄化；村"两委"干部、党员深度老龄化，如村"两委"干部 50 岁以上占 53.8%，60 岁以上党员占 52.4%。

（三）基础设施和公共服务落后

近年来，北京在加强农村基础设施建设、完善公共服务供给等方面取得

---

① 资料来源于北京市第七次人口普查公报。
② 数据基于北京市农村经济研究中心关于京郊 100 个集体经济薄弱村现状的调查。

很大成就，基本公共服务供给处于全国领先水平。但就农村而言，仍然存在基础设施建设和公共服务供给不足的困境。据调查，2020年全市尚有578个行政村没有村级医疗卫生机构，一半以上的城乡结合部人口倒挂村存在村级医疗卫生机构和人员配置不齐全等问题。[①] 特别是由于地理位置偏远、工资待遇水平低等，有卫生机构的村也面临缺少乡村医生的困局，医疗卫生机构形同虚设。虽然农村生活污水处理率超过50%，但仍然不能满足农村居民庞大的需求。此外，基础设施建设和公共服务供给不仅存在城乡之间的不平衡，不同地区农村之间也存在不平衡问题。一些山区/浅山区远离城市、人居分散的村庄基础设施仍比较落后，公共服务的可及性较低。根据2021年北京市农村经济研究中心针对全市100个集体经济薄弱村开展的调查，近1/3的薄弱村在本村或邻村没有社区卫生服务中心、卫生服务站、卫生室等公用的社区卫生服务机构，84.61%的薄弱村在本村或邻村尚无公共养老院；11.11%的薄弱村尚无公厕，公共服务的城乡二元反差在这些集体经济薄弱村尤为明显。[②]

（四）土地资源利用率低

由于农村人力资源外溢以及生态保护等政策限制，农村许多土地、生态资源等处于闲置或半闲置状态，利用效率较低。一方面，土地碎片化、耕地集中连片程度较低，造成土地集约化、生产经营规模化困难。例如，笔者调研的生态涵养区某乡镇耕地中接近50%的耕地地块面积不足5亩。这些耕地资源分散分布，且一般由农户传统家庭化种植，导致一些农业科技、农业机械难以使用，进一步造成农业生产效率低下。另一方面，农村也存在建设用地利用率不高的现象，由于大量青壮年劳动力流向城市，一部分闲置的农村宅基地、搬迁后村庄原址用地、废弃矿山等建设用地未得到有效利用。此外，生态涵养区一些远郊区农村，本身具有丰富的自然资源、森林资源、旅

---

① 《北京市卫生健康委员会关于印发2021年北京市老龄健康工作要点的通知》，http://wjw.beijing.gov.cn/zwgk_20040/ghjh1/202103/t20210315_2307390.html，2021年3月15日。
② 数据基于北京市农村经济研究中心关于京郊100个集体经济薄弱村现状的调查。

游资源、红色资源，这些分布在广大农村的资源本应借"首都之名"得到活化，却未被利用。由于农村旅游等基础设施薄弱，旅游产业链条不完整，开发不足、路径不通，山水秀美、人杰地灵的绿水青山没有转化为金山银山，没有在推动地区经济社会发展中发挥应有的作用，生态价值转经济价值、经济价值保生态价值的双循环格局难以实现。

四　对策建议

（一）推动农村居民收入增长，提高农民收入增长的动力和可持续性

一方面，通过一定的政策保障农业转移劳动力优先就业，就近就地为劳动力提供就业机会，鼓励劳动力积极参与就业，稳定获得工资性收入。另一方面，推动经营性收入增长，培育农村居民收入新的增长点。集成出台各项惠农促农政策，加快北京农业现代化产业体系建设，推动农业产业链延伸，发展壮大农业主导型的农村集体经济形式，吸引农民从事高产高效的农业生产活动，促进乡村建设和乡村振兴。同时继续深化农村土地制度改革，盘活和利用好农村闲置的土地、生态等资源，使之成为乡村振兴的重要资金来源。

（二）实施乡村人才振兴，畅通人才要素在城乡之间的流通渠道

一方面，建立以农民主体为依托的内生机制，通过搭建有效的宣传平台，创新宣传内容形式，提升宣传效度，不断强化农民主体意识，促进本土人才"回流"，构建实用有效的乡村人才培养体系。另一方面，针对人才力量薄弱的乡村，在促进本土人才"回流"的基础上加强外部人才的引入。加大财政对农村薄弱地区的倾斜力度，提供不低于城市的社会保障配套，以消减二元社会保障制度对人才的束缚。同时加强农村干部队伍建设，将村干部人才队伍建设作为乡村振兴的重要任务，统筹财政、人社、组织等部门，

研究制定村干部待遇、管理、考核的具体实施办法，突出村干部人才队伍选拔、培育、保障以及监督管理的长效性。

（三）加强和完善农村基础设施建设，提升公共服务均等化水平

一方面，加大对农村薄弱地区基础设施的投入和资金项目倾斜力度，多渠道筹集资金，弥补乡镇相关建设项目的资金缺口，大力补齐这些地区的公共服务短板，促进提升农村公共服务均等化水平以及城乡之间的均等化程度。另一方面，创新完善公共服务供给方式，重视大数据在公共服务供给中的应用，有效提升公共服务供给的可及性、精准性和有效性。引入社会力量，引导村民主体参与，建立形成多主体参与、多层次、多类型的农村公共服务供给体系。

（四）推动体制机制改革，提升乡村资源利用效率

一方面，坚持因地制宜、分类开发原则，推进形成不同类型的乡村建设规划要求。积极推进乡村建设与乡村旅游基础设施发展，尽快促进乡村资源转化为文旅资源优势。另一方面，吸取浙江等地开展土地全域综合整治的经验模式，深化农村土地制度改革，探索推动首都乡村全域土地综合整治试点工程，进一步整合乡村土地、宅基地、林地等各项农业用地资源，提升乡村土地资源的利用效率，从而促进乡村实现可持续发展。

参考文献

姜长云：《全面推进农业农村经济高质量发展落地见效》，《中国发展观察》2021年第3期。

刘晴、金琰：《北京市乡村振兴科技引领示范村建设的路径与模式》，《中国农村科技》2021年第8期。

王吉平：《城乡融合发展：乡村振兴的实践路径》，《陕西理工大学学报》（社会科学版）2021年第5期。

苏于群、唐弘建：《"十四五"时期北京市推进乡村振兴的思路与措施研究》，《农村经济与科技》2021 年第 8 期。

贺艳：《走有首都特点的乡村振兴之路》，《前线》2021 年第 1 期。

高杨、芦晓春、王晓霞：《北京农业瞄准首都功能定位再升级》，《前线》2020 年第 11 期。

崔超：《发展新型集体经济：全面推进乡村振兴的路径选择》，《马克思主义研究》2021 年第 2 期。

曹四发、张英洪、王丽红：《首都农村集体经济组织发展调查》，《农村经营管理》2021 年第 4 期。

陈建滨、高梦薇、付洋、阮晨：《基于城乡融合理念的新型镇村发展路径研究——以成都城乡融合发展单元为例》，《城市规划》2020 年第 8 期。

张英洪：《试论推进具有首都特点的乡村振兴战略》，《北京农业职业学院学报》2019 年第 4 期。

B.22
北京农村党组织建设研究报告

王 弢 谭吏秀*

摘 要： 在农村基层，全面推进乡村振兴的领导核心是农村基层党组织。只有发挥好农村基层党组织负责人的"领头雁"和"主心骨"作用，才能更好地撬动共建共享型治理体系建设。本报告梳理了2016年、2019年和2021年三次村"两委"换届选举情况，结合房山、大兴、顺义等地的四个实际案例，指出农村基层党组织负责人在推进乡村治理中发挥的作用，包括激发组织活力、引领产业兴旺、推动乡风文明和实践"三治"融合等。报告还指出党组织负责人存在引领发展能力不强、人才短缺问题突出、自身建设仍需加强和保障体系投入不足等四个方面问题，为此从坚持政治引领、坚持规范管理、坚持监督落实、坚持创新驱动、坚持激励优先等"五个坚持"的角度提出未来的发展建议。

关键词： 农村基层党组织 乡村治理 乡村振兴

　　乡村富，天下暖；乡村美，民心安。长期以来，我国经济社会发展的短板在农村，而农村基层党组织作为农村各项工作的领头雁，农村基层党组织书记作为农村各项事业的主心骨，具有极为重要的价值。2021年党的十九届六中全

---

* 王弢，中共北京市委农工委党校决策咨询部主任，副教授，博士，中国农业大学人文与发展学院研究生导师，主要研究方向为农村公共事务管理、社会治理与社会政策；谭吏秀，中国农业大学人文与发展学院2020级硕士研究生，主要研究方向为农村发展。

会审议通过的《中共中央关于党的百年奋斗重大成就和历史经验的决议》是一篇光辉的马克思主义纲领性文献。[1] 它以全局性的高度、历史性的厚度充分总结了中国共产党百年奋斗的重大成就和历史经验，并以"十个坚持"为核心内涵，深刻揭示了党为人民、党为全社会的根本问题。这个文件将对未来一个时期的农村基层党组织建设提供系统的、深远的、纲领性的指导。

当前，农村基层党组织的工作重心在于落实好乡村振兴战略，农村基层党组织负责人要突出政治功能、服务功能、发展功能。"十四五"期间，只有通过不断加强农村基层党组织对农村工作的全面领导，才能不断巩固和提升其领导地位和核心作用，不断净化农村基层的政治生态，进一步改善和密切党群干群关系，进一步淬炼农村基层党员干部的党性，不断提升农民群众的获得感和幸福感。

一 农村基层党组织负责人在乡村治理中的定位和作用

2016~2021 年的 5 年时间，北京农村经历 3 次村"两委"班子换届，各个村（社区）持续落实好"一定三有"政策[2]，在农村基层党组织负责人的选优、训强、管好、激活上下真功夫、做足文章，逐步建立和健全培养选拔、培训教育、管理监督、激励保障四项机制，一定程度上缓解了北京农村人心不稳、发展动力不足和村庄后继乏人等问题，充分调动了村干部干事创业谋发展的积极性和主动性。

（一）农村基层党组织的功能定位

结合中央和北京市对于农村基层党组织的总体部署和具体要求，课题组实地走访 30 余个村庄，经过深入分析后认为其基本作用主要体现在四个方面：一是基本地位，农村基层党组织处于全党组织体系中的基层地位，承担

---

① 农业农村部新闻办公室：《农业农村部党组召开会议强调深入学习党的十九届六中全会精神　迅速兴起学习贯彻热潮》，农业农村部官网，2021 年 11 月 12 日。
② "一定三有"是指定权责、立规范，工作有合理待遇、干好有发展前途、退岗有一定保障。

农村基层各项工作和具体任务；二是基本单元，党组织是党在农村开展各项工作的基本单元，具备农村各项工作的核心职能①，对农村各类组织和群体具有指导职能；三是基本关系，农村基层党组织是党在农村全部工作和战斗力的领导核心，在党的事业中应起到引领作用；四是基本方法，村级党组织领导农村的各项重大事项，并通过"四议、一审、两公开"② 程序进行决策和实施。

（二）农村基层党组织书记选拔任用标准

2019 年以来，北京市明确规定农村基层党组织负责人的选人标准，认真落实"一好双强"标准③，坚持把政治标准放在首位，全面建立村干部任职资格负面清单制度，坚决把涉及黑恶势力的不符合条件人员剔除候选人名单。

以延庆区为例，该区坚持"五好"选人标准，从源头上落实基层党组织书记备案管理制度，坚持把具备"五好"条件的人员选为农村党组织负责人（见表1）。

表 1 北京市延庆区农村基层党组织负责人选拔任用标准

职责类型	岗位要求	考核方式
思想政治	理想信念坚定,政治观念强,能认真贯彻执行党的路线、方针、政策,能严守政治纪律和政治规矩	组织评价为主,班子互评和自我评价为辅
能力素质	务实肯干,思路宽、善治理、会服务、有作为,能适应乡村振兴战略和首都超大城市发展需要,切实提升群众获得感、幸福感、安全感	班子互评和组织评价为主,群众评价为辅
遵纪守法	严格遵守各项法律法规,能带头遵守自治章程和村(居)规民约,知法懂法,依法办事	组织评价为主,班子互评和群众评价为辅

---

① 《中华人民共和国村民委员会组织法（2018 年 12 月 29 日修正）》第四条规定：中国共产党在农村的基层组织，按照中国共产党章程进行工作，发挥领导核心作用，领导和支持村民委员会行使职权；依照宪法和法律，支持和保障村民开展自治活动、直接行使民主权利。

② "四议"，即村党组织提议，村"两委"会商议，村党员大会审议，村民代表会议或村民会议决议；"一审"，即乡镇党委、政府审核；"两公开"，即实行决议公开、实施结果公开。

③ "一好双强"是指思想政治素质好、带富能力强、协调能力强。来自中共北京市委组织部印发的《关于建立村党组织书记区级备案管理制度的实施办法（试行）》。

职责类型	岗位要求	考核方式
道德品质	为人正派、品行端正,办事公道、作风民主,能严于律己、甘于奉献,敢于担当、勇于负责	班子互评和群众评价为主,组织评价为辅
群众路线	能真心诚意地为群众办实事,积极为党员、群众排忧解难,能得到群众拥护,赢得群众好评	群众评价为主,组织评价和班子互评为辅

资料来源:笔者整理。

二 北京市农村基层党组织负责人换届情况分析

2016 年以来,各级政府始终坚持首都站位、首善标准,全面加强党的领导,牢牢把紧换届选举的人选关、程序关、纪律关,建立并落实资格联审制度,连续三次高质量完成村(社区)"两委"换届选举工作,为全面推进乡村振兴和美丽乡村建设提供了有力的组织保证。

(一)2016~2021年北京市农村基层党组织换届工作总体情况

2016 年全市共选出村党组织班子成员 13600 多名,村党支部书记 3900 多名、副书记 1190 多名。新任村党支部书记 903 名,占 23.1%,连选连任的村党支部书记 3003 名,占 76.9%。新一届村党支部书记平均年龄为 49.6 岁,村"两委"班子中村党组织书记兼任村委会主任的共有 2500 多名,"一人兼"比例达到 64.3%;7500 多名村党组织成员兼任村委会委员,村"两委"交叉任职比例达到 55.4%。本次换届选举全部采用"公推直选"方式,直选率实现 100% 全覆盖。

2019 年全市共选出村"两委"成员 19500 多名,其中新任干部分别占 40% 和 27.6%。此次换届后,除 320 个村书记由上级机关下派外,其他村全部实现"一肩挑",比例达到 91%。全市村"两委"班子中,40 岁以下人员占 12%,55 岁以上人员占 36%,有 390 名超过 60 岁的老书记留任。其中,村党组织负责人平均年龄为 52.4 岁,大专以上学历占 56.5%。在村

"两委"中有 1 名 35 岁以下年轻干部的占 16.2%。此次换届后，全市还建立了总数达 8000 人的村级后备人才库。

2021 年全市共选出村党组织书记 3700 多名，其中男性 3300 多名，女性 400 多名，男女比例约 8∶1。新任村党支部书记 769 人、占 20.4%；连选连任党支部书记 2995 人、占 79.6%。其中"一肩挑"的比例高达 93.5%，下派村党支部书记的村仅 231 个。村党组织负责人平均年龄为 50.9 岁，46 岁及以上占 77.9%（见图 1），大专及以上学历占 62.2%。

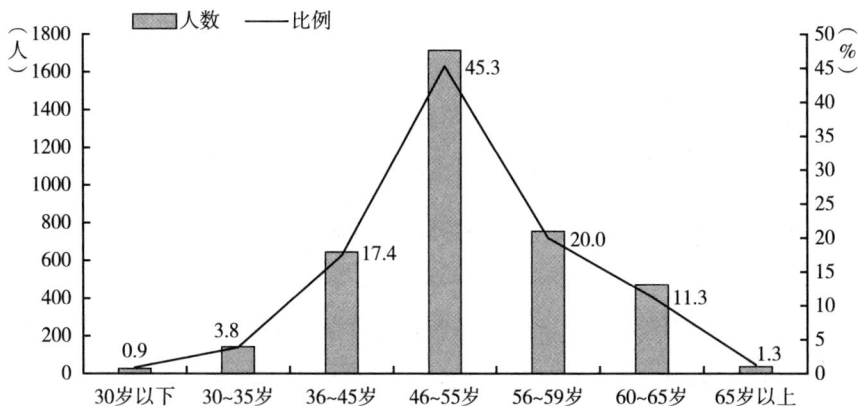

图 1　2021 年北京市农村党组织负责人的年龄分布

（二）2016~2021年农村基层党组织负责人换届工作分析

2016 年以来的 5 年时间全市完成了三次村"两委"换届工作，总结历次换届工作情况，笔者认为工作成效主要表现在四个方面。

第一是坚持高标准选人。全市各区、各乡镇逐步统一选人标准，始终坚持"五好、十不能"候选人资格，在"五好"中注重选拔"致富带富能力强、敢闯敢拼、能推动乡村振兴"的干部，在农村社区注重选拔"治理和服务能力强"的干部。

第二是积极稳妥推行"一肩挑"。村党支部书记"一肩挑"符合北京郊区农村的实际情况，有利于北京推进乡村治理现代化。为此，全市平稳有序地加以推进，且保持指标稳定，各区也不搞"一刀切"。从 2019 年起，除 320 个村党组织书记由上级机关下派外，其他村全部实现"一肩挑"，比例达到91%，2021 年达到93.5%（见图2）。

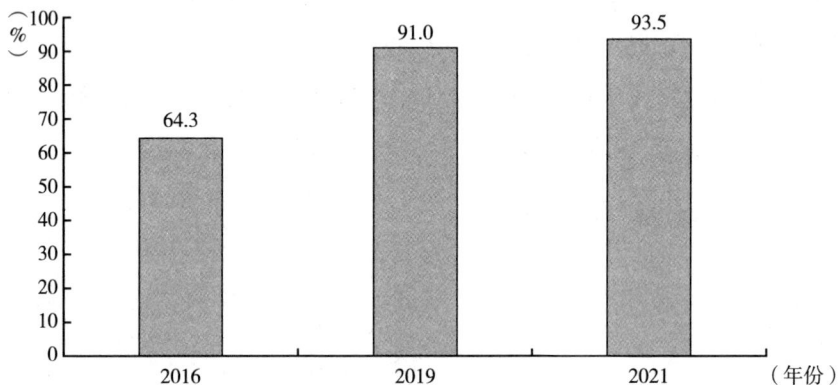

图2 北京市农村基层党组织负责人的"一肩挑"比例

"一肩挑"比例大幅提高，有利于强化村党组织的领导核心作用，也使基层权力更加集中、廉政风险更加突出。各地探索通过"小微权力清单"等制度建设，逐步加大对农村基层党组织负责人队伍的教育管理监督力度。

第三是拓宽选人视野。各区、各乡镇着眼于农村基层发展需要选人用人，不断创新思路和工作理念，持续拓宽来源渠道，把真正愿意扎根基层的带头人，把真正服务群众的优秀人才充实到村党组织负责人队伍中。各区也积极从八类人员中培养和选拔农村基层党组织负责人，主要包括：①本村致富能手，②外出务工经商返乡人员，③本乡本土大学毕业生，④退伍军人，⑤农村党建助理员、选调生和乡村振兴协理员，⑥农民专业合作经济组织负责人，⑦机关企事业单位退休人员，⑧其他来源（见图3）。特别是将在新冠肺炎疫情防控中经受考验、勇于担当、冲锋陷阵、表现突出的优秀人员选拔进村"两委"班子。北京市三次换届后农村党组织负责人来源分布如图4所示。

第四是优化班子结构。各乡镇始终着眼于农村基层长远发展需要，优化

农民专业合作
经济组织负责人
19.1%

其他来源（主要为本村村民及
部分机关企事业单位
下派干部等）
53.7%

本村致富能手
15.1%

退役军人
7.5%

农村党建助理员、选调生
和乡村振兴协理员
1.3%

本乡本土
大学毕业生
0.8%

机关企事业单位
退休人员
1.4%

外出务工经商
返乡人员
2.0%

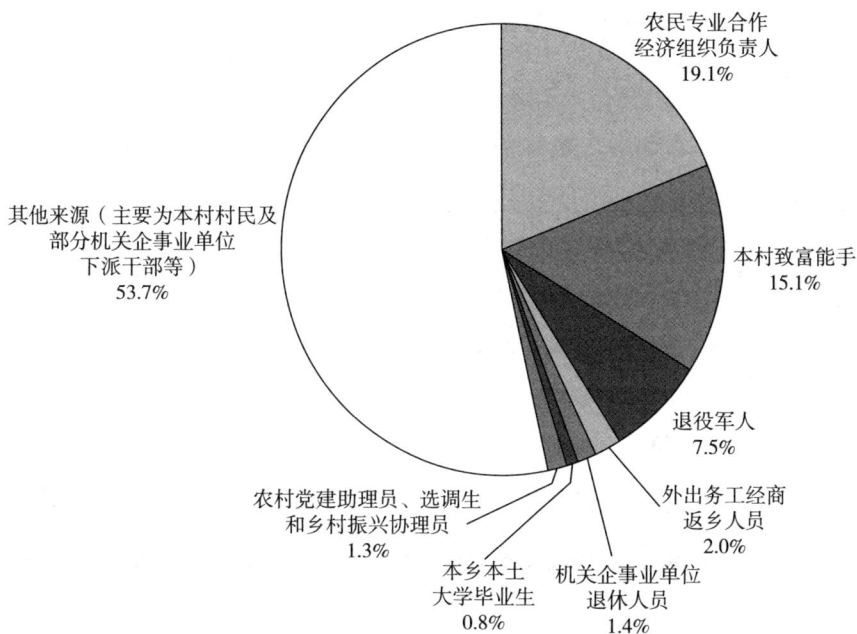

图 3　2021 年北京市农村党组织负责人的来源渠道

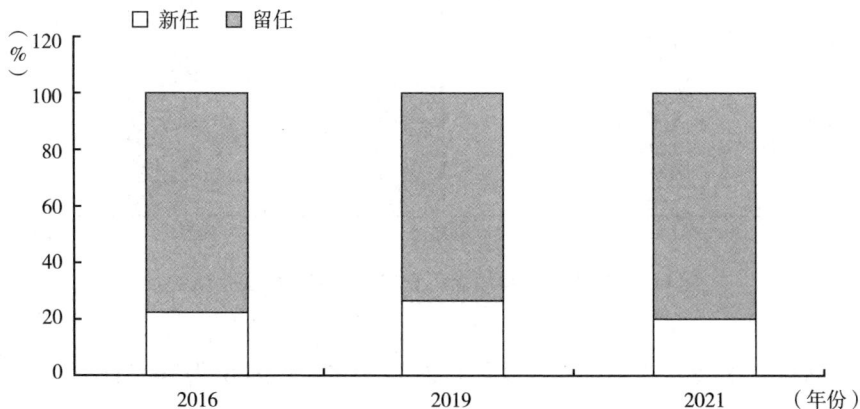

☐ 新任　■ 留任

（％）120

100

80

60

40

20

0

2016　　　2019　　　2021　　（年份）

图 4　北京市三次换届后农村党组织负责人来源分布

班子年龄和学历结构，通过换届实现年龄、学历"一降一升"（见图 5、图 6）。2021 年换届后，全市农村党组织负责人中 35 岁及以下的 2.5 万人，占总数的 11.8%；36~59 岁的 9.0 万人，占总数的 43.2%；60 岁及以上的 9.4 万人，占总数的 45.0%。

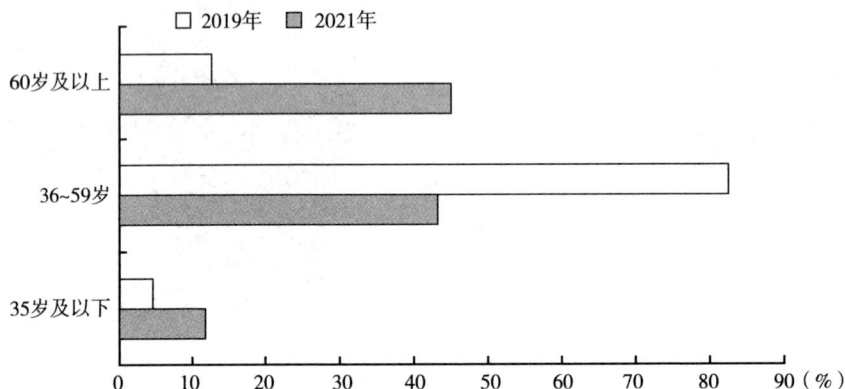

图 5 2019 年以来北京市两次换届后村党组织负责人年龄结构

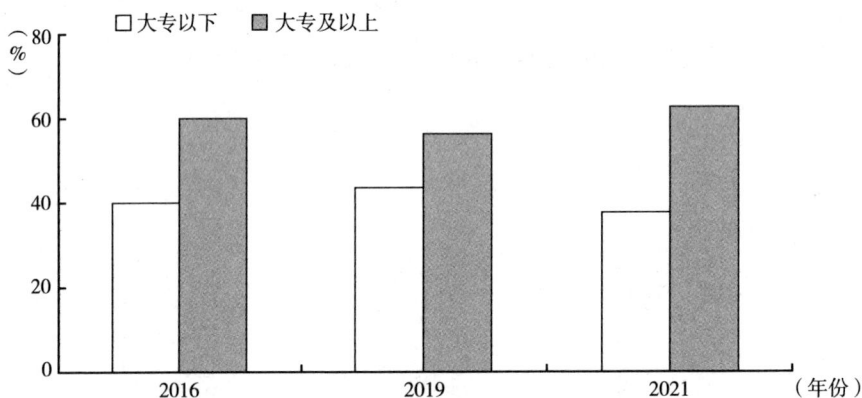

图 6 北京市三次换届后村党组织负责人的文化结构

通过三次换届选举工作，党的全面领导在农村基层得到充分彰显和有力加强，农村党组织的领导地位得到巩固和提升，农村基层政治生态得到修复和净化，党群干群关系进一步改善和密切，党员干部党性能力得到考验和淬炼，农村基层党组织的执政基础、人才基础和群众基础地位更加牢固。

三　农村基层党组织负责人推进乡村治理作用分析

农村党组织书记在农村开展各项工作，不仅需要具备较高的政策水平和政治意识，能够始终坚持依法办事、依规服务，还要善于做好群众动员工作，这支队伍需要具备甘于奉献、敢闯敢拼的精神内涵，可以说是具备全方位素质的综合性人才。课题组近5年长期追踪村"两委"干部换届工作，持续通过实地调研和深度访谈，将其作用发挥总结为四个方面。

（一）激发组织活力

农村基层党组织通过加强组织建设，完善对各类基层组织的领导和管理，不断完善"四议一审两公开"工作机制、村民自治机制、民主监督机制，从而提升以群众为中心共建共享的现代化乡村治理水平。如"共享乡村美好生活的王家磨做法"，房山区大石窝镇王家磨村党支部通过体现"四美"（产业美、创新美、生态美、文化美），推动产业绿色发展、乡村多元治理、生态文明建设，使乡村生活全面亮起来、强起来，群众富起来、动起来，更好地服务于美丽乡村建设。在打造"鲜花岛"项目、美丽庭院项目过程中，村党支部带领党员和群众成立了志愿服务队、环境整治巡查队等村民自治组织，对村域内的卫生死角进行不定期的清理打扫。经过全村上下的共同努力，王家磨村已经变成满眼繁花似锦、干净整洁的大花园，成为村民心中时时惦记、处处维护的家。

（二）引领产业兴旺

农村党组织引领产业发展的动力是整合村庄的生产资源，核心理念是坚持和维护农民群众根本利益，发展目标是促进农民共同富裕，为此，农村党组织负责人就要充分发挥自身区位、资源等优势，积极争取"外力"支持，促进农民增收，打造充满内生活力的美丽乡村，形成共建共享的产业发展新路径。如"引领村庄转型致富的黄山店经验"，房山区周口店镇黄山店村党支部书记紧紧依托村"两委"班子的发展合力，带领全村党员群众坚持绿色发展理念，主动关闭水泥、石材等资源型开采产业，依托山区景观资源优势，全力发展乡村生态旅游新产业。经过多年努力，黄山店村已初步形成以坡峰岭景区为引领、辐射多个乡村景区的生态旅游产业格局，建成磨盘柿、京白梨等果品采摘基地。村党支部还以新型农村社区建设为契机，投资4亿余元建成面积8.1万平方米的安置房，为每位村民配发产业股，打造集养老、休闲、度假于一体的绿色生态"黄山店新村"。村民的人均纯收入达到2.6万元，10年间提高2倍；村集体纯收入2020年达到2200万元，增长24倍。

（三）推动乡风文明

农村基层党组织在提高民生保障水平方面不仅要加大投入力度，还要积极强化制度创新，从而提高农村教育、医疗、养老等社会保障水平。通过组织农村人才交流会、文艺演出和红色教育体验等活动，提升乡村文明水平。如"撬动乡村治理新风尚的大兴实验"，大兴区北臧村镇于2019年10月由各村党支部发起成立红白理事会，村党支部书记作为负责人，并向大兴区民政部门申请注册成为社会组织。该理事会以婚俗白事改革试点为主题，发挥乡贤能人的"熟人"作用，探索市场化运营机制，实现让利于民、新民新风。镇级红白理事会在全镇17个村设立分会，成员主要由村党支部书记、退休干部、乡贤能人等组成；通过资质审核、招商引资，吸引一批服务优、口碑好的企业入驻，为全镇婚丧嫁娶、民俗文化体验活动提供场地等资源。

（四）实践"三治"融合

农村基层党组织通过推进乡村法治建设，不断提高村民法律意识和法治水平；通过村规民约和文化活动，不断提升乡村德治水平；通过建设平安乡村，运用现代信息技术提升智能化水平等，逐步推进共享共治深入人心。如"依托村规民约推进协同治理的一村样板"，顺义区高丽营镇一村党支部采用"三块牌子"，让村规民约真正落地见效：一是党员树标牌，村民学民约。党员家门口通过悬挂"一村党员户"标牌，让党员全年接受群众监督，并将"党员明职责、亮身份、做表率，争当'五好党员'"写入村规民约中。二是评定星级户，村民守民约。以"村规民约星级户"标牌建立约束机制，实行一月一评、一季度一兑现的奖励办法，鼓励村民遵守村规民约。三是评选十佳户，村民树新风。通过亮出"五个十佳"标牌，引领良好村风民风，将"村民争创'五个之家'"① 写入村规民约中，由党员推荐加村民自荐来评选"十佳家庭"，经村党支部全体党员会议讨论后通过，并实行挂牌表彰和物质奖励的双重表彰。每年评选一次，不重复挂牌，每类家庭评选 10 户，其中违反村规民约的家庭取消参选资格，从而形成了独具特色的乡村治理体系。

四 农村基层党组织负责人存在的主要问题

当前，北京郊区农村基层党组织存在发挥作用不平衡、不充分、不到位的现实问题，有的离新形势、新要求、新格局还有不少差距，与基层政府的要求和农民群众的期盼还有不少差距，这些问题主要集中在四个领域。

（一）引领发展能力不强

一些农村基层党组织负责人存在"懒政"的思想，工作没有主动性和全局性，对本村发展缺乏研究和具体落实办法，凡事等上级给政策、向上级要项目；也有一些负责人受思想水平和权力意识局限，作风不扎实、脱离群众，村庄规划与建设不切实际，群众不认可；还有一些负责人在引领发展、深化治理等方面作用发挥不够充分，对于政策吃不透、摸不准，也怕与市场打交道，对市场经营风险认识不够，针对发展集体经济工作没有新思路和新

---

① "五个之家"指"精神文明之家""敬老孝老之家""教子有方之家""绿色生态之家""遵规守制之家"。

手段，村里多年积压集体经济组织发展的问题得不到解决，群众反映的公共服务设施短缺、"三务"公开机制不完善等现实问题没有得到充分重视和及时反馈。

（二）人才短缺问题突出

人才发展是乡村振兴的一项长期工作，有的村党支部书记还没认识到其重要性，也没有规划和培养村级后备人才队伍；有的村党支部书记对于后备人才队伍建设也只是停留在口头上或汇报中，缺乏有效的培养办法和管理手段；还有部分负责人年龄偏大，村党支部队伍没有形成人才梯队，村级后备干部和党员的储备不充足，产生断档或者接近断档的情况；部分负责人对引入复员退伍军人、回乡大学生、新农人的重视程度和培养力度不够，不能很好地为乡村治理提供人才补充。

（三）自身建设仍需加强

党建标准化工作是当前和未来一段时间内农村基层党组织建设的重要载体，有的村党支部书记存在重视程度不够、手段不足和保障不到位的现象，村党支部自身建设不想抓、不会抓、抓不好；还有一些村党支部书记没有承担起党建第一责任人的核心意识，责任落实不到位；也有部分村党支部书记落实"三会一课"等基本制度不规范，农村决策类的党员大会参会人数低于一半党员数；还有部分党组织的主题党日活动形式单一，党员和群众的参与程度很低，党员教育管理实效性和针对性不强。

（四）保障体系投入不足

当前，相比于党建助理员和乡村振兴协理员等财政供养人员，广大农村党支部书记的待遇保障水平整体不高，存在较大的地区差异。据市委组织部和市委农工委的实际调查，全市村党支部书记的年平均收入4.5万元，与在农村工作的社区工作者等财政供养人员的收入水平存在明显差距。同时，村党支部书记的社会保障参与水平较低，特别是在城乡居民养老保险、新型农村合作医疗等基本保障中，村党支部书记个人缴费比例较高，与城镇职工享有的社会保障差距较大，造成相应的激励措施存在短板；村级后备人才的保障水平也缺乏相应的指导性政策。

五 农村基层党组织发挥作用的政策建议

深入学习领会党的十九届六中全会的核心要义和实践要求，深刻把握乡村振兴在"两个大局"中的战略地位和历史使命，需要不断加强和改进建设内容与方式，需要农村基层党组织负责人始终强化"五个坚持"，在工作中克己奉公，充分发挥带头作用。

（一）坚持政治引领，强化群众服务全时化

一是开展党建工作年度专题研究。通过开展年度专题研究，明确工作任务、责任人和时间节点，挂图作战、抓好落实；详细制定党建工作年度计划，明确工作清单、考核办法与公开方式，推动农村党建真抓、抓实。

二是重点培育农村新产业、新业态。深入挖掘农村产业的生态涵养、休闲观光等多种功能，通过农科融合、农旅融合、农教融合等多种融合模式，积极开发休闲农业、教育体验等新型业态，切实转变乡村发展方式。

（二）坚持规范管理，强化组织建设标准化

一是强化村党支部书记的政治站位。始终加强基层组织对村级组织的领导，因地制宜地采取积分制、清单制等多种形式提升农村党组织的组织力和规范化水平。

二是创新党建专题例会制度。农村基层党组织负责人要分专题向上级党委和村党组织汇报履职情况，积极与其他党组织交流组织建设经验做法，主动向上级组织和群众反馈存在问题，及时部署各项工作任务。

（三）坚持监督落实，强化职责权力清单化

一是完善村民监督机制。强化纪检监督代表、村民代表、党员代表的监督职责，结合村党支部书记的年度述职评议考核，通过问题清单、责任清单、整改清单等有效工具，不断提高基层党组织工作实效和服务水平。

二是完善农村党组织的监督机制。充分发挥农民在农村发展项目和公共事务管理中的主体作用，切实推动农民参与需求表达、方案实施、监测评估等具体事务，强化"三务"监督与信息反馈机制，严格落实农村基层党组织干部和后备干部的管理监督办法。

（四）坚持创新驱动，强化人才发展多样化

一是创新人才管理方式。乡镇政府要协同农村基层党组织坚持问题导向，创新人才工作机制，完善人才保障措施，补齐人才激励短板，体现人才发展成效。

二是创新人才培育模式。农村党组织负责人要主动更新业务知识，通过参加各种类型的专题培训不断强化市场意识、创新精神和发展潜力。农村基层党组织也要依据后备人才成熟程度和村"两委"班子建设的实际需要，持续对后备人才进行专项培育工作。

（五）坚持激励优先，强化投入保障多元化

一是推动多元投入机制向农村基层倾斜。落实好村党组织负责人和村"两委"干部收入常态化增长机制，逐步解决村干部社会保险缴费主体和缴费路径问题，提升村"两委"干部的待遇，激发干部为群众服务的动力和信心。

二是动员社会力量向农村集聚。积极培育公益性社会组织，重点扶持发展农村教育文化类、生态保护类和科技推广类社会组织。加大对社会组织发展的财政扶持力度和政府购买服务力度，落实社会组织税收优惠政策，使之成为乡村提供公共服务的重要方式。

参考文献

仲组轩：《选优"带头人"队伍 配强村"两委"班子 夯实筑牢乡村振兴的坚强战斗堡垒》，《中国组织人事报》2021 年 8 月 23 日，第 1 版。

鲁杰、王帅：《乡村振兴战略背景下农村基层党组织的定位、困境与发展》，《西北农林科技大学学报》（社会科学版）2021 年第 6 期。

李长学：《新时代农村基层党组织组织力现状与提升》，《理论导刊》2019 年第 7 期。

周光辉、王海荣、彭斌：《突出政治功能：新时代基层党组织建设内涵、意义与实践路径分析》，《理论探讨》2019 年第 3 期。

颜俊儒、梁国平：《乡村治理视角下新时代农村基层党组织组织力的提升》，《理论探讨》2019 年第 2 期。

胡柳娟：《新时代提升农村基层党组织组织力的若干思考》，《中共福建省委党校学报》2018 年第 11 期。

唐艳群：《"中央一号文件"视角下农村基层党组织建设研究》，《社科纵横》2018 年第 2 期。

B.23
北京农村失独家庭调查报告

赵仲杰 *

摘　要： 受城乡发展不平衡的影响，北京农村失独家庭相比于市区失独家庭会遭遇更加严重的身心健康问题、社会排斥、代际混合型家庭的抚养和赡养问题，以及医疗、养老等困境。应对农村失独家庭困境离不开日趋完善的社会保障体系和健全的社会支持体系，让农村失独家庭生存、发展是社会公共的责任，只有各责任主体发挥各自功能才能帮助农村失独者有效应对各种困境，步入正常生活和发展的轨道。

关键词： 农村失独家庭　社会保障　社会支持　北京

"问题是时代的格言"，是"公开的、无所顾忌的、支配一切个人的时代之声"。① 我国政府从 20 世纪 80 年代开始实施的计划生育政策适应了当时的国情，取得了应有的成效，表现在有效控制人口增长率、促进社会资源高效利用、提升社会经济发展水平等方面。但是随着社会经济的发展，我国人口形势发生了巨大变化。为了缓解人口老龄化的压力，我国政府在 2015 年、2021 年先后对以往的人口政策做出了适时的调整，我国独生子女政策成为历史。至此，我国生育政策先后经历了"独生子女""单独二孩""全

---

* 赵仲杰，北京建筑大学城市与经济管理学院院长助理、社会工作专业负责人，副教授，主要研究方向为社会发展、社会问题和社会政策。
① 中共中央马克思恩格斯列宁斯大林著作编译局编《马克思恩格斯全集（第 1 卷）》，人民出版社，1995，第 203 页。

面二孩""全面三孩"的政策演变。从理论上讲,产生独生子女家庭的制度性因素消失了,但在独生子女政策影响下产生的失独家庭并没有终止出现,而且还在不断增加,这是我们必须认真应对的社会问题。一个社会的福利水平往往体现于社会弱势群体的生活状态,因此,我们应尽力实现好、维护好、发展好这一脆弱群体的根本利益。

"失独"问题已成为我国亟须解决的社会问题。人口学专家易富贤推断:在我国现有的2.18亿独生子女家庭中将会有1009万独生子女在或将在25岁之前离世。[①] 独生子女,尤其是大龄独生子女的死亡将使得一个完整的家庭顷刻崩塌,失独家庭的父母会面临一系列困境及风险。与城市相比,农村在经济水平、社会资源等方面仍处于劣势,所以在积极应对老龄化、促进乡村振兴的背景下我们需要做好农村失独家庭的帮扶工作。

一 北京市受访农村失独者的基本情况

2021年4~9月,"我国农村失独家庭的社会保障和社会支持"课题组在北京市密云区、昌平区农村采取问卷法分别调研了55户、45户农村失独家庭。问卷调研的抽样办法是对于夫妇双全的失独家庭,以第一户为女性、第二户为男性进行等距选择,对于只有一个人的失独家庭,则由本人填答。

在100位受访农村失独者中,男性有59人,占比59%;女性有41人,占比41%。其中,年龄在41~50岁的有2人,占比2%;年龄在51~60岁的有47人,占比47%;年龄在61~70岁者有42人,占比42%;8人年龄在71~80岁,占比8%;81岁及以上者有1人,占比1%。从受访失独者的年龄看,目前北京农村失独者处于不同的年龄段,其中51~60岁者最多,其次是61~70岁者。处于不同年龄段的个体会面临其生命周期内不同的问题和任务,因此,如何对应不同年龄阶段分析失独者所面临的困境、需求,进而为其提供相应的社会保障和社会支持是我们必须考虑的问题。

---

① 易富贤:《大国空巢:反思中国计划生育政策》,中国发展出版社,2013。

在文化程度方面，100位受访失独者中有20位不识字或识字较少，占比20%；41位是小学文化，占比41%；34位调研对象是初中文化，占比34%；5位调研对象是高中或中专文化，占比5%。可见，在北京农村失独者中，大部分失独家庭文化程度偏低，小学及以下占比61%，只有34%的调研对象上过初中，而读过高中或中专的仅占5%。在婚姻方面，63位失独者有配偶、夫妻和睦，占比63%；28位无配偶孤身一人，占比28%；9位属于其他情况，占比9%。

二 受访农村失独者的社会保障现状及需求

社会保障是以国家或政府为主体，依据法律，通过国民收入的再分配，对弱势群体提供基本生活保障的制度。我国社会保障制度主要包括社会保险、社会救助、社会优抚和社会福利等内容。

（一）受访农村失独者领取"失独家庭扶助金"的情况

在受访的100位农村失独者中，98人领取过特殊扶助金，占比98%，2人没有领取过特殊扶助金，占比2%。可以看出北京区县政府能够按时办理失独家庭扶助金，并按年足额发放。这对于农村失独者而言至关重要，这些扶助金对于农村失独家庭而言往往就是他们的生活依靠，甚至是救命钱。受访农村失独者无不对政府的关爱表示感谢，"感谢党、感谢政府""要不是有政府管我们，我们可该怎么活呀！"是调研员经常听到的出自受访失独者肺腑的话语。同时，调研也发现在失独家庭扶助金政策规定方面尚有需要补充和完善的地方，主要包括以下两个方面：一是扶助金是按年发放的，导致完全依靠救助金生活的家庭难以维持平时的生活；二是扶助金的发放要求女方年龄达到49岁，如果低于49岁则不能领取。对于不足49岁的农村失独母亲而言，有的已经没有生育能力或意愿，因此如何适当调整扶助年龄并有针对性地开展帮扶是政策制定者需要考虑的问题。

（二）失独家庭对社会保障制度的关注度及参保情况

1. 对社会保障制度的关注

当问及对当地社会保障制度中哪些内容最为关心时，66%的农村失独者选择"医疗保险"；83%的农村失独者选择"养老保险"；其后是五保供养最低生活保障和农村危房改造帮扶，占比分别为28%和3%，而残疾人帮扶和移民新村帮扶排在其后，占比合计约4%，最少被关注到的是军人优抚，占比1%。可见，医疗、养老、低保是受访农村失独者最为关心的社会保障制度，同时根据调研数据可以看出，对于农村失独者中的不同个体应该有针对性地开展帮扶，只有解决不同个体的现实需求，比如残疾失独者和失独军人的需求、住在危房中的失独者的需求等，才能让他们感到生活的踏实，才能拥有一定的获得感和安全感。

针对城乡居民基本养老保险制度是否被农村失独家庭所了解的问题，86人表示了解此项制度，占比86%；14人表示并不了解此项制度，占比14%。19人表示从宣传资料中了解城乡居民基本养老保险制度，占比19%；67人表示听其他人讲的，占比67%；3人表示在广播电视上听过，占比3%；5人表示通过其他渠道听过，占比5%；6人表示不知道此项政策，占比6%。此项调查说明农村失独家庭获取信息大部分需要通过平时人与人的沟通，也可以看出失独家庭平时对报纸、广播等传播媒介接触较少。

2. 受访农村失独者的就医情况及对于医疗状况的看法

对于生病就医的地方选择，在受访的100位农村失独者中，31人表示自己去药店买药，占比31%；14人表示去卫生所看病，占比14%；9人表示去私人诊所看病，占比9%；17人表示去乡镇医院看病，占比17%；29人表示去区市级医院看病，占比29%。

就当地医疗有哪些需要改进的地方，17人认为需提高医生技术水平，占比17%；30人认为应当增加药品种类，占比30%；4人认为需更新医疗设备，占比4%；2人认为需改善服务态度，占比2%；2人认为需扩建医疗卫生房屋，占比2%；60人提了其他一些建议，占比60%。依据总项百分比情况分析，农村失独家庭在医疗卫生方面对提高医生技术水平、增加药品种类和更新医疗设备这些直接影响医疗效果的选择项目关注度较高，对改善服务态度以及扩建医疗卫生房屋这些不太影响医疗效果的选择项目关注度并不是很高。

3. 受访农村失独者享受低保及参保情况

（1）受访农村失独者享受低保情况

在受访的100位农村失独者中，32人表示享受到了最低生活保障制度，占比32%，68人表示没有享受到最低生活保障制度，占比68%。而对于最低生活保障制度的金额，在受访的100人中，13人表示对自己享受的具体保障金额很清楚，占比13%；41人表示对自己享受的具体保障金额大概知道，占比41%；27人表示对自己享受的具体保障金额不怎么了解，占比27%；19人表示对自己享受的具体保障金额完全不了解，占比19%。

调研数据显示，绝大多数农村失独者对于最低社会保障制度表示关心。调研中也发现有的农村失独者虽然自己没有享受到低保，但是对于与自己同村的邻居哪家享受了低保，低保费是多少都很清楚；也有的受访失独者认为自己应该享受最低生活保障制度，认为一些政策执行不公平，未做到"应保尽保"，甚至有的地方还存在"人情保"的现象。

为了全面了解农村失独者对当地最低生活保障制度相关问题的看法，课题组设置了多项选择题。调研数据显示，在受访的100位农村失独者中，10人认为实际领取低保人数与应该支付人数有偏差，占比10%；1人认为资金难以落实，占比1%；65人认为农村最低生活保障制度配套措施不健全，占比65%；31人认为对象限定不合理，占比31%。

（2）受访农村失独者参加社会保险或其他政策扶助的情况

对于参加当地社会保险或者其他政策扶助的情况，在受访的100位农村失独者中，67人参与了养老保险，占比67%；87人参与了医疗保险，占比87%；22人参与了最低生活保障制度，占比22%；12人属于其他情况，占比12%。

对于现在各项保险报销率和救助金额满意度的调研数据显示，在100位农村失独者中，12人对现在各项保险报销率和救助金额非常满意，占比

12%；49 人对现在各项保险报销率和救助金额基本满意，占比 49%；18 人对现在各项保险报销率和救助金额的满意度表示不知道，占比 18%；21 人对现在各项保险报销率和救助金额不满意，占比 21%。该结果显示多数农村失独者对于报销率和救助金额表示满意。

（3）受访农村失独者对于生活保障的感受

对于目前的生活保障情况，在受访的 100 位农村失独者中，22 人感觉很踏实，认为自己的生活得到了切实的保障，占比 22%；53 人感觉基本达到生活保障，占比 53%；25 人感觉没有得到切实的保障，还需要挣更多钱来养老，占比 25%。

那么，受访农村失独者认为政府和社会应该为失独群体做哪些事情呢？按照比例高低顺序，66 人认为应适当增加失独群体养老金补贴，占比 66%；51 人认为需加强对失独者就医的补助，占比 51%；37 人认为需建立专门服务失独者的养老院，占比 37%；16 人认为需为失独群体提供特制的养老保险，占比 16%；9 人认为需成立失独群体专项公益基金组织，占比 9%；7 人认为应开展以政府或社会公益组织为主导的针对失独群体的社会服务，占比 7%；6 人认为应制定完善失独群体权益保护与养老相关的法律法规制度，占比 6%。

三　受访农村失独者的社会支持现状及需求

社会支持体系是每一个人所感受到的其全部社会关系网络的集合，是整体性的社会支持网络，是个体赖以获得支持的互动群体，主要来自家人、邻里、朋友、同事、团体或组织，也可来自政府。健全的社会支持体系能够帮助个体解决危机、有效应对困境。为了了解农村失独父母的社会支持现状及需求，课题组从失独父母的朋友、家人、邻居和社区、政府等社会支持源及失独家庭遇到困难时求助对象的选择与日常活动安排等方面开展了调研。

（一）受访农村失独者的朋友数量情况

对受访农村失独者关系密切且可以得到支持和帮助的朋友情况进行调

研，26 人表示一个也没有，占比 26%；34 人表示有 1~2 个这样的朋友，占比 34%；21 人表示有 3~5 个这样的朋友，占比 21%；19 人表示有 6 个及以上这样的朋友，占比 19%。调研数据显示，有 1 个及以上关系密切且可以得到支持和帮助的朋友的受访农村失独者累计占比 74%。

（二）受访农村失独者近一年来的居住情况

在受访的 100 位农村失独者中，22 人远离家人，且独居一室，占比 22%；1 人住处经常变动，多数时间和陌生人住在一起，占比 1%；3 人和朋友住在一起，占比 3%；74 人和家人住在一起，占比 74%。调研结果表明，大多数被调查者和家人住在一起，但近一年来未和家人住一起的农村失独者累计 26 人，累计占比达到 26%。

（三）受访农村失独者得到的家庭成员的支持和照顾

那么家庭成员对于失独者提供的支持和照顾情况如何呢？调研发现得到家庭全力支持的有 56 人，占比 56%；得到家庭一般支持的有 30 人，占比 30%；极少得到家庭支持者有 11 人，占比 11%；没有得到过家庭支持的有 3 人，占比 3%。

对于从哪些家庭成员那里获得支持和照顾这一问题，按照比例高低顺序，61 人表示从兄弟姐妹那里，占比 61%；41 人表示从配偶那里，占比 41%；23 人表示从其他成员那里，占比 23%；5 人表示从父母那里，占比 5%。调研结果显示，从兄弟姐妹、配偶那里获得支持和照顾是占比最高的两项。配偶、兄弟姐妹和其他成员（妯娌等）等同辈群体给予农村失独家庭的支持和照顾高于其父母。调研中，课题组访谈了 25 位与失独者共同居住的父母，这些受访失独者的年迈父母无不表达了对于子女的爱怜、自己的无奈与倾囊相助。

（四）受访农村失独者与邻居的关系

对于与邻居的关系，在 100 位受访农村失独者中，11 人表示相互之间从不关心，只是点头之交，占比 11%；26 人表示遇到困难会稍微关心，占比 26%；15 人表示有些邻居很关心他，占比 15%；48 人表示大多数邻居都很关心他，占比 48%。此项调研结果显示，农村失独家庭的邻里关系总体上还是比较好的，相互之间不关心、只是点头之交的只占少部分；遇到困难会稍微关心、很关心的累计占比为 89%。

（五）受访农村失独者得到的经济支持和解决实际问题的帮助情况

对于过去遇到紧急困难是否得到有效解决和经济支持这一问题，在受访的 100 位农村失独者中，94 人表示得到过，占比 94%；6 人表示没有得到过支持或帮助，占比 6%。调研结果显示，大部分受访农村失独者在遇到急难情况时，得到过经济支持或解决实际问题的帮助，但依然有 6% 的失独者没有得到过任何经济支持或解决实际问题的帮助，缺少有效的社会支持。

对于"过去遇到紧急情况，哪些人帮助过"这一问题，41 人表示得到过配偶的帮助，占比 41%；75 人表示得到过亲戚的帮助，占比 75%；16 人表示得到过邻里的帮助，占比 16%；8 人表示得到过朋友的帮助，占比 8%；11 人表示得到过村委会干部的帮助，占比 11%；1 人表示得到过宗教、社会团体等非官方组织的帮助，占比 1%；通过其他途径得到帮助的有 7 人，占比 7%。

（六）受访农村失独者最希望的照顾者

在受访的 100 人中，当问到如果有需要最希望谁来照顾时，按照比例高低依次是：40 人表示希望是配偶，占比 40%；32 人希望是亲戚，占比 32%；其他情况占比 15%；5 人希望是社区服务机构工作人员，占比 5%；2 人希望是村委会干部，占比 2%；1 人希望是志愿者，占比 1%；1 人希望是宗教、社会团体等非官方组织，占比 1%。调研结果显示，希望被配偶照顾的最多；然后依次为亲戚、社区服务机构工作人员、村委会干部、宗教和社会团体等非官方组织。可见，农村失独家庭成员在选择有需要最希望谁来照顾时，更倾向于与自己比较亲近的人。

（七）受访农村失独者遇到烦恼时的倾诉方式

当遇到烦恼时，在100位农村失独者中，39人表示从不向任何人诉说，占比39%；38人表示只向关系极为密切的1~2人诉说，占比38%；9人表示如果朋友主动询问会说出来，占比9%；14人表示会主动诉说自己的烦恼，以获得支持和理解，占比14%。这表明，在遇到烦恼时39%的受访农村失独者从不向人诉说，而往往是自己憋在心里，这种情形对于男性失独者更甚，他们看似平静的表情下其实强忍着巨大的伤痛。

（八）受访农村失独者遇到困难时的求助方式

在受访的100位农村失独者中，5人表示遇到困难时会选择只靠自己，不接受别人帮助，占比5%；31人表示很少请求别人帮助，占比31%；30人表示有时请求别人帮助，占比30%；34人表示有困难时经常向家人、亲友、组织求援，占比34%。数据显示，遇到困难时很少请求别人帮助、只靠自己解决困难的累计占比为36%，充分表明一部分农村失独者遇到困难时往往自我解决。

（九）受访农村失独者的宗教信仰

在农村失独家庭宗教信仰方面，73人表示无宗教信仰，占比73%；25人表示有宗教信仰，但是帮助不大，占比25%；2人表示有宗教信仰且帮助很大，占比2%。调研数据显示，农村失独家庭的宗教信仰比例并不高，有宗教信仰并且觉得对自己帮助很大的仅占比2%。在所调查的失独者中有宗教信仰的比例偏低，但是宗教信仰作为一种精神寄托或精神支持对于有宗教信仰者会起到一定的作用，有利于信教失独者逐渐从痛苦中走出来。

（十）受访农村失独者对心理援助的看法

对于心理援助，27人表示不清楚，占比27%；28人表示没有必要，没有作用，占比28%；27人表示有必要，很有用，占比27%；18人表示有必要，但是不现实，占比18%。可见，在受访的农村失独者中对于心理援助表示"不清楚"与认为"没有必要，没有作用"两个选项的累计占比为55%；认为心理援助有必要的累计占比为48%，但认为不现实的被调查人员占比高达18%。调研结果表明，目前北京市在对农村失独家庭的心理援助方面依然存在缺少心理援助、宣传力度不够、专业性不强、心理援助效果不佳等问题。

（十一）受访农村失独者对于养老方式的看法

对于理想的养老方式，在受访的100位农村失独者中，63人选择居家社区养老，占比63%；30人选择养老机构养老，占比30%；选择其他方式的有7人，占比7%。调研数据表明，居家社区养老更受农村失独家庭青睐，其次是养老机构养老。对于是否有必要为失独老人建立专门的养老院这一问题，39人表示没有必要，占比39%；61人表示有必要，占比61%。

（十二）受访农村失独者参与村委会活动及闲暇生活安排的情况

在受访的100人中，对于村委会组织的活动参与情况，68人表示从不参与，占比68%；27人偶尔参加，占比27%；4人经常参加，占比4%；1人表示主动参加并积极活动，占比1%。针对农村失独者不参加村委会活动的原因，32人选择不回答，占比32%；5人表示情绪太悲伤，无法参加，占比5%；5人表示不知道有相关活动举办，占比5%；2人表示觉得活动太无聊，不想参加，占比2%；56人属于其他情况，占比56%。那么，受访农村失独者是如何安排闲暇生活的呢？67人选择收听电视广播节目，占比67%；1人选择阅读报刊，占比1%；14人选择上网，占比14%；16人选择养花鸟鱼虫，占比16%；28人选择从事体育锻炼，占比28%；43人选择到邻居家串门，占比43%；6人选择到集市上赶集，占比6%；选择其他方式的有15人，占比15%。

（十三）受访农村失独者认为需要社会服务机构提供的服务内容

对需要社会服务机构提供哪些服务内容这一问题，在受访的 100 位农村失独者中，59 人表示需要定期陪他聊天和锻炼，占比 59%；27 人表示需要定期为他打扫房间，占比 27%；26 人表示需要节假日为他送上祝福，占比 26%；5 人表示需要认干儿子或者干女儿，占比 5%；14 人表示需要组织失独者集体活动，占比 14%；16 人表示需要进行定期的心理疏导，占比 16%；36 人表示需要资金援助，占比 36%。调研数据显示，在诸多选项中，选择比例由高到低分别为定期陪聊天和锻炼、资金援助、定期打扫房间、节假日送上祝福、定期开展心理疏导、组织失独者集体活动、认干儿子或者干女儿。

（十四）受访农村失独者认为政府和社会亟须为失独者做的事情

关于政府和社会亟须为失独者做的事情，按照比例由高到低，在受访的 100 位失独者中，73 人认为政府给予失独家庭的补贴应增加，根据家庭实际情况（如有疾病、无生育能力）加大帮扶力度，占比 73%；选择其他需求者占比 20%；19 人认为逢年过节村委会应组织送些米、油、慰问金，占比 19%；11 人认为志愿者应与失独者结成对子，定期与老人沟通聊天，占比 11%；8 人认为应降低民办养老机构收费标准，占比 8%；8 人认为社区、社会组织、村委会应组织开展心理辅导、义务巡诊等服务，占比 8%；4 人认为政府应主动提供补助，而不是用子女死亡证明换取，占比 4%；3 人认为对于想领养孩子却无经济能力的家庭，政府应适当提供帮助，占比 3%；1 人认为养老院接收老人的条件太苛刻，应该有更人性化的规定，占比 1%。

四 调研结论及建议

通过对于调研数据、访谈和观察材料的分析，课题组总结出以下调研结论并提出相关建议。

（一）医疗、养老是北京农村失独者最关心的问题

在失去独生子女后，农村失独者对于医疗和养老的关注度随着年龄的增长日益提升。"病了去哪里看病、谁陪着看病、谁来照顾、老了住哪里、谁来养活"是受访农村失独者最为忧虑的事情。多数农村失独者认为在有能力的时候会选择自己在家养老，但是对于未来的养老，农村失独者认为到一定的年龄阶段倾向于到专门的养老院养老。

（二）北京农村失独者整体的邻里、朋友关系较好，但也存在"人际关系贫困"现象

整体而言，农村失独者的人际关系较好，遇到紧急情况时邻里之间往往能够相互搭一把手，邻里大多对于农村失独者报以同情之心，能够在其困难时伸出援手。总体而言，农村失独者能够得到邻里、朋友的支持，但由于邻里、朋友的同质性较强，其能够提供的帮助有限。同时，调研也发现有的农村的确存在对于失独者的排斥，村民不愿接近失独者，再加上失独者本身比较敏感，出现封闭自我、隔离自我的情绪，导致失独者出现"人际关系贫困"现象。

（三）农村失独者代际混合型家庭的抚养、赡养是农村失独家庭面临的难题

目前，农村失独者代际混合型家庭主要包括三种类型，一是失独父母与失独第三代生活在一起组成的代际混合型家庭；二是农村失独者与自己的父母生活在一起组成的代际混合型家庭；三是农村失独者与自己的父母及失独第三代生活在一起组成的代际混合型家庭。

对失独者而言，失独第三代的抚养问题是一大难题。农村失独家庭第三代大部分是农村独生子去世儿媳妇改嫁后留下孙子（孙女）由爷爷奶奶抚养，这些家庭因为政策所限未能享受低保待遇。这些农村失独者不得不替去世的子女做孩子的"父母"，面临教不了孙辈、难以负担孙辈生活和学习费

用、担心自己走后孙辈如何成长等窘境。

失独者面临的另一大难题是父辈的赡养问题。有的农村失独者（有的有配偶、有的无配偶）与其年迈的父（母）或父母双亲居住在一起，这些失独者失去了自己的独生子女，同时得肩负起赡养长辈的重担。如果孙辈、父辈均与失独者生活在一起，则失独者不得不承担起一老一小的抚养、赡养责任。

（四）精神关怀不足是目前农村失独者未能及时走出失独阴霾的原因之一

对于农村失独者而言，其不仅需要物质保障、经济保障，也需要精神关怀。没有人疏导，没有人陪伴，会导致这些失独者情绪恶性循环。虽然北京市相关部门意识到精神关怀、专业帮扶的重要性并积极为失独者开展针对性的心理帮扶，但是这部分关怀主要体现在城市失独者身上，对于农村失独者的帮扶还远远不够。

（五）社会组织对于农村失独家庭的帮扶持续性不够

目前社会组织大多以政府购买服务经费为主要经济来源，而政府购买服务在有的区县尚未顾及农村，社会组织在没有项目经费支持的情况下对于农村失独家庭的帮扶较少。虽然课题组调研的密云区有社工机构开展服务，但是持续性不足。对于参与救助农村失独家庭的困境，社会组织负责人及社工认为：一是没有持续性的项目支持，二是大多社工机构分布在城市，而农村社会工作服务机构较少。因此，如何调动城市社会组织、培育服务农村失独家庭的社会力量是北京市相关部门应该考虑的主要问题之一。

（六）部分针对农村失独家庭的帮扶制度实用性有待提高或者需要进一步落实

为了更好地对失独者开展帮扶，北京市和我国其他省区市政府一样设立了相关帮扶制度，在一定程度上为失独家庭解决了现实问题，但是制度中边界及局限性，或者现实中人力、物力、财力的不足，有些制度的实用性有待提高，有些制度则有待进一步落实。这些缺陷主要体现在失独者住院护理险和失独者联络员制度方面。

北京市政府为失独者购买了住院护理险，按照保险方案，在保险期限内，失独者因病在医疗机构住院治疗需要护理的，由保险公司按照一定标准给付住院护理费。住院没人陪护是失独者遇到的主要问题之一，有了住院护理险，失独者可以请护工照顾。但从现实来看，由于绝大多数农村失独者生病后往往自己在家卧床扛着而不去住院治疗，对于这部分人来说如果能够在村、镇计生人员评估后由村委会为其雇用护理人员在家陪护，并由保险公司给付护理费则该护理保险的实用性会大大提升。

另外，北京市设置了失独者联络员制度，但是调研发现由于人力、财力的不足，多地失独者联络员制度并没有真正落实到位。为了确保失独者联络员制度不流于形式，真正让联络者发挥应有的功能，可以构建村委计生负责人+联络人的模式，联络人定期联络失独者，掌握情况，帮助解决问题并向村委计生负责人汇报和记录。互助就医、购物、聊天、娱乐，能够真正起到陪伴的作用，可以将村委计生负责人+联络人+互助组人员整合起来，协力对失独者开展帮扶。

（七）农村失独者需要普适性帮扶，也需要分类施策，开展针对性精准帮扶

农村失独者的年龄不同、家庭结构不同，既有中青年，也有老年；既有尚能生育者，也有超过育龄者；既有独居者，也有和家人一起生活者；既有有配偶者，也有丧偶或离异者。这些处于不同年龄、不同生命周期、不同家庭结构的农村失独者面临不同的任务、有着不同的需求，也面临不同的困境。对于农村失独家庭的帮扶应该考虑不同生命周期的需求和任务及失独家庭的具体困境，既要归类帮扶，也要分类精准施策。比如对于尚可生育的失独者应该考虑提供再生育的帮扶，对于处于老年期的失独者应该重点考虑其养老问题。

（八）北京市政府对农村失独者的帮扶政策深得民心，但需进一步完善和优化

北京市受访农村失独者对北京市、区、镇政府相关失独家庭帮扶政策给予了高度评价，充满感激之情。课题组在调研之地均能听到农村失独父母对于党的关爱的感恩。尽管针对农村失独家庭的帮扶政策近年来得到足够的重视和与时俱进的调整并受到农村失独群体的一致好评，但政策帮扶的内容和质量仍需进一步优化提升。农村失独家庭是社会保障的特殊群体，这类家庭的养老服务和健康服务等需求比一般家庭更为紧迫。正是看到了这一群体的诉求，作为首善之区的北京市各级政府一直关注着这一群体，在"十四五"规划中制定了针对失独家庭的帮扶制度。

总之，农村失独者作为一个数量逐渐增加的弱势群体，他们在日常生活及未来养老上面临着一般家庭没有的困境和风险。这些农村失独家庭在生存、发展方面均面临着需要政府和社会协力提供帮助才能解决的难题。社会支持能够有效提升家庭抗逆力①并促进家庭发展，但现有的政策与社会的正式与非正式支持尚不能令农村失独家庭的养老及发展问题得到充分解决。失独家庭的养老需求，是政府与社会优先保障和扶助的板块②，但是让农村失独者老有所乐、活出生命的尊严和质量、让农村失独家庭第三代（孙辈群体）幼有所教和健康成长等则需要全社会助力。结构决定功能，独生子女家庭本质上是风险家庭③，为了有效规避风险需要不断优化生育制度和生育环境，同时对于农村失独家庭应该提供制度化、体系化的社会保障和社会支持。

---

① 刘敏、熊琼：《社会支持理论视角下失独家庭抗逆力的生成机制——基于上海市 W 镇的考察》，《云南民族大学学报》（哲学社会科学版）2021 年第 6 期。
② 贾云竹：《失独家庭养老服务保障的探索与实践》，《群言》2020 年第 8 期。
③ 王安丽：《独生子女家庭本质上是风险家庭》，《中国社会科学报》2011 年 11 月 3 日。

参考文献

中共中央马克思恩格斯列宁斯大林著作编译局编《马克思恩格斯全集（第1卷）》，人民出版社，1995。

童敏、周晓彤：《社会治愈：一种希望植入式的社区治理》，《社会工作与管理》2021年第5期。

刘敏、熊琼：《社会支持理论视角下失独家庭抗逆力的生成机制——基于上海市W镇的考察》，《云南民族大学学报》（哲学社会科学版）2021年第6期。

贾云竹：《失独家庭养老服务保障的探索与实践》，《群言》2020年第8期。

王安丽：《独生子女家庭本质上是风险家庭》，《中国社会科学报》2011年11月3日。

Abstract

Annual Report on Social Development of Beijing (2021 – 2022) is one of the "Blue Book of Beijing" series the Beijing Academy of Social Sciences take charge of compiling. Organized by the Institute of Sociology of the Beijing Academy of Social Sciences, writers of this report include experts from relevant research institutions inside and outside the Academy, university scholars and researchers from government institutions.

This report analyzes the social and economic situation and development in 2021. In 2021, Beijing dealt with the pandemic and the global economic recess calmly, comprehensively promote epidemic prevention and control and economic and social development , witnessed a steady economic development and achieved a good start of " the 14th Five-Year Plan " . Under the normalized epidemic prevention and control, economy recovered and developed, the employment situation was basically stable, the income and consumption levels of urban and rural residents increased steadily, the size of permanent residents continued to decline steadily, the level of social security increased steadily, the "double reduction" of compulsory education achieved remarkable results, the construction of a healthy Beijing was promoted in an all-round way, and the level of social governance reached a new level. All these have laid a solid foundation for the capital Beijing to take the lead in basically realizing socialist modernization and created good conditions for solidly promoting common prosperity.

This report points out that in 2021, the economic and social development of Beijing was remarkable, and a good start of " the 14th Five-Year Plan " was realized. However, as the unprecedented changes in the world interwound with novel coronavirus pneumonia and other factors, the uncertainty of development increased, There were many challenges to the high-quality development of society in Beijing. The service industry recovered slowly, structural contradictions in employment were prominent, the population aging and the number of children decreasing accelerated, and the gap between urban and rural people narrowed slowly, and the endogeneity of social governance still needed to be enhanced, etc.

2022 is the key period for Beijing to take the lead in basically realizing socialist modernization after becoming the only "double Olympic city" in the world. It is a crucial period to answer the major question of "what kind of capital to build and how to build the capital". We should be guided by Xi Jinping's thought on socialism with Chinese characteristics in the new era, bearing the "greatness of the country" in mind, thoroughly implement the series of important speeches and directions on Beijing made by General Secretary Xi Jinping, insist on making capital development the leading goal, focus on the objectives of "seven haves" and the needs of "five characteristics", fully understand and grasp the overall development situation of the capital, promote the high-quality development of service industry, enhance the high-quality development of employment, build a population balanced society, strive to narrow the gap and move towards common prosperity, create a new pattern of social governance in the capital with joint governance and shared interests, promote high-quality social development as a model city.

Based on detailed statistical data and field investigation materials, this report has six sections, including one general report and 22 sub reports. It analyzes and discusses the overall condition, shortcomings and relevant suggestions of the economic and social operation and development of the capital Beijing in 2021. The general report analyzes the main achievements and challenges of the economic and social development of the capital Beijing in 2021, and puts forward relevant suggestions on how to solidly promote the high-quality social development of the capital in 2022. The second section is on social construction, which consists of five reports. It analyzes the income and consumption of residents in Beijing in 2021, the "seven haves" and "five characteristics" evaluation index system, social assistance, philanthropy and the construction of a child-friendly city, and puts forward relevant development suggestions. The third section is about population and education, which is composed of five reports. It analyzes population development, the career development of takeout riders, development of welfare for the disabled people, preschool education development and staff education and training in Beijing in 2021, and puts forward relevant suggestions. The fourth section is about the elderly care service, which consists of three reports. It investigates the development of the elderly care service system and home-based elderly care in communities in Beijing in 2021, and gives suggestions on how to prevent the frequent occurrence of falls among the elderly. The fifth section is on social governance, which consists of six reports. It investigates and studies the refinement and intellectualization of grass-roots community governance, the construction path of smart communities, the participation of community social organizations and mass organizations in grass-roots social governance, the development of social organizations supervised by the committees and bureaus of the government and the development of community service system in Beijing. The sixth section is rural revitalization, which consists of three reports. It investigates the situation of rural revitalization, the construction of rural Party organizations and only-child-died families in rural areas in Beijing, and puts forward relevant suggestions.

Keywords: Beijing; Social Construction; Social Governance; Elderly Care; Population and Education

Contents

I General Report

B.1 Promoting High-quality Social Development Led

by Capital Development: Beijing Social Development

Report: 2021-2022

Bao Lufang, Li Xiaozhuang and Zhao Xiaoping / 001

Abstract: In 2021, under big pressure of curbing imported COVID-19 cases and domestic resurgences, Beijing comprehensively promote epidemic prevention and control and economic and social development, and achieved a good start of "the 14th Five-Year Plan". Under the normalized epidemic prevention and control, economy recovered and developed, the employment situation was basically stable, the income and consumption levels of urban and rural residents increased steadily, the size of permanent residents continued to decline steadily, the level of social security increased steadily, the "double reduction" of compulsory education achieved remarkable results, the construction of a healthy Beijing was promoted in an all-round way, and the level of social governance reached a new level. All these have laid a solid foundation for the capital Beijing to take the lead in basically realizing socialist modernization and created good conditions for solidly promoting common prosperity. The novel coronavirus pneumonia and other factors have brought some challenges to the high-quality development of society: the service industry showed signs of slow recovery, structural contradictions in employment were prominent, the population aging and the number of children decreasing accelerated, and the gap between urban and rural people narrowed slowly, and the multi-agent social governance had a long way to go. We should insist on making capital development the leading goal, focus on the objectives of "seven haves" and the needs of "five characteristics", promote the high-quality development of service industry, enhance the high-quality development of employment, build a population balanced society, strive to narrow the gap and move towards common prosperity, create a new pattern of social governance in the capital with joint governance and shared interests, promote high-quality social development.

Keywords: Social Construction; Common Prosperity; High-quality Development; Beijing

II   Social Construction

B. 2   Report on the Income and Consumption of Urban

and Rural Residents in Beijing   *Li Xiaozhuang* / 034

Abstract: Under the influence of the coronavirus pandemic, the income of urban and rural residents in Beijing continued to grow steadily in 2021, and the income growth momentum that has four-wheel drive has changed. Meanwhile, there are also phased income characteristics, such as the slow narrowing of urban-rural gap, the obvious expansion of regional income gap and the widening of income gap between different groups. In the field of consumption of urban and rural residents, the consumer spending has gradually improved, Engel's coefficient has dropped, service consumption has recovered, and consumer confidence is strong, but there are also problems such as insufficient power of promoting consumption. Therefore, it is proposed to further promote the steady growth of income and consumption of residents through high-quality development, narrowing the gap between urban and rural areas and accelerating the cultivation of an international consumption center city.

Keywords: Income of Residents; Consumption of Residents; Beijing

B.3   Research on the Evaluation Index System of
   "Seven Possessions" and "Five Characters" in Beijing
   Chen Jianling, Tang Zhihua, Xiang Dexing, Qin Tao and Han Yanan / 051

Abstract: This paper studies and explores the construction and achievement transformation of the evaluation index system of "seven have" and "five characteristics". From the government evaluation and big data evaluation, corresponding to the city-county level and the street level, the evaluation indexes are set. Make a comprehensive understanding of urban pattern, functional lines and grass-roots governance units, accurately understand the impact of government actions, market behavior, and social participation on the guarantee of people's livelihood services, and comprehensively understand the balance of the development of the city's "five characteristics" level; on the other hand assist the city-county and sub-districts government to understand the allocation of public service resources within their jurisdiction, recognize their own shortcomings, advantages and the needs of the masses, and provide practical operating standards and policy recommendations for improving the quality of people's livelihood security. This paper proposes that in order to make better use of the indicator system, it is necessary to further clarify the target groups, service standards, and promotion mechanisms of various public service policies, especially the logical relationship between policy measures and enhance the scientific nature of the policy system.

Keywords: Social Construction; Urban Governance; Livelihood Security; Beijing

B.4   Report on the Development of Social Assistance in Beijing

Xu Lei, *Liu Jiaping and Yu Tianchang* / 067

Abstract: Increasing the income of low-income groups is an important part of " solidly advancing common prosperity", and implementing social assistance system is a crucial way to increase the income of low-income groups. This article finds that the standards of social assistance in Beijing have been steadily promoted, and the mechanisms of social assistance have been continuously improved, but there are still practical problems such as the overall narrowness of assistance and the weak service guarantee. In the future, we need to improve the social assistance policy system, explore the assistance mechanisms for people in relative poverty, increase the accuracy in implementing classified assistance, expand the coverage of social assistance, strengthen the comprehensive assistance and guidance effect of social assistance, and encourage the active participation of social forces.

Keywords: Common Prosperity; Social Assistance; Relative Poverty; Comprehensive Assistance and Guidance

B.5   Report on the Development of Philanthropy in Beijing

Chen Xiaoliang, *Wang Wei*, *Zhang Yang and Zhang Zehua* / 079

Abstract: As the main form of the third distribution, philanthropy has been incorporated into the Common Prosperity Nation strategy. How to fully promote the role of philanthropy in promoting common prosperity has become a current policy hotspot, and it is also the focus of all philanthropic participants. At present, the development of philanthropy in Beijing has achieved important results, laying an important foundation for promoting the realization of common prosperity, but at the same time, it is also faced with problems such as insufficient scale, insufficient mechanism, insufficient supervision capacity, and urgent need to transform the development mode. Targeted policy adjustments have been made in terms of scale, strengthening industry construction, improving professional standards, promoting charity culture, and strengthening charity supervision.

Keywords: Philanthropy in Beijing; Third Distribution; Common Prosperity; Charitable Organization

B. 6 Report on Building a Child-friendly City in Beijing: Taking Dongcheng District as an Example

Research Group of Beijing Child-Friendly City Investgation / 091

Abstract: On 2021, The 14th Five-Year Plan for National Economic and Social Development proposed the strategy of "carrying out 100 child-friendly cities as demonstration" in China by 2025. Based on the national strategy and the city orientation, Beijing will integrate building a child-friendly city into its goal of building a world-class harmonious and livable city. As one of the most advanced districts in Beijing, Dongcheng District will put priority on children's rights in every aspects of urban construction and development. This report investigated the level and needs of Dongcheng District in ensuring and promoting the development of children, mainly focused on five dimensions of "social policy, public service, rights protection, growth space, development environment". Through the investigation, this report summarized the highlights of experience and the diversity of needs, which comes down to suggestions on the construction path towards a national-level child-friendly demonstration city.

Keywords: Dongcheng District; Child-friendly City; Beijing

Ⅲ Population and Education

B. 7 Report on Population Development in Beijing

Xun Yi / 107

Abstract: since 2015, Beijing has actively promoted the relief of non-capital functions, carried out regulation on population scale, accelerated the downward trend of population growth, and the population scale has entered the stage of being stable with a slight decline. At the same time, there are new development characteristics in terms of population structure, distribution and migration. Considering the changes of the situation at home and abroad and the needs of economic transformation and development, this report comprehensively estimates the multiple challenges faced by Beijing's population development, and proposes to update the concept of population development with ideas of systematic development and promote the high-quality development of the population.

Keywords: Non-capital Function Relieving; Population Regulation; Population Size; Population Structure

B.8 Report on the Professional Development of Delivery Riders
Bao Lufang, Yan Bo and Meng Helin / 124

Abstract: Along with the rapid development of "internet plus" trend, new industries and new business have emerged, and platform economy is growing. Under the background of digital economy, the access to the delivery rider job is easy, the number of riders is large which makes them an important part of employment population, and this job reflects a combined development of "internet plus service industry" and "intelligence plus logistics". This report analyzes the population structure, income, mobility and professional development of online riders, summarizes problems and difficulties in this business and puts forward suggestions on how to improve their working experience, enhance the implementation of the social security they enjoy now and build a better professional development system.

Keywords: Riders; platform economy; New Business; New Employment Groups

B.9　Report on Welfare Development for the

　　　Disabled Groups in Beijing

Qiu Weiwei, *Tian Xueqin*, *Zhou Yu and Li Hongbo* / 139

Abstract: Steadily advancing the welfare and security of the disabled is an important part of Beijing's social security system, which takes the lead in expanding the middle-income group and promoting common prosperity. This report reviews the national and Beijing Municipal laws, regulations and important policies on the disabled, as well as the main achievements in promoting the welfare of the disabled in Beijing in recent years. At the same time, it also analyzes the problems and deficiencies in the coordination of welfare security for the disabled, the ability of public institutions to help those in urgent need, the innovation of social security policies, and the dynamic adjustment mechanism of "two subsidies". On this basis, this paper puts forward suggestions like strengthening the overall plan of welfare of the disabled persons, strengthening community rehabilitation service for the mentally disordered people, improving the level of income disability groups, speeding up the incubation of the rehabilitation equipment industry, strengthening the basic supply of facilities and services, and improving the capacity of sustainable development of the social institutions.

Keywords: Disabled Persons; Social Welfare; Common Prosperity

B.10　Report on the Development of Preschool Education

　　　in Beijing in 2021　　　　*Zhao Yimeng*, *Yang Shenghui* / 149

Abstract: The difficulty of taking care of children has become one of the main factors affecting fertility, and vigorously developing preschool education is the main way to alleviate the difficulties of family care. According to the data analysis of the development of education in Beijing, with the comprehensive economic and social progress of the capital, the number, scale and teachers of kindergartens in

Beijing have been developing steadily in recent years. In response to the public's demand for childcare services, Beijing has adopted a variety of policies to promote the development of childcare services, but there is still a big gap in the supply of care of children under 3 years old. In this regard, this report proposes to promote the development of childcare services in Beijing in the following ways: vigorously supporting kindergartens to recruit children aged 2 to 3, assessing actual needs objectively, training talents in childcare services associated with higher vocational/normal colleges, improving the distribution of childcare institutions, and building in-home childcare centers.

Keywords: Preschool Education; The Kindergarten; Nursery Service

B.11   Research Report on Staff Training in Beijing

Liu Chengcheng, Zhang Lili, Xing Ruolan and Xue Lujie / 164

Abstract: Staff training is the internal demand for the country to implement innovation-driven strategy talent development strategy and promote economic and social transformation and upgrading. It is the basic work to improve industrial capacity and core competitiveness. This report takes the Beijing Staff Training Demonstration Site Project organized by the Beijing Federation of Trade Unions in 2020 as the research object, and analyzes the policy background, implementation, project mode and effect of the project. It is found that the project has formed a staff training platform with resource allocation, professional overall planning and development support, made beneficial exploration in multiple participation, demand orientation and supply-demand connection, and promoted the staff training in the capital on the overall level. However, there is still room for improvement in terms of supply and demand matching, curriculum and overall planning.

Keywords: Staff Training of Multi-agents Coordination; Demonstration Site; Beijing

IV Elderly Care

B. 12 Development Report on Beijing's Elderly

Care Service System *Qiu Weiwei, Qian Shixin* / 179

Abstract: This report focuses on the elderly care service system in Beijing, and analyzes the current condition of the construction of the elderly care service system from the aspects of improving the system of elderly care services, promoting the standardized construction of elderly care institutions, and improving the security system for whom the basic elderly care service is aiming at. The study finds that there are still some problems in Beijing, such as the unbalanced layout of beds in elderly care institutions, the relative lack of public investment in elderly care services, the mismatch between institutional charging standards and the income of the elderly, and the lack of sustainable development capacity of community-based elderly care service stations. According to this, this report puts forward following suggestions: optimizing the layout of elderly care resources in order to make up for the shortcomings of elderly care facilities, solving the supply of multi-level elderly care services, increasing public investment in elderly care services and promoting the sustainable development of community-based elderly care service stations.

Keywords: Elderly Care Service System; Community-based Elderly Care Service Stations; Common Prosperity; Beijing

B. 13 Developments Report on Home-based Community

Care for the Elderly in Beijing *Li Jinjuan* / 189

Abstract: In recent years, Beijing is committed to promoting active and healthy aging. Especially in the area of home-based community care for the elderly, based on the innovation of aging policies and the support of socialized elderly care service, Beijing has made great progress in meeting the needs of the elderly. While aging has become increasingly apparent, how to further realize "providing for the elderly, providing medical care for the elderly, and helping the elderly to have a sense of worthiness and happiness" and how to innovate the elderly care service in a megacity like Beijing, are still challenges we're facing now. This report focuses on the analysis of the above issues and puts forward suggestions from the following three aspects: first of all, deepening the guidance of the Party construction in the governance of the aging society; Secondly, coordinating the relationships of the various elements of the home-based community care consortium for the elderly; Thirdly, optimizing the community-level intelligent elderly care system and improving the life quality of the elderly.

Keywords: Aging; Home Care for the Elderly; Community Care for the Elderly; Healthy Aging

B.14   Analysis Report on Preventing Elderly People from Falling in Beijing   *Wang Linlan* / 201

Abstract: Falling is one of the most important reasons why elderly people go to hospital after getting injured and die of injuries, so preventing the elderly people from falling has become an important issue. In recent years, the modifications of the household and community the elderly people live in have progressed, specific clinics preventing and treating injuries from falling have been set up in several hospitals, and social workers work with local government officials and offer specialized service about the prevention of falling. Besides, legal cases caused by the falling of the elderly people in Beijing suggest that both physical environment and interpersonal factors are involved in falling. This report proposes that the match of the offer and the demand of the elderly-friendly household products needs to be improved, the facility management in public spaces needs to be optimized and the personnel training needs to be enhanced in order to prevent the elderly customers from falling, and knowledge about evaluating the risks of falling and treating falling could be spread from clinics to more facilities and also to the public.

Keywords: Elderly People; Falling; Prevention; Home Modification for the Elderly; Beijing

V   Social Governance

B.15   Investigation Report on the Fine and Intelligent
Grass-roots Community Governance in Beijing

Yuan Zhenlong / 212

Abstract: The emergence and persistence of the Coronavirus Pandemic (COVID-19) has greatly changed our traditional way of life and governance, and modern science and technology have been applied to many areas, including urban and rural community governance. Beijing "Xicheng home" project has made a preliminary exploration on the fine and intelligent governance of grass-roots communities by collecting and cleaning the original data of communities, realizing the association of people and houses, training user groups, promoting content production and providing support services. This report analyzes the motivation, efforts and path that "Xicheng home" adopts in promoting fine and intelligent governance, and puts forward some thoughts on the wide application of modern science and technology in coordinating epidemic prevention and control and grass-roots governance from the perspectives of overall government, sections and blocks combination and scene design.

Keywords: Grass-roots Governance; Community Governance; Xicheng Home

B.16 Research Report on the Construction of Smart

Communities in Beijing *Li Yang* / 224

Abstract: The practice path of constructing smart communities coincide with the logic of NGT method, which supplies a method to resolve problems of smart products supply, application scenes, and resources sharing in smart community building. is bound to match community resources and governance targets with governance patterns to facilitate positive mutual interaction between governance measures and results, which makes community governance more scientific and specialized. This report applies NGT to analyze processes and results of two cases in digital community construction in Beijing by focusing on whether community resources and governance match governance patterns, and explore the way to tackle the dilemmas and difficulties.

Keywords: Smart Community; Community Type; Needs Oriented; Resources Sharing

B.17 Report on the Participation of Community-Based

Social Organizations in Grassroots Governance in Beijing

Yang Zhiwei, Wang Wei and Zhao Qiong / 235

Abstract: Since the 18th National Congress of the Communist Party of China, Beijing community social organizations have developed rapidly and played more and more roles under the regulation and support of policies such as the registration and filing model of hierarchical responsibility and three-dimensional and diverse cultivation and development measures, but they still face questions such as insufficient implementation supportive policies, unbalanced regional development, insufficient role in community governance, and lack of financial supervision. Through in-depth research, this paper analyzes the reasons for the dilemma of community social organizations at all levels, and from the two levels of the government and social organizations, it proposes to improve the legal and policy system, clarify the organization and management mechanism, develop community alliances, enhance endogenous development capacity, and expanding the influence of the organization.

Keywords: Community-based Social Organization; Grassroots Governance; Beijing

B.18 Report on the Participation of Mass Organizations in Social Governance: Taking Xicheng Women's Federation as an Example

Wang Dan, Zhao Lu, Wu Jie and Zhi Fang / 247

Abstract: As one of the most important political mass organizations, the women's Federation has a deep mass foundation and has a unique position and role in participating in social activities and grass-roots social governance. This report analyzes the current situation of Xicheng District Women's Federation's participation in grass-roots social governance through field visits and research. The research found that Xicheng District Women's Federation actively explores new business forms of service, integrates social resources around the construction of family culture, tamps the construction of digital positions and other practical paths, and continuously improves the ability of women's Federation to participate in grass-roots social governance; At the same time, Xicheng District Women's Federation has deficiencies in working mode, organizational positioning and overall coordination ability in the process of participating in grass-roots social governance, and then puts forward relevant suggestions for women's Federation organizations to innovate and participate in social governance and better enhance the influence and organizational strength of women's Federation organizations under the new situation.

Keywords: Women's Federation; New Business; Grassroots Governance; Beijing Xicheng

B.19 Development Report of the Social Organizations

Under the Supervision of Beijing Municipal Social

Work Committee & Civil Affairs Bureau   *Zhao Xiaoping* / 258

Abstract: The Social Organizations Under the Supervision of Beijing Municipal Social Work Committee & Civil Affairs Bureau (SOUSBMSWC & CAB) should play a leading role in serving the overall development of the capital and promoting common prosperity. The data show that, in terms of both normative and professional standards, SOUSBMSWC&CAB are better than the overall situation of municipal and district-level social organizations, but there are still several problems and difficulties in meeting the high-quality development requirements, such as insufficient role as professional models in specific fields, lack of strong industry service capacity, lack of integration into the overall development of the capital, and the negative impact of the epidemic on the survival and development of institutions, etc., trageted adjustment should be made in policy.

Keywords: Social Organizations; Social Governance; High-Quality Development; Beijing

B.20 Development Report on the Community Service

System in Beijing   *Cao Tingting* / 273

Abstract: Along with the continuous development of modern society, community has become a major place where service related to people's livelihood is provided, and an important carrier of community governance. As a major part and important basic of community governance, community service needs to be improved through systematic construction. China is now in an important historical stage and Socialist construction is on a new journey, community governance faces many new challenges. Besides, the coronavirus pandemic (COVID-19) is sweeping the world and makes a great impact on society, community service has played a more and more important role in community governance and takes more and more responsibility, so the necessity of systemic construction of community service becomes prominent. However, there are also structural and operational problems in the construction of community service system. From the perspectives of systematic construction and coordinated development, this report focuses on the condition of community service system in Beijing, analyzes problems in it, then explore the way to build it which conforms to the requirement of the new development stage.

Keywords: Community Governance; Community Service System; Beijing

VI Rural Revitalization

B. 21 Research Report on Rural Revitalization in Beijing

Liu Xin / 283

Abstract: Implementing the rural revitalization strategy and promoting agricultural and rural modernization is an important topic in the process of rural development in China. Beijing has accurately grasped the law of rural development and the strategic orientation of Beijing in the new era, opened the policy agenda and started practical actions to comprehensively promote rural revitalization, and gradually explored a path of rural revitalization with the characteristics of the capital. That is promoting rural revitalization in the process of the integration of urban and rural areas, letting green development and scientific and technological innovation lead to rural revitalization, and boosting rural revitalization through the development and expansion of rural collective economy. However, the wider income gap between urban and rural areas, the shortage of rural human resources, infrastructure and public services have also become prominent problems in the process of rural revitalization in the capital. This report gives policy suggestions on how to further enhance rural revitalization in Beijing, including increasing the income of rural residents, promoting talent revitalization, improving rural infrastructure and deepening the reform of rural management.

Keywords: Rural Revitalization; Integration of Urban and Rural Areas; Green Development; Rural Collective Economy

B.22　Research Report on the Rural Party

　　　　Organization Construction　　*Wang Tao*, *Tan Lixiu* / 297

Abstract: In rural area, the leading core for promoting rural revitalization is the rural grassroots party organizations. Only when the leaders of the rural grassroots party organizations play their roles as "leading goose" and "backbone" can the governance system featuring cooperation and interests sharing be promoted. This report sorts out three elections of the two committees of villages in 2016, 2019 and 2021, and four practical cases in Fangshan District, Daxing District, Shunyi District and other places, and points out the role played by the leaders of rural grass-roots party organizations in promoting rural governance, including stimulating organizational vitality, enhancing industrial prosperity, promoting rural civilization and practicing the integration of "three kinds of governance". This report finds that the leaders of party organizations face four problems, such as the lack of ability to initiate development, the prominent shortage of talents, the need to strengthen self-construction, and the insufficient investment in the guarantee system, then, this report puts forward suggestions for further development, including adhering to political guidance, adhering to standardized management, adhering to supervision and implementation, adhering to innovation-driven development, and adhering to prioritizing the right incentives.

Keywords: Rural Grass-roots Party Organizations; Co-construction and Interests Sharing; Rural Governance

Abstract: Affected by the imbalance of urban and rural development, the only-child-died rural families suffer from more serious physical and mental health problems and social exclusion than those in urban areas, and they also face more difficulties in raising and supporting the intergenerational mixed families and getting access to medical care and pension. The solution of the plight of rural families who lost their only-child is inseparable from the improvement of social security and the construction of social support system. How to make the rural only-child-died families survive and develop is ultimately the social and public responsibility. Only when the responsible subjects play their respective functions can they help the only-childdied rural parents effectively deal with various difficulties and step into the track of normal life and development.

Keywords: The Only-child-died Families in Rural Areas; Social Security; Social Support; Beijing

社会科学文献出版社

皮 书

智库成果出版与传播平台

❧ 皮书定义 ❧

皮书是对中国与世界发展状况和热点问题进行年度监测，以专业的角度、专家的视野和实证研究方法，针对某一领域或区域现状与发展态势展开分析和预测，具备前沿性、原创性、实证性、连续性、时效性等特点的公开出版物，由一系列权威研究报告组成。

❧ 皮书作者 ❧

皮书系列报告作者以国内外一流研究机构、知名高校等重点智库的研究人员为主，多为相关领域一流专家学者，他们的观点代表了当下学界对中国与世界的现实和未来最高水平的解读与分析。截至2021年底，皮书研创机构逾千家，报告作者累计超过10万人。

❧ 皮书荣誉 ❧

皮书作为中国社会科学院基础理论研究与应用对策研究融合发展的代表性成果，不仅是哲学社会科学工作者服务中国特色社会主义现代化建设的重要成果，更是助力中国特色新型智库建设、构建中国特色哲学社会科学"三大体系"的重要平台。皮书系列先后被列入"十二五""十三五""十四五"时期国家重点出版物出版专项规划项目；2013~2022年，重点皮书列入中国社会科学院国家哲学社会科学创新工程项目。

权威报告·连续出版·独家资源

皮书数据库
ANNUAL REPORT(YEARBOOK)
DATABASE

分析解读当下中国发展变迁的高端智库平台

所获荣誉

- 2020年，入选全国新闻出版深度融合发展创新案例
- 2019年，入选国家新闻出版署数字出版精品遴选推荐计划
- 2016年，入选"十三五"国家重点电子出版物出版规划骨干工程
- 2013年，荣获"中国出版政府奖·网络出版物奖"提名奖
- 连续多年荣获中国数字出版博览会"数字出版·优秀品牌"奖

皮书数据库　　"社科数托邦"
微信公众号

成为会员

登录网址www.pishu.com.cn访问皮书数据库网站或下载皮书数据库APP，通过手机号码验证或邮箱验证即可成为皮书数据库会员。

会员福利

- 已注册用户购书后可免费获赠100元皮书数据库充值卡。刮开充值卡涂层获取充值密码，登录并进入"会员中心"—"在线充值"—"充值卡充值"，充值成功即可购买和查看数据库内容。
- 会员福利最终解释权归社会科学文献出版社所有。

数据库服务热线：400-008-6695
数据库服务QQ：2475522410
数据库服务邮箱：database@ssap.cn
图书销售热线：010-59367070/7028
图书服务QQ：1265056568
图书服务邮箱：duzhe@ssap.cn

社会科学文献出版社　皮书系列
SOCIAL SCIENCES ACADEMIC PRESS (CHINA)

卡号：429756842246
密码：

S 基本子库
UB DATABASE

中国社会发展数据库（下设 12 个专题子库）

紧扣人口、政治、外交、法律、教育、医疗卫生、资源环境等 12 个社会发展领域的前沿和热点，全面整合专业著作、智库报告、学术资讯、调研数据等类型资源，帮助用户追踪中国社会发展动态、研究社会发展战略与政策、了解社会热点问题、分析社会发展趋势。

中国经济发展数据库（下设 12 专题子库）

内容涵盖宏观经济、产业经济、工业经济、农业经济、财政金融、房地产经济、城市经济、商业贸易等 12 个重点经济领域，为把握经济运行态势、洞察经济发展规律、研判经济发展趋势、进行经济调控决策提供参考和依据。

中国行业发展数据库（下设 17 个专题子库）

以中国国民经济行业分类为依据，覆盖金融业、旅游业、交通运输业、能源矿产业、制造业等 100 多个行业，跟踪分析国民经济相关行业市场运行状况和政策导向，汇集行业发展前沿资讯，为投资、从业及各种经济决策提供理论支撑和实践指导。

中国区域发展数据库（下设 4 个专题子库）

对中国特定区域内的经济、社会、文化等领域现状与发展情况进行深度分析和预测，涉及省级行政区、城市群、城市、农村等不同维度，研究层级至县及县以下行政区，为学者研究地方经济社会宏观态势、经验模式、发展案例提供支撑，为地方政府决策提供参考。

中国文化传媒数据库（下设 18 个专题子库）

内容覆盖文化产业、新闻传播、电影娱乐、文学艺术、群众文化、图书情报等 18 个重点研究领域，聚焦文化传媒领域发展前沿、热点话题、行业实践，服务用户的教学科研、文化投资、企业规划等需要。

世界经济与国际关系数据库（下设 6 个专题子库）

整合世界经济、国际政治、世界文化与科技、全球性问题、国际组织与国际法、区域研究 6 大领域研究成果，对世界经济形势、国际形势进行连续性深度分析，对年度热点问题进行专题解读，为研判全球发展趋势提供事实和数据支持。

法律声明

"皮书系列"（含蓝皮书、绿皮书、黄皮书）之品牌由社会科学文献出版社最早使用并持续至今，现已被中国图书行业所熟知。"皮书系列"的相关商标已在国家商标管理部门商标局注册，包括但不限于LOGO（▌）、皮书、Pishu、经济蓝皮书、社会蓝皮书等。"皮书系列"图书的注册商标专用权及封面设计、版式设计的著作权均为社会科学文献出版社所有。未经社会科学文献出版社书面授权许可，任何使用与"皮书系列"图书注册商标、封面设计、版式设计相同或者近似的文字、图形或其组合的行为均系侵权行为。

经作者授权，本书的专有出版权及信息网络传播权等为社会科学文献出版社享有。未经社会科学文献出版社书面授权许可，任何就本书内容的复制、发行或以数字形式进行网络传播的行为均系侵权行为。

社会科学文献出版社将通过法律途径追究上述侵权行为的法律责任，维护自身合法权益。

欢迎社会各界人士对侵犯社会科学文献出版社上述权利的侵权行为进行举报。电话：010-59367121，电子邮箱：fawubu@ssap.cn。

社会科学文献出版社